高等职业教育安全类专业系列教材

隧道施工安全技术

主　编　索　亮　黄　宁

副主编　饶　飞　李　宣

　　　　刁宗波　王宇境

主　审　祁　鹏

西南交通大学出版社
·成　都·

图书在版编目（CIP）数据

隧道施工安全技术 / 索亮，黄宁主编. -- 成都：西南交通大学出版社，2024. 8. --（高等职业教育安全类专业系列教材）. -- ISBN 978-7-5774-0011-2

Ⅰ. U455.1

中国国家版本馆 CIP 数据核字第 2024W1X206 号

高等职业教育安全类专业系列教材

Suidao Shigong Anquan Jishu

隧道施工安全技术

策划编辑／吴　迪　黄庆斌　周　杨　韩　林　郑丽娟

主　编／索　亮　黄　宁　　　责任编辑／王同晓

封面设计／吴　兵

西南交通大学出版社出版发行

（四川省成都市金牛区二环路北一段 111 号西南交通大学创新大厦 21 楼　　610031）

营销部电话：028-87600564　　　028-87600533

网址：http://www.xnjdcbs.com

印刷：四川森林印务有限责任公司

成品尺寸　185 mm×260 mm

印张　14.75　　字数　331 千

版次　2024 年 8 月第 1 版　　印次　2024 年 8 月第 1 次

书号　ISBN 978-7-5774-0011-2

定价　38.00 元

前言
PREFACE

隧道工程作为交通基础设施的重要组成部分，在促进经济发展和提高区域互联互通方面发挥着至关重要的作用。然而，隧道施工环境的复杂性和作业条件的危险性，使得"安全"成为工程施工中的关键内容。为了提高隧道施工的安全性，减少事故发生，保障施工人员的生命安全，保证工程质量，特编写本教材。

本教材旨在为从事隧道施工的工程师、技术人员以及隧道工程相关专业学生提供一本全面、系统的安全技术指导。从隧道施工的基本理论出发，结合国内外隧道施工的实践经验和最新的安全技术发展，以风险分析为基础、以风险控制为主线，详细介绍了隧道施工中的安全准备工作、安全风险识别和控制、应急处理等方面的知识。本教材可作为高等院校隧道工程相关专业学生学习的教材用书，也可供隧道工程设计、监理和施工单位相关人员学习参考。我们希望本教材能够为隧道施工安全管理提供有益参考，帮助施工单位提高安全管理水平，促进隧道工程的顺利进行。

在编写过程中，我们得到了众多专家和同行的宝贵意见和建议，在此表示衷心的感谢。同时，我们也期待读者对本教材提出宝贵的批评和建议，以便我们不断改进和完善。

全书共分十四章，第一章、第二章、第三章、第四章、第五章、第十章由四川交通职业技术学院索亮撰写；第六章、第七章、第十二章由四川交通职业技术学院黄宁撰写；第十一章、第十四章由四川交通职业技术学院饶飞撰写；第八章由四川路桥华东建设有限责任公司王宇境撰写；第九章由四川路桥华东建设有限责任公司李宣撰写；第十三章由四川路桥华东建设有限责任公司刁宗波撰写。本书由四川交通职业技术学院祁鹏教授担任主审，由索亮负责统稿。本书撰写工作得到了四川路桥华东建设有限责任公司的大力支持和热情帮助，在此表示衷心感谢。

本书第十四章为教学案例，其内容基于真实事故改编，旨在为学生提供实践经验并发挥安全警示作用。案例在保留教学重点的同时，还进行了必要的学术性调整，如有不妥之处，敬请专家和广大读者批评指正。

编 者

2024 年 5 月

目录
CONTENTS

第一章 绪 论

第一节 隧道施工特点

进入 21 世纪以来，随着国民经济的快速发展，交通建设进入了高速发展的时期。近年来，我国隧道与地下工程技术的发展取得了显著成就。特别是在 2016 年至 2022 年间，我国隧道的总里程呈现出持续增长的态势。据统计，截至 2022 年底，全国隧道总里程已达到 48 762 km，较 2021 年增加了 3 008.1 km，这反映了我国隧道建设的高效与迅速。在隧道类型的分布上，公路隧道里程达到 26 784 km，较 2021 年增加了 2 085.1 km，占全国隧道总里程的 54.93%；铁路隧道里程为 21 978 km，较 2021 年增加了 923 km，占全国隧道总里程的 45.07%。从 2016 年至 2022 年的数据变化来看，隧道总里程呈现出不断增长的趋势。这一趋势不仅反映了我国交通基础设施的快速发展，也预示着隧道在未来交通网络中的作用将愈发强大。目前，我国已是世界上隧道最多、发展最快的国家。

在山区建设高等级线路时，隧道规划特别重要，合理的隧道规划可以避免自然灾害、保护环境、提高线路线形、减少出行里程、提高运营效率；与地面工程相比，隧道施工具有以下特点：

（1）由于隧道是地下建筑物，受地质和水文地质条件的制约，因而施工环境差、难度大、技术复杂、要求高。隧道开挖时的坑道在未衬砌前，通常须加支撑以承受地层压力。同时地层不得暴露过久，必须及时衬砌，以免地层压力增大而发生坍塌事故。

（2）隧道施工是一种多工序、多工种联合的地下作业，工作面狭窄，而且地层愈差，所采用的坑道愈小，工作面能容纳的人数越少，出渣、进料运输量越大，施工干扰越大；为保证施工安全、顺利，需以横洞、斜井、平行导坑增加工作面，施工复杂而艰巨，因而施工进度常常受到限制，必须全面规划，科学地组织施工。

（3）大部分隧道工程地处崇山峻岭之中，场地狭小，要使用多种机械设备，需要相当数量的洞外设施来保证洞内施工，然而往往受洞外地形限制，场地布置比较困难。

（4）隧道内工作条件差、空气不足、光线不好，有时还有地下水和有害气体侵扰，因此，要制定出切实可行的安全技术措施。

第二节 隧道施工安全风险原因分析

隧道工程由于具有投资大、施工周期长、施工项目多、施工技术复杂、不可预见风险因素多和对社会环境影响大等特点，是一项高风险建设工程。又由于规模大、发展快、技术和管理力量难以充分保证的客观原因，加上施工人员（安全管理人员、技术人员、一线工人等）的安全素质、安全水平参差不齐，再加上部分参建单位对隧道工程安全风险的认识不客观、风险管理不科学、风险管理的投入不到位的主观原因，因此，隧道工程建设中的安全施工形势非常严峻，令人担忧。隧道施工安全风险产生的原因可分为直接原因和间接原因。

一、直接原因

根据系统工程的分析观点，引发隧道安全事故的原因主要有施工过程中人的不安全行为、物的不安全状态、环境的不安全条件和管理缺陷。

（一）人的不安全行为

人的不安全行为是事故产生的直接因素。除了先天性的身体、生理因素外，导致事故的人的因素主要包括人的安全知识、安全意识、安全习惯、安全技能水平等。

（1）安全知识不够。操作人员若缺乏必要的安全知识，就不能正确判断其操作过程是否安全。例如：缺乏必要的电气安全知识，在检修作业中就容易误合开关，造成检修中带电作业，或在检修中启动设备；缺乏必要的塌方征兆预判知识，本可以顺利逃生，却遗憾地受到伤害。

（2）缺乏安全意识。缺乏必要的安全意识，对不安全行为视而不见，在不知不觉中产生失误。比如：在台架上作业时不系好安全带；钻眼时不戴口罩；强行启动不安全的设备；本来应该用设备或工具操作，但为了省事，用手、脚或身体其他部位代替。

（3）不安全的习惯。人们在长期的生产过程中会形成一些不安全的习惯，这些习惯也是造成人失误的一个原因。比如：为了作业方便，导致物体的存放角度、位置、高度、方式等不合理，容易引起物体的掉落；不戴安全帽进入现场作业等。

（4）安全技能水平低，包括技能熟练程度、按规则行动能力及知识水平等三个方面，主要表现为：缺少实际经验、技术知识，对存在的事故隐患认识不到，或认识较浅、片面，看不到问题的本质，对看到的问题的处理也容易出现治标而不治本的现象；还有一种表现，就是技术知识不足或知识面狭窄，因掌握的知识有限，不能举一反三，对一些新出现的问题无法提出解决的办法，或提出的解决办法不妥，甚至在新材料、新技术、新工艺、新装备、新岗位面前显得无所适从。

（二）物的不安全状态

物的不安全状态也是事故产生的直接因素。导致事故发生的物的因素主要包括施工设备（如图 1.2-1 所示的衬砌台车，1.2-2 所示的隧道掘进机）、施工设施、施工材料、隧道结构等。

图 1.2-1 衬砌台车

图 1.2-2 隧道掘进机

（1）施工设备的不安全状态，主要是指隧道加固、开挖、支护、衬砌、出渣、提升、通风、运输、地质预报等过程中所用到的机械设备的不安全状态。

（2）施工设施的不安全状态，主要是指隧道施工涉及的脚手架、安全防护装置、个人防护用品、施工便道等临时设施的不安全状态。

（3）施工材料的不安全状态，主要是指施工原材料、构件有质量缺陷、性能不达标等。

（4）隧道结构的不安全状态，主要是指施工方案不合理导致隧道围岩和结构处于不稳定状态，或原材料标准、施工质量不合格导致隧道围岩和结构处于不稳定状态。

（三）环境的不安全条件

环境的不安全条件也是事故产生的直接因素。导致事故发生的环境因素主要包括隧道内部的作业环境、隧道外部的自然环境、隧道外部的周边环境等。

（1）作业环境的不安全条件，主要是指造成职业健康危害方面的不安全风险因素，比如照明不足，尘、毒、噪声、振动超标，作业空间狭小，温度、湿度等不良等恶劣的作业环境，如图 1.2-3、1.2-4 所示。

图 1.2-3 隧道施工环境

图 1.2-4 隧道扬尘

（2）自然环境的不安全条件。一方面是指滑坡、崩塌、泥石流等引发的自然灾害，一般包括但不限于隧道内部的自然灾害和来源于隧道外部的自然灾害；另一方面是指隧道施工对自然环境的破坏和污染。

（3）周边环境的不安全条件。一方面是指由于隧道施工导致周围建筑物、管线、既有线、桥梁等环境结构物破坏或不能正常使用；另一方面是指隧道施工产生的噪声、振动、扬尘等对周围居民健康的不良影响。

（四）管理缺陷

人的不安全行为和物的不安全状态往往只是事故直接的和表面的原因，深入分析可以发现，发生事故的根源在于管理的缺陷。虽然造成安全事故的原因是多方面的，但根本原因在于管理系统有缺陷，包括安全费用投入不足、管理程序不科学、监督有效性缺失、员工培训不到位、施工检查走过场、方案制订与审批不透明、作业标准要求低、施工质量控制差、原材料质量控制差等缺陷。可以说，大多数安全事故都是因管理失效而造成的。导致安全事故的管理因素主要包括：企业主要领导者对安全不重视；组织结构和人员配置不完善；安全规章制度不健全；安全操作规程执行不力等。由于隧道工程中，劳动力密集，劳动者文化素质薄弱，加强安全管理就显得十分重要。

上述是事故形成的四大直接原因。在事故管理中，尤其是在具体的事故分析以及事故的报告中，是按照事故的性质来划分事故原因的。因此在实际的工作中，必须找出事故的直接原因和间接原因，以便分清事故最直接和最根本的触发原因，从而采取切实可行的防范措施，防止类似的事故重复再发生。

二、间接原因

事故的间接原因，是指引起事故直接原因的原因。事故是由直接原因产生的，而直接原因又是由间接原因引起的。换句话讲，事故最初就存在着间接原因，由于间接原因的存在而产生了直接原因，然后通过某种触发的加害物而引起了事故的发生。

间接原因与技术原因、教育原因、身体原因、精神原因、管理原因、社会及历史原因等有关。

（一）技术原因

技术原因是指由于技术上的缺陷引起事故的原因。如工程装置或设施的设计不合理、没有考虑安全系数和物质的自然规律，结构材料选择不当，设备的检查及保养技术不科学，操作标准技术水平低，设备布置和作业场所（地面、空间、照明、通风技术）有缺陷，机械工具的设计与保养技术不良，危险场所的防护及警报技术不过关，防护设施及用具的维护与使用不当，设备的性能存在问题，以及使用的材料达不到要求或者是假冒伪劣材料、产品等。

（二）教育原因

教育原因主要是指对上岗人员缺乏应有的安全教育。如缺乏安全知识和安全技术教育，对作业过程中的危险性及应当掌握的安全操作、运行方法不了解，或安全训练不够，不安全的坏习惯未克服，或根本就没有进行安全教育与培训（如采用替考或安全培训弄虚作假）等。

（三）身体原因

身体原因是指操作人员的健康状况。如生病（高血压、头痛、头晕、腹痛、癫痫等）、身体缺陷（色盲、近视、失聪等）、疲劳（睡眠不足、局部器官较长时间工作等）、饮食失调（醉酒、饥饿、口渴等）等。

（四）精神原因

精神原因通常分为三种类型：一是精神状态不良，例如思想松懈、反感、不满、幻觉、错觉、冲动、忘却、紧张、恐怖、烦躁、心不在焉等；二是性格方面的缺陷，例如固执、心胸狭窄、不愿正常交流等；三是智力方面的缺陷，例如因智力缺陷引起的反应迟钝等。

（五）管理原因

管理原因既属于直接原因，又属于间接原因。管理不善、缺陷与混乱造成的事故是多种多样的。如领导者的安全责任心不强，安全管理机构不健全，安全技术措施不落实，安全教育与培训不完善，安全标准不明确，安全对策的实施不及时，作业环境条件不良，劳动组织不合理，职工劳动热情不高和管理者的急功近利行为严重等。

（六）社会及历史原因

社会及历史原因涉及的面很广，情况也比较复杂。如某些学校对安全教育不重视，某些地区民众对安全的重要性认识不清等。

总而言之，导致事故发生的间接原因大体上是上述诸原因中的一种或几种。在实际的工作中，技术原因、教育原因和管理原因是较常出现的，身体原因和精神原因也时有出现，而社会及历史原因由来深远，牵涉面较广，难以直接提出针对性的对策。但这绝不是说社会及历史原因就不应当受到重视，恰恰相反，更应当深刻认识并重视社会及历史原因，事故发生率才会真正彻底减少。

第三节　隧道施工安全风险管理

隧道工程是一个风险源多、风险性较大的行业，也是事故多发的行业。而安全是人类最重要、最基本的需求，是人的生命与健康的基本保证。这就要求参建各方必须加强安全风险管理，隧道施工应将风险评估与管理贯穿于隧道设计和施工的全过程。建设、勘查、设计、施工和监理单位应根据工程地质、施工环境和条件对隧道工程实施动态、有效的风险控制和跟踪处理。

　　建设单位应制订风险评估和风险管理工作实施办法，督导勘查、设计单位和施工单位分别在设计阶段和施工阶段开展风险评估工作，对高和极高的风险等级进行审查，必要时委托相关专业机构进行风险监测，加强对评估工作中发现的有关问题的检查、监督、协调和处理。勘查、设计单位应在设计阶段开展风险评估工作，将评估结果纳入设计文件，向施工单位进行有关风险的技术交底和资料交接，参与施工期间的风险评估，并根据风险监测结果提出风险处理意见。施工单位应对施工阶段的风险进行评估，根据评估结果提出相应的处理措施并报建设单位批准后实施。在施工期间对风险实时监测，定期反馈，根据风险监测结果调整风险处理措施。监理单位应参与制定和监督施工阶段风险评估与管理工作，并检查风险处理措施的落实情况。

　　在隧道施工过程中，应通过风险计划、风险识别、风险评估、风险处理和风险监测等程序积极进行风险管理。风险管理基本流程如图 1.3-1 所示。

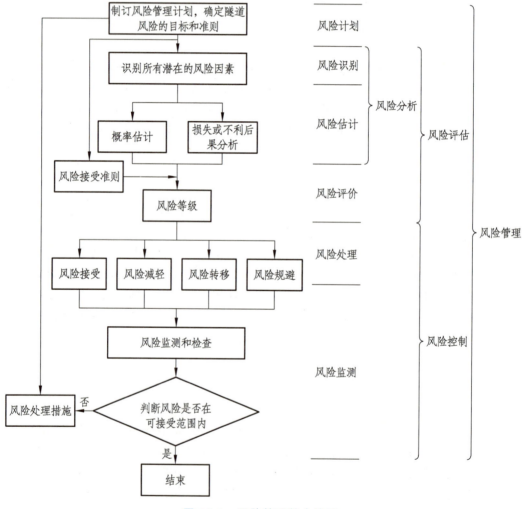

图 1.3-1　风险管理基本流程

隧道施工前，施工单位应对设计文件中涉及施工安全的内容进行核对，并将结果及存在的问题报送建设、勘查、设计、监理等相关单位，建设单位应督促勘查、设计单位对存在的问题及时提出完善措施。重点核对下列内容：

（1）穿过不良地质和特殊岩土地段的设计方案；

（2）地下管线和相邻建（构）筑物；

（3）施工对环境可能造成影响的预防措施；

（4）隧道与辅助坑道的洞口位置及边/仰坡的稳定程度；

（5）弃渣场位置、安全防护措施和环境保护要求。

施工中，施工单位应在设计阶段风险评估的基础上，结合环境和地质条件、施工工艺、设备、施工水平、经验和工程特点等，对新出现的风险进行识别，提出风险处理措施供建设单位决策，对已识别的风险进行监测。施工单位应在施工现场公示识别的风险，其内容包括风险描述、监测方案、应急措施和责任等。

施工过程中风险的监测包括施工监测、工况和环境巡视、工作面状态描述、风险处置过程和发展趋势等内容。施工单位在施工过程中应将地质超前预报、监控测量纳入施工的重要工序，按照设计要求编制施工监测的实施方案，对工程自身结构及环境风险进行全面监测；提前识别和预测地质风险因素，保证施工安全。

施工过程中，参建单位应建立风险的预警、响应及信息报送机制。施工单位应根据实时监测数据、工况、环境巡视和工作面异常状态等确定预警级别，形成异常状况报告；对可能发生的重大突发风险事件的预警状态，施工单位应立即启动相关预案，组织处理，并报建设、勘查、设计和监理单位。

第二章　　隧道工程施工基础知识

隧道是指在地下或水下实现某种用途，按规定的形状和尺寸修建的断面面积大于 2 m² 的条形建筑。其修建意义主要是裁弯取直、克服高程障碍、减少开挖、保护环境，避开不良地质地段及重要建（构）筑物等。

第一节　隧道分类

一、按用途划分

隧道按用途分为交通隧道、水工隧道、市政隧道、矿山隧道和国防、人防等特殊用途的隧道，如图 2.1-1 ~ 图 2.1-6 所示。

图 2.1-1　交通隧道

图 2.1-2　水工隧道

图 2.1-3　市政隧道

图 2.1-4　矿山隧道

图 2.1-5 国防隧道

图 2.1-6 人防隧道

交通隧道主要类型有公路隧道、铁路隧道、水下隧道、城市地铁、人行隧道等。
水工隧道主要类型有引水隧道、导流隧道、泄洪隧道等。
市政隧道主要类型有给水隧道、排水隧道、管路隧道等。
矿山隧道主要类型有采矿巷道、运输巷道、通风巷道等。

二、按长度划分

隧道按长度分为特长隧道、长隧道、中长隧道、短隧道，见表 2.1-1。

表 2.1-1 隧道按长度划分表

按长度划分隧道种类	隧道长度 L/m	
	公路隧道	铁路隧道
特长隧道	$L>3000$	$L>10\ 000$
长隧道	$1000 \leqslant L \leqslant 3000$	$3000 < L \leqslant 10\ 000$
中长隧道	$500 < L < 1000$	$500 < L \leqslant 3000$
短隧道	$L \leqslant 500$	$L \leqslant 500$

三、按跨度划分

隧道按跨度分为小跨度隧道、中跨度隧道、大跨度隧道、超大跨度隧道，见表 2.1-2。

表 2.1-2 隧道按跨度划分表

按跨度划分隧道种类	跨度 B/m
小跨度隧道	$B<9$
中跨度隧道	$9 \leqslant B < 14$
大跨度隧道	$14 \leqslant B < 18$
超大跨度隧道	$B \geqslant 18$

四、按断面面积划分

隧道按断面面积分为极小断面隧道、小断面隧道、中等断面隧道、大断面隧道和特大断面隧道，见表 2.1-3。

表 2.1-3　隧道按断面面积划分表

按长度划分隧道种类	断面面积 s/m^2
极小断面隧道	$2 \leqslant s < 3$
小断面隧道	$3 \leqslant s < 10$
中等断面隧道	$10 \leqslant s < 50$
大断面隧道	$50 \leqslant s < 100$
特大断面隧道	$s > 100$

各种不同大小断面隧道如图 2.1-7～图 2.1-11 所示。

图 2.1-7　极小断面隧道

图 2.1-8　小断面隧道

图 2.1-9　中等断面隧道

图 2.1-10　大断面隧道

图 2.1-11　特大断面隧道

五、按经过地层划分

隧道按经过的地层可分为石质隧道和土质隧道两类，其中石质隧道又分为软岩隧道和硬岩隧道两种。

六、按所处位置划分

隧道按所处的位置不同分为山岭隧道、水下隧道和城市隧道。

七、按断面形状划分

隧道按断面形状可分为圆形隧道、矩形隧道、马蹄形隧道。公路隧道一般为圆形。

第二节　隧道结构组成

隧道主要由洞口工程、洞身及附属结构组成，如图 2.2-1 ~ 图 2.2-4 所示。

图 2.2-1　洞口工程

图 2.2-2　隧道洞身

图 2.2-3　隧道照明

图 2.2-4　洞门

一、洞口工程

洞口工程是指隧道进出口部分的构造物，一般包含洞门、明洞、排水设施、边/仰坡防护等，如图 2.2-5～图 2.2-8 所示。洞门形式主要有端墙式、翼墙式、柱式、台阶式、斜切式、环框式、遮光式等。

图 2.2-5　洞门

图 2.2-6　排水设施

图 2.2-7　边/仰坡防护

图 2.2-8　隧道明洞

二、洞　身

洞身结构主要由初期支护、防水层、二次衬砌等组成，如图 2.2-9～图 2.2-12 所示。

初期支护形式主要有喷射混凝土、喷射混凝土加锚杆、喷射混凝土锚杆与钢架联合支护等。防水层形式一般为柔性防水层，由土工布和塑料防水板共同组成。二次衬砌形式主要有复合式衬砌、整体式衬砌和装配式衬砌等。

图 2.2-9　初期支护

图 2.2-10　二次衬砌

图 2.2-11　喷锚支护

图 2.2-12　防水层施工

三、附属结构

附属结构包括辅助坑道以及排水、照明、通风、通信、报警、监控、消防等设施，如图 2.2-13 ~ 图 2.2-18 所示。辅助坑道形式主要有横洞、平导、斜井、竖井、人行及车行横通道等，如图 2.2-19 ~ 图 2.2-22 所示。

图 2.2-13　照明设施

图 2.2-14　通风设施

图 2.2-15　通信设施

图 2.2-16　报警设施

图 2.2-17　监控设施

图 2.2-18　消防设施

图 2.2-19　横洞

图 2.2-20　平导

图 2.2-21　斜井

图 2.2-22　竖井

第三节　隧道围岩分级

参考《公路隧道设计规范　第一册　土建工程》（JTG 3370.1—2018）中的围岩分级规定，根据调查、勘探、试验等资料，隧道岩质围岩定性特征、岩体基本质量指标 BQ 或岩体修正质量指标 $[BQ]$、土质围岩中的土体类型、密实状态等定性特征，按表 2.3-1 确定围岩级别。

表 2.3-1　公路隧道围岩级别划分

围岩级别	围岩岩体或土体主要定性特征	岩体基本质量指标 BQ 或岩体修正质量指标 $[BQ]$
I	坚硬岩，岩体完整	>550
II	坚硬岩，岩体较完整； 较坚硬岩，岩体完整	550～451
III	坚硬岩，岩体较破碎； 较坚硬岩，岩体较完整； 较软层，岩体完整，整体状或巨厚层状结构	450～351
IV	坚硬岩，岩体破碎； 较坚硬岩，岩体较～破碎； 较软岩，岩体较完整～较破碎； 软岩，岩体完整～较完整	350～251
IV	土体： 1. 压密或成岩作用的黏性土及砂性土； 2. 黄土（ Q_1、Q_2 ）； 3. 一般钙质，铁质结的破碎土，卵石土、大块石土	
V	较软岩，岩体破碎； 软岩，岩体较破整～破碎； 全部极软岩和全部极破碎岩	≤250
V	一般第四系的半干硬至硬塑的粘性土及稍湿至潮湿的碎石土，卵石土、圆砾、角砾土及黄土（ Q_3,Q_4 ），非黏性土呈松散结构，黏性土及黄土呈松软结构	
VI	软塑状黏性土及潮湿、饱和粉细砂层，软土等	

第四节　隧道施工方法

隧道施工方法有很多种，应根据地质状况、洞身断面及外部环境等因素合理选择。目前隧道常用的施工方法有明挖法、暗挖法、沉管法和顶管法等。明挖法可分为明挖顺作法、盖挖顺作法、盖挖逆作法和分部开挖法；暗挖法可分为传统矿山法、新奥法、新意法、掘进机法和浅埋暗挖法；沉管法可分为干船坞法和钢壳法。隧道施工方法分类见图 2.4-1。

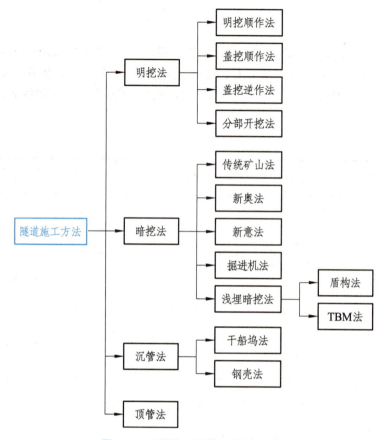

图 2.4-1　隧道工程施工方法分类

一、明挖法

明挖法是指先将隧道部位的岩（土）体全部挖除，然后修建洞身、洞门，再进行回填的施工方法。明挖法施工见图 2.4-2。

明挖法主要施工流程：围护结构施工→土石方开挖→洞身结构施工→防水层施工→回填覆盖。

二、暗挖法

（一）新奥法

新奥法是指用薄层支护手段保持围岩强度、控制围岩变形，发挥围岩自身承载能力，并通过施工监控量测指导隧道的设计与施工的方法。新奥法施工见图 2.4-3。

新奥法主要施工流程：洞口工程施工→超前地质预报→洞身开挖→初期支护→防水层施工→二次衬砌→附属设施施工。

图 2.4-2　明挖法施工示意

图 2.4-3　新奥法施工示意

（二）掘进机法

掘进机法是指用特制的隧道掘进设备，如 TBM（全断面硬岩隧道掘进机）和盾构，实现破岩、出渣和支护连续作业，全断面一次成洞的施工方法。掘进机法施工见图 2.4-4。

掘进机法主要施工流程：施工准备→全断面开挖及出渣→外层管片式衬砌或初期支护→TBM 或盾构前推→管片外灌浆或二次衬砌。

（三）浅埋暗挖法

浅埋暗挖法是指在埋深较浅、软弱围岩、地下水位高、周围环境复杂等条件下，采用暗挖修建隧道及地下工程的施工方法。浅埋暗挖法施工示意见图 2.4-5。

浅埋暗挖法施工主要流程与新奥法基本相同。

图 2.4-4　掘进机法施工示意

图 2.4-5　浅埋暗挖法施工示意

三、沉管法

沉管法是指将箱形或管形钢筋混凝土预制构件，分段沉埋至水底而构成隧道的施工方法。沉管法施工见图 2.4-6。

沉管法主要施工流程：管节预制→基槽开挖→管段浮运沉放→管段水下连接→防水层施工→回填→附属设施施工。

图 2.4-6　沉管法施工隧道示意

公路隧道最常用的施工方法为新奥法，新奥法施工应坚持"少扰动、早支护、勤量测、紧封闭"的原则，对于软弱地层施工应坚持"管超前、严注浆、短开挖、强支护、早封闭、勤量测"的原则。

浅埋及地层复杂的隧道施工时，常采用一种或多种辅助措施来保证隧道施工安全。辅助措施形式主要有超前大管棚、超前小导管、径向注浆、帷幕注浆、水平旋喷桩、冻结法、玻璃纤维锚杆等。

第三章 隧道工程施工安全准备

第一节 安全组织机构及职责

一、一般规定

（1）责任制是安全生产的核心，是改进安全状况的根本途径、基本方法和工作平台。工程参建单位应按照"安全第一，预防为主，综合治理"的方针和"建设单位主导、监理单位督促、施工单位负责"的原则，构建工程项目安全生产责任体系。责任体系主要包括但不局限于：项目安全生产目标、组织管理机构、安全生产条件、安全生产责任及安全生产管理制度等重点内容。

（2）安全生产管理必须坚持"管生产必须管安全""谁主管谁负责"的原则，坚持全员参与、全面覆盖和全过程管理的原则。

（3）工程项目应成立由项目建设单位牵头，设计、施工、监理等单位项目负责人共同参与的工程项目安全生产领导小组（或项目安全生产委员会），负责规范、指导、协调工程参建单位的安全生产行为。

（4）工程参建单位应建立内部安全生产责任体系，依法设立安全生产组织管理机构，完善安全管理制度，明确安全生产条件，确定安全考核目标，开展安全检查和隐患排查工作，落实安全生产责任。

（5）安全生产责任制是安全生产责任体系的重要载体。建设单位应与勘查、设计、施工、监理等单位每年签订一次安全生产责任书。

（6）工程参建单位应落实"一岗双责"要求，细化各岗位职责，按年度层层签订安全生产责任书，并定期组织考核。

（7）在施工过程中，当责任人发生变更时，应重新签订安全生产责任书。

二、安全生产目标

安全生产目标应以"减少危害，预防事故，尽量避免生产过程中的人身伤害、财产损失、环境污染等"为准则设定。

项目安全生产目标应通过设立相应的考核指标，强化落实。

（一）安全生产考核指标

（1）工程项目安全生产领导小组应确定工程项目安全生产总目标。工程参建单位应根据项目安全生产总目标分解为分项目标，制订各自的安全生产考核指标。

（2）安全生产考核指标包括以下几类。

① 管理类：项目安全管理总体目标、安全管理人员到位率、培训教育覆盖率、设备完好率等；

② 事故类：事故起数、重伤人数、死亡人数、设备事故率等；

③ 隐患类：重大安全事故隐患整改率等。

（二）安全生产目标实施

为确保工程项目安全生产总目标达到预期效果，一般从以下几个方面组织实施。

（1）制订实施计划，分解总目标。依据工程项目的安全生产总目标，结合社会形势、施工环境、气候变化和工程进展等情况，提出年度、季度、月度分项目标和考核指标，并分解到各参建单位、各类管理人员和作业队、班组，制订相对应的安全生产管理措施，认真组织实施。

（2）落实主体责任，分级考核控制。工程项目安全生产总目标的实现，主要依靠各级目标责任者根据设定的考核目标自我控制来完成。在实施安全生产总目标保证措施计划的过程中，积极发挥参建单位的主体作用，落实自我管理、自我控制的分级考核措施。

（3）组织考评验收，管理缺陷整改。在安全生产总目标管理过程中，应对分项目标的实施情况加强检查、考核与评价，并提出下一阶段的分项目标及措施。结合工程进展情况，对分项目标措施的实施情况，每个月检查验收一次，利用安全工作例会讲评一次；每个季度考评一次，以通报形式排出名次，分出优劣；结合半年和年度工作总结讲评一次。每次检查、考核、验收和讲评，应紧紧围绕有关薄弱环节，利用通报或"隐患整改指令"的方式，按照"三定一落实"（定人、定时、定措施、复查确认落实）的原则组织缺陷整改。做到认真考核，严格验收，整改到位。

（4）兑现目标奖惩，推动循环活动。在实施安全生产总目标管理过程中，将各级领导、各个部门、各类人员的岗位考核指标成果与经济利益挂钩。按照考评情况兑现奖惩。通过目标分解、检查考评、缺陷整改、兑现奖惩，实现安全生产总目标管理向前滚动发展。

三、项目安全生产领导小组

（1）项目安全生产领导小组组长由建设单位项目负责人担任，副组长由建设单位主管安全的项目负责人、监理单位总监理工程师等担任，勘查、设计、施工、监理等单位项目负责人为小组成员。领导小组办公室一般设在建设单位安全管理部门，安全管理部门负责人为领导小组办公室主任。

（2）项目安全生产领导小组应贯彻落实国家、行业有关安全生产方针政策、法律法规和技术标准，制订工程项目安全生产目标和安全工作计划，落实项目安全生产条件，规范施工安全管理程序，开展安全检查评价，定期组织应急演练，督促落实企业安全生产责任。

四、建设单位安全责任体系

（一）组织管理机构

工程项目建设单位内部安全生产领导小组，组长由建设单位项目负责人担任，副组长由建设单位分管安全项目负责人、总工程师担任，成员由各部门负责人组成。安全生产领导小组下设办公室，主任由安全管理部门负责人兼任。建设单位安全生产领导小组机构如图 3.1-1 所示。

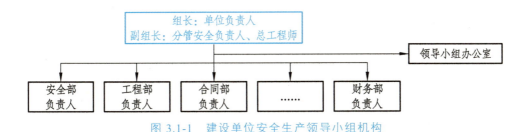

图 3.1-1　建设单位安全生产领导小组机构

（二）安全生产条件

（1）建立健全安全生产责任制，制定项目安全生产规章制度。

（2）设置专职安全生产管理机构，机构负责人应熟悉、掌握施工安全生产法律、法规、标准、规范，具有中级及以上技术职称，具备 1 个及以上工程项目的管理经历；安全生产管理机构按照工程需要配备专职安全管理人员。

（3）保证安全生产条件所需资金的投入。

（4）办公、生活区及相关设备和配件符合有关安全生产法律法规、标准规范的要求。

（5）制订生产安全事故应急救援预案并组织开展应急演练。

（6）法律、法规规定的其他条件。

（三）安全生产责任

1. 安全生产责任

（1）建设单位对工程项目安全生产负有主导责任，应加强工程项目各阶段安全工作的综合协调管理，按照合同约定督促工程参建单位落实安全生产责任。

（2）应向施工单位提供施工现场及毗邻区域内供水、排水、供电、供气、供热、通信、广播电视等地下管线资料，气象和水文观测资料，相邻建筑物和构筑物、地下工程的有关资料，并保证资料的真实、准确、完整。

（3）不得对勘查、设计、施工、监理等单位提出不符合建设工程安全生产法律、法规和强制性标准规定的要求，不得压缩合同约定的工期。

（4）在编制工程概算时，应确定建设工程安全作业环境及安全施工措施所需费用。

（5）不得明示或者暗示施工单位购买、租赁、使用不符合安全施工要求的安全防护用具、机械设备、施工机具及配件、消防设施和器材。

（6）在办理施工许可或申领施工许可证时，应提供工程项目有关安全施工措施的资料。

（7）应依法将工程项目发包给具有相应资质等级的单位。建设单位与勘查、设计、施工、监理、检测、监测等单位签订的合同中，应明确双方安全生产责任。

2. 建设单位与工程参建单位签订安全生产责任书

建设单位应与下列工程参建单位签订安全生产责任书：

（1）与勘查单位签订安全生产责任书；

（2）与设计单位签订安全生产责任书；

（3）与施工单位签订安全生产责任书；

（4）与监理单位签订安全生产责任书；

（5）与检测单位签订安全生产责任书；

（6）与监测单位签订安全生产责任书。

3. 建设单位内部各岗位安全生产责任书

建设单位应根据内部各岗位职责签订如下安全生产责任书：

（1）项目经理（指挥长）安全生产责任书；

（2）项目副经理（副指挥长）安全生产责任书；

（3）项目总工程师安全生产责任书；

（4）项目各部门部长（处长）安全生产责任书；

（5）项目各部门工作人员安全生产责任书。

（四）安全生产管理制度

建设单位安全生产管理制度是安全生产工作的行为准则，制度应明确项目安全生产各阶段管理的内容、程序与职责分工等，包括但不局限于表 3.1-1 所列出的各项制度，一般以汇编形式印发。建设单位主要安全生产管理制度如表 3.1-1 所示。

表 3.1-1　建设单位主要安全生产管理制度一览

类别	制度名称	主要内容
项目管理	安全生产会议制度	会议分领导小组会议、安全例会和安全生产专题会等形式，会议制度应包括制度适用范围、职责和工作程序，重点明确会议频次、参会人员、讨论议题、会议签到、会议记录和纪要等
	安全生产责任考核制度	制度应明确建设单位与施工、监理等单位签订的安全生产责任书内容、签订频次、履行情况的考核、奖惩等内容，是安全生产责任体系的重要载体
	安全生产专项费用管理制度	制度应明确项目安全生产专项费用的使用范围、支付方式、审批流程和监督管理等内容

续表

类别	制度名称	主要内容
项目管理	安全生产检查评价制度	制度应明确检查的目的、要求、依据、标准、形式、内容、分工职责、频次、整改以及对检查效果的评价、奖惩等内容
	安全事故隐患排查治理制度	制度应明确工程项目安全事故隐患分级管理、一般安全事故隐患排查方式、治理措施和责任分工，重大安全事故隐患治理方案、挂牌督办等内容
	施工安全风险评估管理制度	制度应明确风险评估的范围、方法、程序、组织、报告格式、结果运用等内容
	生产安全事故报告制度	制度应明确事故报告的内容、报送程序、时限等内容
	危险性较大分部分项工程安全管理制度	制度应明确危险性较大分部分项工程的划分，施工、监理单位的管理职责，专项施工方案的审批及实施等内容
	"平安工地"考核评价制度	制度应明确项目安全生产条件审查、施工过程"平安工地"创建内容、实施步骤、职责分工和考核评价标准、评价周期、考核结果运用等内容
	安全生产奖惩制度	制度应明确安全生产激励、处罚的标准条件及具体方式等内容
	生产安全应急管理制度	制度应明确预案编制、审核的程序要求，预案构成的主要要素、应急处置组织、应急演练培训、方案评审改进等内容
内部	安全生产责任制及考核制度	制度应明确各层级之间安全生产责任书内容、签订频次、履行情况的考核、奖惩等内容
	安全生产教育培训制度	制度应明确建设单位内设机构的培训对象、内容、学时、频次和考核等内容

五、监理单位安全生产责任体系

（一）组织管理机构

（1）工程项目监理单位设置为两级监理机构的，监理单位内部的安全生产领导小组组长由总监理工程师担任，副组长由副总监理工程师（总监代表）、安全监理工程师担任，成员由总监设立部门的负责人、各驻地监理工程师、总监办各专业监理工程师组成。监理单位安全生产领导小组机构如图 3.1-2 所示。

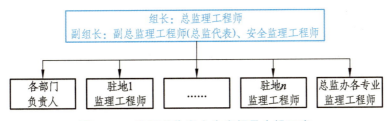

图 3.1-2　监理单位安全生产领导小组示意

（2）工程项目监理单位设置为一级监理机构的，监理单位内部的安全生产领导小组组长由总监理工程师担任，副组长由副总监理工程师（总监代表）、安全监理工程师担任，成员由设立部门的负责人、各专业监理工程师组成。监理单位安全生产领导小组机构如图 3.1-3 所示。

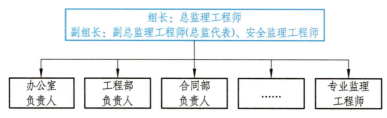

图 3.1-3　监理单位安全生产领导小组

（二）安全生产条件

（1）具备有关法律法规等规定的相关资质、资格。

（2）建立健全安全监理制度，制订安全生产监理计（规）划和实施细则，明确安全监理工作程序，落实安全生产责任制。

（3）总监理工程师应通过交通运输部安全监理和环保监理培训考试。

（4）总监办至少配备 1 名通过交通运输部安全监理和环保监理培训考试的专职安全监理工程师。各驻地办至少配备 1 名通过交通运输部安全监理和环保监理培训考试的专职安全监理工程师。人员配备应满足项目重大风险源预控管理的跟踪巡视等工作。

（5）法律、法规规定的其他条件。

（三）安全生产责任

1. 安全生产责任

（1）监理单位和监理人员应按照法律法规、规章和标准规范实施监理，并对工程项目安全生产承担监理责任。

（2）监理单位应审查施工合同约定的项目安全生产条件、施工组织设计中的安全技术措施、危险性较大工程的专项施工方案，以及项目安全生产专项费用计提使用情况。未经监理单位审查签字认可，施工单位擅自施工的，监理单位应及时下达工程暂停令，施工单位拒不执行时，应及时将情况书面报告建设单位。

（3）监理单位应按规定核查施工单位特种设备进场检验验收情况，组织施工安全检查，督促事故隐患排查治理，按季度做好"平安工地"考核评价工作。

（4）在监理巡视检查时，发现安全事故隐患的，应按规定及时下达书面指令要求施工单位进行整改或停止施工。施工单位拒绝整改或者整改不到位时，监理单位应及时将情况向建设单位报告。

2. 监理单位内部各岗位安全生产责任书

监理单位应根据岗位职责签订如下安全生产责任书：

（1）总监理工程师（驻地监理工程师）安全生产责任书；

（2）副总监理工程师（总监代表）安全生产责任书；

（3）专业监理工程师安全生产责任书；

（4）安全监理工程师安全生产责任书；

（5）驻地监理工程师安全生产责任书；

（6）驻地专业监理工程师安全生产责任书；

（7）监理员安全生产责任书。

（四）安全生产管理制度

监理单位安全生产管理制度是安全生产工作的行为准则，制度应明确监理单位安全生产各阶段管理的内容、程序与职责分工等，包括但不局限于表 3.1-2 所列出的各项制度，一般以汇编形式印发。监理单位主要安全生产管理制度如表 3.1-2 所示。

表 3.1-2　监理单位主要安全生产管理制度一览

类别	制 度 名 称	主 要 内 容
项目管理	安全生产会议制度	会议分领导小组会议、安全例会和安全生产专题会等形式，会议制度应包括制度适用范围、职责和工作程序，重点明确会议频次、参会人员、讨论议题、会议签到、会议记录和纪要等
	专项施工方案审查制度	制度应明确制度的适用范围、审查程序、内容、职责分工，督促落实等内容
	安全生产检查评价制度	制度应明确检查的目的、要求、依据、标准、形式、内容、分工职责、频次、整改等内容
	安全事故隐患督促整改制度	制度应明确事故隐患分级管理,督促整改的职责分工与管理流程、指令格式，整改验收方式等内容
	特种设备复核制度	制度应明确施工单位特种设备进场报验流程和资料清单,复核的内容、程序和工作职责等内容
	安全生产专项费用审查制度	制度应明确项目安全生产专项费用适用范围,报验的时间节点、费用的审核程序、方式、会计科目及票据等内容
	"平安工地"考核评价制度	制度应明确项目安全生产条件审查、施工过程、"平安工地"创建内容、实施步骤、职责分工和考核评价标准、评价周期、考核结果运用等内容
	生产安全应急管理制度	制度应明确预案编制、审核的程序要求，预案构成的主要要素、应急处置组织、应急演练培训、方案评审改进等内容
	生产安全事故报告制度	制度应明确事故报告的职责、内容、报送程序、时限等内容
内部	安全生产责任制及考核制度	制度应明确监理单位内部各层级之间安全生产责任书内容、签订频次、履行情况的考核、奖惩等内容
	安全生产教育培训制度	制度应明确监理单位内部的培训对象、内容、学时、频次和考核等内容

六、施工单位安全生产责任体系

（一）组织管理机构

工程项目施工单位安全生产领导小组，组长由项目经理担任，副组长由安全总监、副经理、总工程师担任，成员由各相关职能部门负责人，以及分包单位负责人组成。安全生产领导小组下设办公室由安全管理职能部门负责人兼任。施工单位安全生产领导小组机构如图 3.1-4 所示。

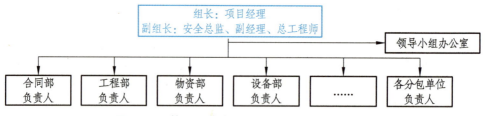

图 3.1-4　施工单位安全生产领导小组机构示意

（二）安全生产条件

（1）取得有效的施工企业安全生产许可证，具备法律法规等规定的相关资质和资格。

（2）建立健全安全生产责任制，制定相应的安全生产规章制度和操作规程。

（3）保证安全投入并规范使用。

（4）设置安全管理机构，施工现场应按照每 5 000 万元施工合同额配备一人的比例配备专职安全生产管理人员，不足 5 000 万元的至少配备一人。

（5）企业主要负责人、项目负责人和专职安全生产管理人员必须取得交通运输主管部门颁发的"安全生产考核合格证书"，特种作业人员应经有关业务主管部门考核合格，取得特种作业操作资格证书，所有从业人员应按规定参加安全生产教育培训。

（6）应依法参加工伤保险，为从事危险作业的人员办理意外伤害险。

（7）按照"平安工地"考核标准，每月组织自查，作业场所和安全设施、设备、工艺等符合有关安全生产法律法规和标准规范的要求，为从业人员配备符合国家、行业标准的劳动防护用品。

（8）按规定开展施工安全风险评估工作，实施重大风险源监控管理。

（9）制订生产安全事故应急救援预案，为应急救援组织或应急救援人员配备必要的应急救援器材、设备。

（10）法律、法规规定的其他条件。

（三）安全生产责任

1. 施工单位安全生产责任

（1）施工单位是安全生产责任主体，主要负责人依法对本单位安全生产工作全面负责。项目负责人应由取得相应执业资格证书的人员担任，经授权对相应的工程项目施工安全生产负责。

（2）工程项目实行施工总承包的，总承包单位对施工现场安全生产负总责。总承包单位依法将建设工程分包给其他单位的，应在分包合同中明确各自的安全生产的权利义务，总承包单位和分包单位对分包工程的安全生产承担连带责任。

（3）列入工程概算的安全作业环境及安全施工措施所需费用，应用于施工安全防护用具及设施的采购和更新、安全施工措施的落实、安全生产条件的改善。安全施工措施费应单列，专款专用，不得挪作他用。

（4）施工组织设计方案应明确安全技术措施，危险性较大的分部分项工程还应编制专项施工方案，并附安全验算结果，经施工单位技术负责人、总监理工程师签字后实施，超过一定规模的危险性较大的分部分项工程，施工单位应组织专家对专项施工方案进行论证、评审。施工单位应按规定制订施工现场临时用电方案。

（5）施工单位应将施工现场的办公、生活区与作业区分开设置，并保持安全距离；现场临时搭建的建筑物应符合安全使用要求，使用装配式活动房屋应具有产品合格证；施工单位不得在尚未竣工的建筑物内设置员工集体宿舍。职工的膳食、饮水、休息场所等应符合卫生标准。

（6）施工单位应在施工现场出入口、沿线各交叉口、施工起重机械所在处、搅拌场、临时用电设施所在处、爆破物及有害危险气体和液体存放处，以及孔洞口、隧道口、基坑边沿、脚手架边沿、码头边沿、桥梁边沿等危险部位，设置明显的符合国家标准的安全警示标志或者必要的安全防护设施。

（7）施工单位应建立健全消防安全责任制度，确定消防安全责任人，制定用火、用电、使用易燃易爆材料等各项消防管理制度和操作规程，设置消防通道，配备相应的消防设施和灭火器材，并在施工现场入口处设置明显标志。

（8）工程施工前，施工单位应将有关施工安全技术要求分三级向施工项目部各职能部门、施工作业班组、一线作业人员作出详细说明，向作业人员书面告知危险岗位的操作规程和应急措施，并由双方签字确认。

（9）施工单位应定期开展安全检查评价和隐患治理工作，消除安全事故隐患。专职安全员应按规定每日巡查施工现场安全生产，并做好检查记录，发现安全事故隐患时，应及时向项目安全管理机构负责人报告；对违章指挥、违章操作的，应立即制止；一时难以消除的事故隐患，施工单位应制订治理方案，明确治理的措施、时限、资金、验收和责任人等要素。

（10）施工单位应根据不同施工阶段、周围环境及季节、气候的变化，在施工现场采取相应的安全施工措施。施工现场暂时停止施工的，应做好现场防护，所需费用由责任方承担，或按合同约定执行。

（11）施工单位对因工程施工可能造成损害的毗邻建筑物、构筑物和地下管线等，应进行安全风险论证并采取专项防护措施。

（12）施工单位应遵守环境保护的法律法规，在施工现场采取措施，防止或减少粉尘、废气、废水、固体废物、噪声、振动和施工照明对人和环境的危害和污染。

（13）施工现场的安全防护用具、机械设备、施工机具及配件必须由专人管理，定期进行检查、维修和保养，建立相应的资料档案。采购、租赁的安全防护用具、机械设备、施工机具及配件，应具有生产（制造）许可证、产品合格证，在进入施工现场前进行查验。

（14）安装、拆卸施工起重机械，整体提升脚手架、模板等自升式架设设施，必须由具有相应资质的单位承担。使用前，应组织有关单位进行验收，也可以委托具有相应资质的检验检测机构进行验收（并出具相关验收合格证明文件）；使用承租的机械设备、施工机具及配件的，应由施工总承包单位、分包单位、出租单位和安装单位共同进行验收，验收合格的方可使用；使用起重机械等特种设备，在验收前应经有相应资质的检验检测机构监督检验合格。

（15）施工单位在签订的起重机械租赁合同中，明确租赁双方的安全责任，要求租赁单位提供起重机械特种设备制造许可证、产品合格证、制造监督检验证明、备案证明和自检合格证明，提供安装使用说明书。

（16）施工单位不得租用有下列情形之一的起重机械：

① 属国家明令淘汰或者禁止使用的；

② 超过安全技术标准或者制造厂家规定的使用年限的；

③ 经检验达不到安全技术标准规定的；

④ 没有完整安全技术档案的；

⑤ 没有齐全有效的安全保护装置的。

（17）作业人员应遵守安全施工的规章制度、强制性标准和操作规程，正确使用安全防护用具、机械设备。有权对施工现场的作业条件、作业程序和作业方式中存在的安全问题提出批评、检举和控告，有权拒绝违章指挥和强令冒险作业。发生危及人身安全的紧急情况时，有权立即停止作业或者在采取必要的应急措施后撤离危险区域。

（18）施工单位应建立安全培训教育制度，对管理人员和作业人员每年至少进行一次安全生产教育培训，作业人员进入新的岗位、新的施工现场前或在采用新技术、新工艺、新设备、新材料时应接受安全生产教育培训。未经教育培训或者教育培训考核不合格的人员，不得上岗作业。

（19）施工单位应针对本工程项目特点制订生产安全事故应急预案，定期组织演练。发生事故时，施工单位应立即采取措施减少人员伤亡和事故损失，启动应急预案，并按有关规定及时、如实地向建设单位、监理单位和事故发生地的公路水运工程安全生产监督管理部门以及地方安全监督部门报告。

2. 分包单位安全生产责任

（1）分包单位必须具有相应的资质，并在其资质等级许可的范围内承揽施工业务。严禁个人承揽分包工程业务。

（2）分包单位应与总承包单位就所承建的工程签订安全分包合同，约定双方权利义务。

（3）分包单位应服从总承包单位的安全生产管理，遵守总承包单位的安全生产规章制度，分包单位不服从管理导致生产安全事故的，由分包单位承担主要责任。

（4）禁止分包单位将其承包的工程再分包。

3. 施工单位内部各岗位安全生产责任书

施工单位应根据岗位职责签订如下安全生产责任书：

（1）项目经理安全生产责任书；

（2）项目副经理安全生产责任书；

（3）项目总工程师安全生产责任书；

（4）项目安全总监安全生产责任书；

（5）项目各职能部门部长（处长）安全生产责任书；

（6）项目各部门管理人员安全生产责任书；

（7）班组长安全生产责任书；

（8）分包单位安全生产责任书。

4. 施工单位项目部各部门和岗位安全生产责任

（1）项目安全生产领导小组安全生产职责（见表3.1-3）。

表3.1-3　项目安全生产领导小组安全生产职责

项目安全生产领导小组安全生产职责
1. 安全生产领导小组是项目安全生产的议事和决策机构，统筹规划项目部的安全生产工作，研究、协调、解决项目部的安全生产问题；
2. 认真贯彻落实国家安全生产方针政策、法律、法规、标准、规范，党中央、国务院、上级单位和公司有关安全生产决策部署和指示精神及本单位安全生产管理规章制度；
3. 研究确立项目部安全生产方针、目标，制定并实施年度安全生产工作要点，定期组织考核和评比工作；
4. 统筹规划项目部安全生产工作，研究、协调、解决安全生产问题；
5. 建立健全项目部安全生产责任制度，督促相关方（含分包单位）、各部门及其人员履行安全生产职责；
6. 审议项目部安全生产规章制度、操作规程和生产安全事故应急救援预案等安全生产管理制度；
7. 组织开展安全宣传教育培训活动，提高全员安全意识和技能；
8. 敦促安全生产经费的有效投入；
9. 建立健全并开展安全生产风险分级管控和隐患排查治理双重预防机制，落实安全生产风险管控措施，组织开展安全生产检查，及时排查事故隐患，督促落实隐患治理；
10. 每月召开安全生产会议，汇报、总结、部署安全生产工作；
11. 组织开展安全文化建设，实施科技兴安战略，积极推进安全生产标准化建设；
12. 组织生产安全事故应急救援；
13. 组织或参与生产安全责任事故的调查处理；
14. 落实事故调查处理决定。

（2）项目主要负责人安全生产职责（见表 3.1-4）。

表 3.1-4　项目主要负责人安全生产职责

岗位	项目主要负责人安全生产职责
项目经理	1. 认真贯彻落实国家安全生产方针政策、法律法规及本单位安全生产管理规章制度，执行上级单位和公司关于安全生产决策部署和指示精神； 2. 作为项目部安全生产工作的第一责任人，对本项目安全生产工作全面负责； 3. 建立健全项目部安全生产责任制，定期组织考核，落实奖惩； 4. 设置项目部安全生产管理机构，配齐配强专职安全生产管理人员； 5. 结合项目实际，组织制定并落实本项目安全生产管理规章制度和操作规程； 6. 组织制订并实施项目安全生产教育和培训计划； 7. 保证项目安全生产投入的有效实施，督促项目安全生产费用规范使用； 8. 依据风险评估结论，完善施工组织设计和专项施工方案； 9. 组织建立并落实安全风险分级管控和隐患排查治理双重预防机制，落实安全风险管控措施，每月至少组织一次安全生产检查，及时消除事故隐患； 10. 组织落实项目部施工生产、职业健康、汛期及地质灾害防灾减灾、消防安全、易燃易爆及危化品、社会治安综合治理、食品卫生等安全工作； 11. 落实安全生产标准化建设，实施科技兴安战略，组织开展安全文化建设； 12. 每月至少组织召开一次安全生产会议，总结、部署安全生产工作； 13. 组织制定并实施本项目的生产安全事故应急救援预案； 14. 按规定及时、如实报告生产安全事故并组织自救，依法配合事故调查处理。
安全副经理	1. 认真贯彻落实国家安全生产方针政策、法律、法规、标准、规范及本单位安全生产管理规章制度，执行上级单位和公司关于安全生产决策部署和指示精神； 2. 对项目部安全生产工作承担综合监督管理责任； 3. 组织或参与制订项目安全生产管理规章制度、安全生产操作规程，并督促落实； 4. 组织制订并实施项目安全生产教育培训计划； 5. 组织制订安全生产费用投入计划，审核并督促落实安全生产费用投入； 6. 组织或参与安全生产会议，总结、部署安全生产工作，针对安全生产工作中存在的问题，研究解决办法，提出改进措施、建议； 7. 推进安全风险分级管控和隐患排查治理双重预防机制有效运行，督促落实安全风险管控措施和隐患整改； 8. 组织落实施工生产、职业健康、汛期及地质灾害防灾减灾、消防安全、易燃易爆及危化品、社会治安综合治理、食品卫生等安全工作； 9. 每月至少组织一次安全生产综合检查，不定期开展专项检查，根据检查情况分析安全生产中存在的薄弱环节和问题，提出改进意见，并督促落实； 10. 制止和纠正违章指挥、强令冒险作业、违反操作规程的行为； 11. 组织落实安全生产标准化、安全文化和安全班组建设； 12. 组织制订本项目生产安全事故应急救援预案，落实安全生产应急救援体系建设，定期开展应急救援演练； 13. 及时、如实报告生产安全事故，根据应急响应规定指挥或参与事故救援，依法配合事故调查处理。

岗位	项目主要负责人安全生产职责
项目副经理	1. 认真贯彻落实国家安全生产方针政策、法律法规、标准规范及本单位安全生产管理规章制度，执行上级单位和公司关于安全生产决策部署和指示精神； 2. 对分管工作范围内安全生产工作承担领导责任； 3. 督促落实分管工作范围内的安全生产工作； 4. 制止和纠正违章指挥、强令冒险作业、违反操作规程的行为； 5. 参与安全生产检查，排查事故隐患，督促落实整改措施； 6. 参加安全生产会议，针对安全生产工作中存在的问题，提出改进安全生产管理的措施、建议； 7. 向项目负责人汇报分管范围内的安全生产工作； 8. 按规定及时、如实报告生产安全事故，并根据应急响应规定指挥或参与事故应急救援，依法配合事故调查处理。
项目技术负责人	1. 认真贯彻落实国家安全生产方针政策、法律法规、标准规范及本单位安全生产管理规章制度，执行上级单位和公司关于安全生产决策部署和指示精神； 2. 对项目安全生产技术负有决策权、指挥权； 3. 组织开展项目危险源辨识、安全风险评估（评价）工作，确定风险控制措施，并对措施落实情况进行监督检查； 4. 组织编制项目施工组织设计，确保施工工艺、施工技术符合国家有关安全生产标准规范要求； 5. 组织编制项目专项施工方案，严格执行危险性较大的分部分项工程等相关规定，监督、检查、落实专项方案； 6. 落实科技兴安战略，推广应用安全生产先进技术； 7. 组织编制安全生产操作规程； 8. 组织实施项目安全生产技术交底工作； 9. 组织或参加项目安全生产检查，分析安全生产技术和质量工作中存在的薄弱环节和突出问题，研究解决办法，提出改进措施，并监督落实； 10. 组织编制、审核、落实重大事故隐患治理方案； 11. 组织或参加项目安全生产会议，针对安全生产工作中存在的问题，提出安全生产管理措施； 12. 及时、如实报告生产安全事故，为事故应急救援提供技术支持，依法配合事故调查处理。

（3）项目主要部门安全生产职责（见表3.1-5）。

表 3.1-5　项目主要部门安全生产职责

部门	项目主要部门安全生产职责
安全管理部门	1. 认真贯彻落实国家安全生产方针政策、法律法规、标准规范及本单位安全生产管理规章制度，执行上级单位和公司关于安全生产决策部署和指示精神； 2. 组织拟订项目安全生产规章制度、生产安全事故应急救援预案； 3. 参与拟订（审核）操作规程； 4. 按上级单位下达的安全生产工作目标，拟订并实施年度、阶段安全生产工作计划； 5. 拟订并实施安全生产教育培训计划，如实记录安全生产教育和培训情况；

部门	项目主要部门安全生产职责
安全管理部门	6. 落实安全风险分级管控和隐患排查治理双重预防机制，参与项目安全风险辨识，根据安全风险类别和等级建立项目安全风险数据库、重大风险数据库，督促落实项目重大危险源的安全管理措施； 7. 检查项目安全生产状况，及时排查生产安全事故隐患，提出改进安全生产管理的建议； 8. 制止和纠正违章指挥、强令冒险作业、违反操作规程的行为； 9. 组织开展"安全生产月"等安全活动，协助工会小组开展"安康杯"活动； 10. 组织或参与消防安全检查，及时消除火灾隐患； 11. 督促落实本项目安全生产整改措施； 12. 监督、检查安全生产投入和使用情况； 13. 组织或者参与项目应急救援演练，如实记录应急演练情况； 14. 及时、如实、统计上报生产安全事故，按规定参与事故救援，依法配合事故调查和处理； 15. 负责安全生产领导小组办公室日常工作。
物资设备管理部门	1. 认真贯彻落实国家安全生产方针政策、法律法规、标准规范及本单位安全生产管理规章制度，执行上级单位和公司关于安全生产决策部署和指示精神； 2. 将自购、租赁设备和分包单位自购、租赁设备管理统一纳入项目全过程管理； 3. 制订并实施物资、设备、设施安全管理制度和操作规程； 4. 落实设备设施、特种设备的依法安装、检测、检验、登记、备案、使用、拆卸及定期维护和保养，建立特种设备"一机一档"安全技术档案； 5. 组织或参与制订特种设备及相关设施安装、拆卸专项方案，并督促落实； 6. 淘汰国家明令禁止、报废、落后的设备设施和安全技术装备，积极采用安全性能高、职业危害低、能耗低、低污染的新设备、新材料，确保采购、租赁的物资和设备满足国家相关的法律、法规、行业标准和安全技术规范要求； 7. 按照安全生产费用使用计划，及时购买符合国家标准的安全防护设备设施和劳动防护用品； 8. 加强对自制设备及相关设施、非标准构件的安全生产管理； 9. 组织开展物资、设备管理人员和操作人员的安全教育培训，确保特种专业人员（含特种设备作业）持证上岗； 10. 组织开展本部门的危险源辨识，制订并落实风险管控措施； 11. 每月至少开展1次设备设施、物资安全专项检查，及时消除生产安全事故隐患； 12. 制止和纠正设备相关的违章作业、违反操作规程的行为； 13. 依法落实民用爆炸物品、油料、氧气、乙炔等易燃易爆物品在采购、运输、保管、发放、回收等过程中的安全管理； 14. 按规定编制特种设备事故应急预案，组织开展应急预案学习； 15. 按应急救援方案，保障应急救援设备、物资供应，参与事故应急救援，依法配合事故的调查和处理。 16. 负责部门工作范围内的安全生产管理。
工程管理部门	1. 认真贯彻落实国家安全生产方针政策、法律法规、标准规范及本单位安全生产管理规章制度，执行上级单位和公司关于安全生产决策部署和指示精神； 2. 编制并落实施工组织设计、专项施工方案，确保施工工艺、施工技术符合国家有关标准、规范要求；

部门	项目主要部门安全生产职责
工程管理部门	3. 落实大型设备设施、自制设备、临时设施、危险作业场所的专项方案审核和必要的安全性验算； 4. 落实施工现场管理人员专项施工方案交底与作业人员安全技术交底，如实记录交底情况； 5. 参与安全生产检查，排查事故隐患，提出改进建议，落实整改措施； 6. 制止和纠正违章指挥、强令冒险作业、违反操作规程的行为； 7. 及时、如实上报生产安全事故，参与事故应急救援，依法配合事故调查和处理； 8. 负责部门工作范围内的安全生产管理。
合同管理部门	1. 认真贯彻落实国家安全生产方针政策、法律法规、标准规范及本单位安全生产管理规章制度，执行上级单位和公司关于安全生产决策部署和指示精神； 2. 落实国家及公司工程分包的安全生产管理要求，不得将工程、项目、场所分包给不具备安全生产条件的单位或个人； 3. 负责工程分包单位的资信评价审查，在审核其资质及施工能力时，要严格审核安全生产资质和安全生产能力； 4. 根据相关方合同内容拟订安全生产管理协议，明确各自的安全生产管理职责和应当采取的安全措施； 5. 及时办理安全生产投入的计量工作； 6. 及时、如实上报生产安全事故，参与事故应急救援，依法配合事故调查和处理； 7. 负责部门工作范围内的安全生产管理。
质检部门	1. 认真贯彻落实国家安全生产方针政策、法律法规、标准规范及本单位安全生产管理规章制度，执行上级单位和公司关于安全生产决策部署和指示精神； 2. 负责危险性较大的分部分项工程专项施工方案的报审，每月至少组织一次对专项方案落实情况、安全技术交底情况的专项检查； 3. 督促落实重大事故隐患治理方案执行情况； 4. 组织开展本部门的危险源辨识，制订并落实风险管控措施； 5. 定期开展工程质量监督检查，及时消除质量隐患，防止因质量问题导致生产安全事故发生； 6. 收集、统计、分析、报告有关技术、质量中存在的安全生产问题，提出改进建议； 7. 参与安全生产检查，排查事故隐患，提出改进建议； 8. 及时、如实上报生产安全事故，参与事故应急救援，依法配合事故调查和处理； 9. 负责部门工作范围内的安全生产管理。
试验室	1. 认真贯彻落实国家安全生产方针政策、法律法规、标准规范及本单位安全生产管理规章制度，执行上级单位和公司关于安全生产决策部署和指示精神； 2. 制订并实施试验室危险化学品安全管理制度、试验室设备安全操作规程； 3. 负责试验室危险化学品的安全管理； 4. 负责工程施工试验检测，确保工程实体、材料质量，防止因质量不合格导致生产安全事故发生； 5. 负责试验设备、仪器的定期维护、保养和检定；确保安全有效； 6. 组织开展试验员的安全教育培训； 7. 组织开展本部门的危险源辨识，制订并落实风险管控措施； 8. 参与安全生产检查，排查事故隐患，提出整改建议； 9. 及时、如实上报生产安全事故，参与事故应急救援，依法配合事故调查和处理，为事故调查提供数据支持。 10. 负责部门工作范围内的安全生产管理。

部门	项目主要部门安全生产职责
财务部门	1. 认真贯彻落实国家安全生产方针政策、法律法规、标准规范及本单位安全生产管理规章制度，执行上级单位和公司关于安全生产决策部署和指示精神； 2. 建立安全费用专项科目，将安全生产费用纳入项目年度经费预算，做到专款专用； 3. 按规定足额提取安全生产经费，保障安全生产费用所需专项资金； 4. 参与审核安全生产费用使用计划，每季度至少组织一次对安全生产费用使用情况的专项检查； 5. 负责项目资金、票据、会计账簿、凭证、报表、电子数据及密钥等的安全管理工作； 6. 组织开展本部门的危险源辨识，制订并落实风险管控措施； 7. 为事故应急救援及善后处理提供资金保障，依法配合事故调查处理； 8. 负责部门工作范围内的安全生产管理。
综合办	1. 认真贯彻落实国家安全生产方针政策、法律法规、标准规范及本单位安全生产管理规章制度，执行上级单位和公司关于安全生产决策部署和指示精神； 2. 制订并实施办公区、生活区消防管理制度； 3. 负责项目办公区、生活区的消防、治安、车辆、食堂的安全管理； 4. 及时处理安全生产文件、信息，保证安全生产所需办公用品、设备等资源的配备； 5. 组织开展本部门的危险源辨识，制订并落实风险管控措施； 6. 负责安全生产的宣传报道工作； 7. 负责从业人员进、出场管理，建立人员进出场台账； 8. 每月至少组织一次办公区、生活区消防专项检查，及时消除火灾隐患； 9. 组织食堂工作人员健康体检，确保持健康证上岗； 10. 签订劳动合同时，应当载明有关保障从业人员劳动安全、防止职业危害的事项； 11. 负责电工、清洁工、食堂工作人员的日常安全管理，组织开展安全教育培训，如实记录安全生产教育培训情况； 12. 配合有关部门开展安全生产教育和培训； 13. 参与事故应急救援，依法配合事故调查和处理，负责安全生产应急和突发事件的信息接收、报送、动态跟踪和处理的组织协调工作； 14. 负责部门工作范围内的安全生产管理。

（4）项目部门负责人安全生产职责（见表 3.1-6）。

表 3.1-6　项目部门负责人安全生产职责

部门	项目部门负责人安全生产职责
安全管理部门负责人	1. 认真贯彻落实国家安全生产方针政策、法律法规、标准规范及本单位安全生产管理规章制度，执行上级单位和公司关于安全生产决策部署和指示精神； 2. 对本部门安全生产工作承担领导责任； 3. 组织拟订安全生产规章制度、生产安全事故应急救援预案； 3. 参与拟订（审查）安全操作规程； 4. 按上级单位下达的安全生产工作目标，组织拟订并实施年度、阶段安全生产工作计划； 5. 组织制订并实施安全生产教育培训计划，如实记录安全生产教育和培训情况；

部门	项目部门负责人安全生产职责
安全管理部门负责人	6. 组织落实安全风险分级管控和隐患排查治理双重预防机制，参与项目安全风险辨识，根据安全风险类别和等级，指导建立项目安全风险数据库、重大风险数据库，督促落实项目重大危险源的安全管理措施； 7. 检查项目安全生产状况，及时排查生产安全事故隐患，提出改进安全生产管理的建议； 8. 制止和纠正违章指挥、强令冒险作业、违反操作规程的行为； 9. 组织开展"安全生产月"等安全活动，协助工会小组开展"安康杯"活动，组织、推广企业安全文化建设； 10. 组织或参与消防安全检查，及时消除火灾隐患； 11. 督促落实作业人员安全技术交底； 12. 督促落实本项目安全生产整改措施； 13. 监督、检查安全生产投入和使用情况； 14. 督促落实安全生产标准化建设工作部署； 15. 组织或参与项目应急救援演练； 16. 及时、如实、统计上报生产安全事故，参与事故救援，依法配合事故调查处理； 17. 组织落实本部门安全生产职责。
物资设备管理部门负责人	1. 认真贯彻落实国家安全生产方针政策、法律法规、标准规范及本单位安全生产管理规章制度，执行上级单位和公司关于安全生产决策部署和指示精神； 2. 对本部门安全生产工作承担领导责任； 3. 组织制订物资、设备、设施安全管理制度和操作规程，并督促落实； 4. 组织落实设备设施、特种设备的依法安装、检测、检验、登记、备案、使用、拆卸及定期维护和保养，检查特种设备"一机一档"安全技术档案建立情况； 5. 将自购、租赁设备和分包单位自购、租赁设备管理统一纳入项目全过程管理； 6. 组织制订或审核特种设备及相关设施安装、拆卸专项方案，并督促落实； 7. 淘汰国家明令禁止、报废、落后的设备设施和安全技术装备，积极采用安全性能高、职业危害低、能耗低、低污染的新设备、新材料，确保采购、租赁的物资和设备满足国家相关的法律、法规、行业标准和安全技术规范要求； 8. 按照安全生产费用使用计划，组织购买符合国家标准的安全防护设备设施和劳动防护用品； 9. 组织自制设备及相关设施、非标准构件的安全生产管理； 10. 组织或参与物资、设备管理人员和操作人员的安全教育培训，确保特种专业人员（含特种设备作业）持证上岗； 11. 组织开展本部门的危险源辨识，制订并落实风险管控措施； 12. 定期组织开展（每月至少 1 次）设备设施、物资安全专项检查，及时消除生产安全事故隐患； 13. 制止和纠正设备相关的违章作业、违反操作规程的行为； 14. 督促落实民用爆炸物品、油料、氧气、乙炔等易燃易爆物品在采购、运输、保管、发放、回收等过程中的安全管理； 15. 组织或参与编制特种设备事故应急预案，定期开展应急预案学习； 16. 组织应急救援设备、物资日常维修和保养，根据应急救援方案，保障应急救援设备、物资供应； 17. 及时、如实上报生产安全事故，按有关规定参与事故救援，依法配合事故调查处理。

续表

部门	项目部门负责人安全生产职责
工程管理部门负责人	1. 认真贯彻落实国家安全生产方针政策、法律法规、标准规范及本单位安全生产管理规章制度，执行上级单位和公司关于安全生产决策部署和指示精神； 2. 对本部门安全生产工作承担领导责任； 3. 组织或参与编制施工组织设计、专项施工方案，确保施工工艺、施工技术符合国家有关标准、规范要求； 4. 组织大型设备设施、自制设备、临时设施、危险作业场所的专项方案审核和必要的安全性验算； 5. 组织或参与施工现场管理人员专项施工方案交底与作业人员安全技术交底； 6. 组织开展本部门的危险源辨识，制订并落实风险管控措施； 7. 参与安全生产检查，排查事故隐患，提出改进建议，督促落实事故隐患治理措施； 8. 制止和纠正违章指挥、强令冒险作业、违反操作规程的行为； 9. 及时、如实上报生产安全事故，按有关规定参与事故救援，依法配合事故调查处理； 10. 组织落实本部门安全生产职责。
合同管理部门负责人	1. 认真贯彻落实国家安全生产方针政策、法律法规、标准规范及本单位安全生产管理规章制度，执行上级单位和公司关于安全生产决策部署和指示精神； 2. 对本部门安全生产工作承担领导责任； 3. 落实国家及公司工程分包的安全生产管理要求，不得将工程、项目、场所分包给不具备安全生产条件的单位或个人； 4. 严格执行《安全生产不良记录"黑名单"管理制度》； 5. 负责工程分包单位的资信评价审查，在审核其资质及施工能力时，要严格审核安全生产资质和安全生产能力； 6. 组织拟订相关方合同及安全生产管理协议，明确各自的安全生产管理职责； 7. 组织开展本部门的危险源辨识，制订并落实风险管控措施； 8. 及时办理安全生产费用投入的计量工作； 9. 及时、如实上报生产安全事故，按有关规定参与事故救援，依法配合事故调查处理； 10. 组织落实本部门安全生产职责。
质检部门负责人	1. 认真贯彻落实国家安全生产方针政策、法律法规、标准规范及本单位安全生产管理规章制度，执行上级单位和公司关于安全生产决策部署和指示精神； 2. 对本部门安全生产工作承担领导责任； 3. 组织危险性较大的分部分项工程专项施工方案的报审工作； 4. 定期组织开展（每月至少 1 次）专项方案落实情况、安全技术交底情况的专项检查； 5. 组织开展本部门的危险源辨识，制订并落实风险管控措施； 6. 定期组织开展（每月至少 1 次）工程质量监督检查，及时消除质量隐患，防止因质量问题导致生产安全事故发生； 7. 分析、报告有关技术、质量中存在的安全生产问题，提出改进建议； 8. 参与安全生产检查，排查事故隐患，提出改进建议； 9. 及时、如实上报生产安全事故，按有关规定参与事故救援，依法配合事故调查处理； 10. 组织落实本部门安全生产职责。

部门	项目部门负责人安全生产职责
试验室负责人	1. 认真贯彻落实国家安全生产方针政策、法律法规、标准规范及本单位安全生产管理规章制度，执行上级单位和公司关于安全生产决策部署和指示精神； 2. 对本部门安全生产工作承担领导责任； 3. 组织或参与制订试验室危险化学品安全管理制度、试验室设备操作规程，并督促落实； 4. 落实试验室危险化学品的安全管理； 5. 组织或参与工程施工试验检测，确保工程实体、材料质量，防止因质量不合格导致生产安全事故发生； 6. 组织试验设备、仪器的定期维护、保养和检定，确保安全有效； 7. 落实试验员的安全教育培训； 8. 组织开展本部门的危险源辨识，制订并落实风险管控措施； 9. 参与安全生产检查，排查事故隐患，提出整改建议； 10. 及时、如实上报生产安全事故，按有关规定参与事故救援，依法配合事故调查处理，为事故调查提供数据支持。 11. 组织落实本部门安全生产职责。
财务部门负责人	1. 认真贯彻落实国家安全生产方针政策、法律法规、标准规范及本单位安全生产管理规章制度，执行上级单位和公司关于安全生产决策部署和指示精神； 2. 对本部门安全生产工作承担领导责任； 3. 建立安全费用专项科目，将安全生产费用纳入项目年度经费预算，做到专款专用； 4. 按规定足额提取安全生产经费，保障安全生产费用所需专项资金； 5. 参与审核安全生产费用使用计划，定期组织开展（每季度至少组织1次）对安全生产费用使用情况的专项检查； 6. 组织落实资金、票据、会计账簿、凭证、报表、电子数据及密钥等的安全管理工作； 7. 组织开展本部门的危险源辨识，制订并落实风险管控措施； 8. 为事故应急救援及善后处理提供资金保障，依法配合事故调查处理； 9. 组织落实本部门安全生产职责。
综合办负责人	1. 认真贯彻落实国家安全生产方针政策、法律法规、标准规范及本单位安全生产管理规章制度，执行上级单位和公司关于安全生产决策部署和指示精神； 2. 对本部门安全生产工作承担领导责任； 3. 组织或参与制订办公区、生活区消防管理制度，并督促落实； 4. 组织落实项目办公区、生活区的消防、治安、车辆、食堂的安全管理； 5. 组织安排安全生产文件、信息处理； 6. 组织落实安全生产所需办公用品、设备等资源的配备； 7. 组织开展本部门的危险源辨识，制订并落实风险管控措施； 8. 组织安全生产的宣传报道工作； 9. 组织安排从业人员进、出场管理，督促建立人员进出场台账； 10. 组织开展（每月至少1次）办公区、生活区消防专项检查，及时消除火灾隐患； 11. 组织安排食堂工作人员健康体检，确保持健康证上岗； 12. 落实电工、清洁工、食堂工作人员的日常安全管理，组织开展安全教育培训，如实记录安全生产教育培训情况； 13. 协助有关部门开展安全生产教育和培训； 14. 参与事故应急救援，依法配合事故调查和处理，负责安全生产应急和突发事件的信息接收、报送、动态跟踪和处理的组织协调工作； 15. 组织落实本部门安全生产职责。

（四）安全生产管理制度

施工单位安全生产管理制度是安全生产工作的行为准则，制度应明确施工单位安全生产各阶段管理的内容、程序与职责分工等，包括但不局限于表 3.1-7 所列出的各项制度，一般以汇编形式印发。

表 3.1-7　施工单位主要安全生产管理制度一览

制 度 名 称	制 度 内 容
安全生产会议制度	会议制度分领导小组会议、安全例会和安全生产专题会等形式，会议制度应包括制度适用范围、职责和工作程序，重点明确会议频次、参会人员、讨论议题、会议签到、会议记录和纪要等
安全生产责任制及考核制度	制度应明确施工单位项目部各层级之间、与分包单位之间所签订的安全生产责任书（或安全合同）的内容、签订频次、履行情况的考核、奖惩等内容
安全生产专项费用管理制度	制度应明确安全生产专项费用适用范围，费用年度计划、费用支取申报程序与阶段，会计科目及票据，形成的固定资产管理等内容
安全生产检查评价制度	制度应明确检查考核的目的、要求、依据、责任、标准、形式、内容、频次、整改等内容
"平安工地"考核评价制度	制度应明确项目安全生产条件审查、施工过程、"平安工地"创建内容、实施步骤、职责分工和考核评价标准、评价周期、考核结果运用等内容
安全事故隐患排查治理制度	制度应明确工程项目安全事故隐患分级管理、一般安全事故隐患排查方式、治理措施和责任分工，重大安全事故隐患治理方案、时限、措施、资金和责任人等内容
安全生产教育培训制度	制度应明确施工从业人员岗位培训内容、学时、频次和考核等内容。培训对象应包括施工现场管理、技术、特种作业，一般作业人员和分包单位等，培训内容应包括安全意识、安全知识和安全技能等
施工安全技术交底制度	制度应明确分级、分专业、分岗位交底的程序、内容等内容
施工安全风险评估制度	制度应明确施工现场危险作业环境和重大风险源辨识、分析、估测和评估结论审 核等管理程序、职责分工，重大风险预警预控和书面告知等内容
专项施工方案的编制和审核制度	制度应明确适用范围、编制依据、编制原则、主要内容、安全保障措施、内部审 核程序与责任分工、实施管理等内容
生产安全应急管理制度	制度应明确预案编制、审核的程序要求，预案构成的主要要素、应急处置组织、应急演练培训、方案评审改进等内容
生产安全事故报告制度	制度应明确事故报告的责任、信息报送流程、内容、时限等内容
施工设备安全管理制度	制度应明确施工设备设施的管理责任、登记要求、保养维修以及使用责任人资格等内容
劳动防护用品配备和管理制度	制度应明确安全防护用品的采购、验收、发放登记、使用等内容
施工现场消防安全责任制度	制度应明确施工现场消防安全责任分工、责任区域划分、器材配备台账、检查维护记录，消防器材管理等内容

续表

制度名称	制度内容
危险品安全管理制度	制度应明确施工现场用火、用电、使用危险品等的消防安全管理程序、要求和责任分工，作业人员资格要求，危险品管理台账记录等内容
分包单位安全管理考评制度	制度应明确施工分包单位的管理台账、考评方式与时间、评价与结果应用等内容
特种作业人员管理制度	制度应明确特种作业人员的进场考核、岗前培训、继续教育、人员登记台账等内容
安全生产奖罚制度	制度应明确安全生产奖励、处罚的条件和方式，以及结果的应用等内容
施工单位项目部主要负责人带班制度	制度应明确项目主要负责人带班生产、检查的工作计划、内容与时间要求、管理程序与内业资料等内容
施工作业操作规程	制度应明确施工各工序、工种的具体操作要领，培训要求，规程流转管理等内容
其他法律法规和行业内规章制度	

第二节　驻地建设及临建设施安全要求

一、项目驻地

（一）一般规定

（1）驻地建设一般包括建设、监理、第三方检测单位、施工单位驻地以及工地试验室的建设。驻地建设应体现以人为本的理念，充分保障员工的身体健康和生命安全，改善工程建设各方的生产、生活环境。

（2）驻地建设须先进行选址、规划，并编制临建施工方案（明确给排水设计及用电方案）；消防、环（水）保、卫生、临时用电等应满足相关规定及标准要求。

（3）驻地建设应因地制宜，满足安全、实用及环保的要求，以工作方便为原则，具备便利的交通条件和通电、通水、通信条件。施工现场驻地应选在地质良好的地段，避免设在可能发生坍方、泥石流、水淹等地质灾害区域及高压线下（与高压线水平距离不小于 8.5 m），避开取土场、弃土场，离集中爆破区 500 m 以外。

（4）驻地应采用封闭式管理，办公区、生活区及车辆、机具停放区等应科学合理分开布局（图 3.2-1），场地及主要道路应用混凝土硬化处理，排水系统完善，庭院适当绿化，环境优美整洁，并设置功能分区平面示意图及指路导向牌。

（5）建设单位宜尽早规划、建设后期营运管理中心，条件许可时应利用营运管理中心作为项目建设的驻地。

图 3.2-1　项目自建驻地效果图

（二）安全要点

（1）驻地建设可自建或租用沿线合适的单位或民用房屋，但应坚固、安全。自建房屋最低标准为活动板房，应选用阻燃、防水材料；活动板房搭建不应超过两层，每组最多不超过 12 栋，组与组之间的距离应不小于 8 m，栋与栋之间的距离应满足城市不小于 5.0 m，农村不小于 7.0 m 的要求；每栋用房其长度以 36 m、层高以 2.5 m 左右为宜。

（2）办公、生活用房（图 3.2-2 ～ 3.2-5）建筑面积和场地面积应满足办公和生活需要；通风、照明良好，并设有防暑、降温等设备。

图 3.2-2　办公室　　　　　　　　　　　图 3.2-3　会议室

图 3.2-4　档案室　　　　　　　　　　　图 3.2-5　宿舍

（3）食堂应符合《中华人民共和国食品卫生法》的要求，宜设置在离厕所、垃圾站、有害场所等污染源不小于 20 m 的位置，与办公、生活用房距离不小于 10 m；食堂应设置独立的制作间、储藏间；门扇下方应设防鼠挡板，地面应做硬化和防滑处理；食堂必须有卫生许可证，厨房工作人员必须持健康证上岗。

（4）如条件允许生活饮用水尽可能使用自来水；如自找饮水源，应对水源进行专门的化验鉴定，符合饮用水标准后方能使用。

（三）安全设施

（1）驻地应相对独立完整，四周设有围墙，有固定出入口，出入口配备保卫人员。门柱部位应悬挂本单位的铭牌，各部门应设名称牌、室内悬挂岗位职责、有关制度图表等。

（2）驻地内消防设施应满足《建设工程施工现场消防安全技术规程》（GB 50720）的有关规定，办公区和生活区应配备一定数量的干粉灭火器，室外集中设置消防水池和消防砂池，配置相应的消防器材和消防安全标志（图 3.2-6），并经常检查、维护和保养。

（3）驻地内应设置消防通道，并设置消防应急指示标志，禁止在消防通道上堆物、堆料或挤占消防通道。

（4）驻地内使用的电气设备和临时用电应符合《施工现场临时用电安全技术规范》（JGJ 46）的规定，驻地内应设有必要的防雷设施。

（5）驻地应设置报警装置和监控设施。

图 3.2-6　消防设施

二、搅拌站

（一）一般规定

（1）搅拌站建设须先进行选址、规划，严禁设置在泥石流区、滑坡区、洪水位下等危险区域，尽量避开取、弃土场，远离居民区，并制定临建施工方案（明确排水设计、用电方案、场内车辆交通组织方案、储料罐及搅拌楼基础承载力与抗倾覆检算）。

（2）搅拌站应采用封闭式管理，合理划分搅拌作业区、材料堆放区、运输车辆停放区、试验区等，搅拌楼与办公区、生活区或周围其他建筑物的距离不得小于单个储料罐的高度且不小于 20 m；搅拌站场地须硬化，沉淀池宜设在洗车池与排水系统的对接位置；重点部位（如搅拌作业区）应设置视频监控系统，并确保通信联络畅通。

（3）储料仓应由具备专业资质的设计单位进行设计，并按各地厂房抗风设计标准进行分级验算；储料仓和储料罐在广东内陆地区应抗 8 级风力，在沿海地区应抗 12 级风力；若须降低抗风等级，施工单位须进行论证。

（二）安全要点

（1）搅拌楼出料口离地高度及其下方立柱间距应满足安全距离要求，保证混凝土运输车辆运料时，车辆两侧的预留净宽不小于 0.5 m，上方的预留净高不小于 1 m（图3.2-7）。

（2）搅拌混凝土时，严禁人员进入搅拌楼围闭区；当提升斗被障碍物卡死时，不得强行起拉；当发生意外情况时，应立即切断总电源开关，清除搅拌桶内拌和物，避免混凝土在搅拌桶内凝结。

（3）维护、修理搅拌机顶层转料桶、清理搅拌机内衬及铰刀时，应先切断电源，锁好开关箱，悬挂"禁止合闸"标志，并设专人监护（图 3.2-8）；清理上料坑时，须将料斗固定，防止料斗下滑。

（4）沥青搅拌楼搅拌作业时，若自动点火设备连续两次点火不成功，严禁继续点火，应立即停机并派专人检查，以防爆炸。作业人员在设备周边操作、检查时，应注意避让高温管道、炉罐，防止灼烫。

（5）沥青搅拌站油料与燃料存放应满足安全防火要求；及时清理场内的废弃沥青、油污和废料，防止发生火灾；以天然气作为燃料时要单独制定安全操作规程。

图 3.2-7　搅拌楼操作间安全距离

图 3.2-8　"禁止合闸"标志

（三）安全设施

（1）搅拌楼各罐体应采用连接件连接；搅拌楼及储料罐基座处应设置防撞墩，防撞墩宜设置成矩形，高度不小于 60 cm；储料罐上应装设缆风绳及经检测检验合格的避雷装置，缆风绳上宜缠绕反光带；搅拌楼水平投影面内应采取隔离设施封闭，并设置明显的安全警示标牌，隔离设施宜采用高度不小于1.2 m的隔离栅（图 3.2-9）

图 3.2-9　搅拌楼

（2）搅拌机传动系统裸露部位应设置防护装置及安全检修保护装置（图 3.2-10）。

（3）料仓墙体的强度和稳定性应满足要求，外围应设置警戒区，警戒区宽度不宜小于墙高的 2 倍。料仓棚应设置缆风绳加固，地锚应提前预埋；料仓前应设置排水沟（图 3.2-11）。

图 3.2-10　传动系统防护装置　　　　图 3.2-11　搅拌站储料仓

（4）搅拌站场内电缆线宜埋管设置或采用线槽敷设；配电房、搅拌作业区等危险部位应设置警示标牌，场内设备应设置安全操作规程牌。

（5）以天然气作为燃料的沥青搅拌站，应配备必要的消防设施。

（6）搅拌站宜进行危险等级分区，运输车辆停放区、试验区为危险等级Ⅰ级（低度风险、蓝色区域），材料堆放区、沉淀池为危险等级Ⅱ级（中度风险、黄色区域），搅拌作业区危险等级Ⅲ级（高度风险、橙色区域），各区域应按危险等级设置相应的提示标牌及安全警示牌；搅拌站入口处醒目位置应设指路标牌。

（7）储料罐、搅拌楼、储料仓等地应设置物料名称、进场情况、检验状态、配合比等情况的标牌。

三、钢筋加工场

（一）一般规定

（1）钢筋加工场建设须进行选址、规划，避开泥石流、滑坡、洪水位下等危险区域；建设前应编制临建施工方案（明确用电方案）。

（2）钢筋加工场应采用封闭式管理，合理划分材料堆放区、钢筋下料区、加工制作区、半成品区、成品区、运输及安全通道等功能区，并在生产过程中推行"定置"管理；场地须进行硬化处理（图 3.2-12）。

（3）钢筋加工场应由具备专业资质的设计单位进行设计，并按各地厂房抗风设计标准进行分级验算，例如在广东内陆地区应抗 8 级风力，在沿海地区应抗 12 级风力；若需降低抗风等级，施工单位须进行论证。

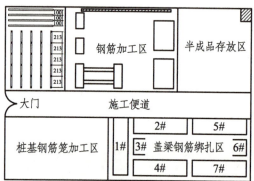

图 3.2-12　钢筋加工场平面布置及实景

（二）安全要点

（1）钢筋原材料及半成品应分类垫高堆放，垫高台座宜用混凝土基座、型钢等能承重的材料制作，台座高度应不小于 30 cm；钢筋堆放高度应不大于 2 m，对于捆绑的圆形钢筋，其叠放高度应不大于 2 层（图 3.2-13、图 3.2-14）。

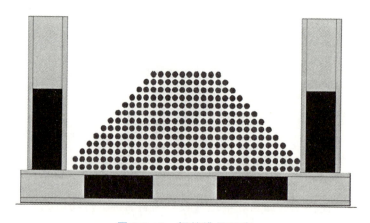

图 3.2-13　钢筋堆放示意

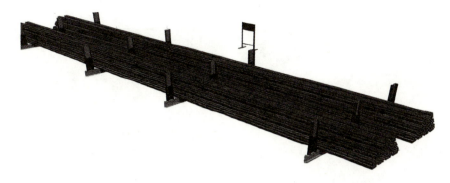

图 3.2-14　钢筋堆放效果

（2）操作钢筋骨架滚焊机时，在变换规格调节滑块位置前，应确认螺栓是否紧固，避免焊接过程中滑块飞出伤人；在维修或调整设备（包括调节行程开关及接近开关位置）时，应将设备的电源全部切断（图 3.2-15）。

（3）钢筋加工场（图 3.2-16）内宜采用桥式龙门吊；若采用门式龙门吊，电缆宜用滑线槽，严禁电缆拖地运行；龙门吊两侧与侧墙、立柱之间的净距应不小于 50 cm。

（4）钢筋加工场内不得储存氧气、乙炔瓶。

图 3.2-15　钢筋笼滚焊机

图 3.2-16　钢筋加工场

（三）安全设施

（1）钢筋加工场应按设计要求设置缆风绳，地锚应提前预埋。

（2）钢筋加工场内电缆线宜埋管设置或采用线槽敷设，场内机械设备均须设置保护接地装置，传动部位应设置防护罩；钢筋冷拉作业区的两端应设置防护挡板及安全警示标牌。

（3）钢筋加工场各功能区应设置分区标示牌，出入口、焊接作业区、配电设施等场所应设置安全警示标牌，机械设备应悬挂安全操作规程牌及设备标识牌（图3.2-17）。

图 3.2-17　钢筋加工场安全标牌

四、库　房

（一）一般规定

（1）火工品库应设在不受洪水、滑坡、泥石流威胁的地段，须分别由具备专业资质的单位进行设计和预评估，其设计图纸、预评估报告应由当地公安部门审核，同意后方可建设；建成后还须经另一家具备专业资质的单位进行评估，并出具评估报告；由当地公安部门验收合格后，方可投入使用。若当地公安爆破管理主管部门有具体要求，应执行当地管部门的相关规定。

（2）火工品库、易燃易爆品仓库、油库应远离明火作业区、人员密集区和建筑物相对集中区，与高压线保持安全距离，并应设在在建工程或上述区域的下风侧，同时根据库房规模配备消防设施。

（3）库区内严禁吸烟、电炉取暖、做饭等动用明火行为，严禁无关人员进入库房，并设置防盗、防火、防毒措施及视频监控系统，以确保库房安全。

（4）由彩钢板建设的库房须设置接地保护装置，且接地电阻不得大于 4 Ω。

（5）易燃易爆品仓库、油库应通风良好，并满足防晒、防雨、防雷要求。

（二）火工品库

1. 安全要点

（1）火工品库应完善"人防、物防、技防、犬防"四防一体的安全防范体系。

（2）每个库区应至少配置 2 名保管员与 1 名保卫人员，严格落实库区来人登记制度、交接班制度及"双人双锁"制度。

（3）库存量不得超过公安机关批准的容量，炸药与雷管不得混放，单库单一品种最大允许储存量如表 3.2-1 所示；库区内各库房之间的距离应不小于 12 m，库区值班室距各库房的最小允许距离如表 3.2-2 所示。

表 3.2-1　小型民用爆炸物品储存库单库单一品种最大允许储存量

序号	产品类别	最大允许储存量
1	工业炸药及制品	5000 kg
2	工业导爆索	50 000 m（计算药量 600 kg）
3	50 000 m（计算药量 600 kg）	100 000 m

备注：（1）工业炸药及制品包括铵梯类炸药、铵油类炸药、硝化甘油炸药、乳化炸药、水胶炸药、
　　　　 射孔弹、起爆药柱、震源药柱等。
　　　（2）工业雷管包括电雷管、导爆管雷管以及继爆管等。
　　　（3）工业导爆索包括导爆索和爆裂管等。
　　　（4）其他民用爆炸物品按与本表中产品相近特性归类确定储存量；普通型导爆索药量为 12 g/m，
　　　　 常规雷管药量为 1 g/发，特殊规格产品的计算药量按照产品说明书给出的数值计算。

表 3.2-2　值班室与库房的最小允许距离

序号	值班室设置防护屏障情况	单库计算药量/kg	
		3000<药量≤5000	药量≤3000
1	有防护屏障	65 m	30 m
2	无防护屏障	90 m	60 m

（4）保管员应及时清理库区及围墙外 15 m 范围内的枯草等易燃物；进库人员严禁携带手机、打火机等易燃易爆物品，在进入库房前应手摸防静电设施，消除静电后方可进入。

（5）火工品的运输车辆应按照公安部门批准的线路行驶。

（6）火工品入场管理、领用、发放、退库应按照相关要求实施，确保领用、发放、使用、退库信息的实时传递。

（7）施工单位应定期（每月至少一次）对库区的消防器材、监控通信设备及防雷装置等进行检查，并形成检查记录。如有特殊情况，应进行专项检查。

2. 安全设施

（1）火工品库四周围墙的高度不应低于 2 m，墙顶须设置防攀越措施；库区应按公安部门的要求安装视频监控系统及报警装置，监控应覆盖库区出入口、雷管库、炸药库、值班室等重点部位。

（2）火工品库入口处应设置防火警示牌，炸药库、雷管库应按规定设置明显的安全警示标牌，并标明物品名称、危险等级（图 3.2-18）。

（3）库房应设置防盗门与格栅门，门前设置防静电设施，每个库房须由具备专业资质的机构安装避雷装置；库房外的电气照明应采用防爆开关及灯具，灯具的照射方向与监控位置一致，并配备防爆手电筒或手提式防爆灯。

（4）炸药库与雷管库之间应设置防爆土堆，防爆土堆应高出雷管库、炸药库房顶平面 50 cm 以上。

（5）值班室醒目位置应设置报警电话提示牌。

（6）进入雷管库的人员应穿着防静电鞋、防静电服或纯棉工作服。

图 3.2-18　火工品库

（三）易燃易爆品仓库

1. 安全要点

（1）不同性质的易燃易爆品须分间存放，严禁混存；氧气、乙炔瓶储存距不得小于 10 m。

（2）易燃易爆品仓库应做到空、重瓶分开；若同库存放时，应分开放置，两者间距应不小于 1.5 m。装卸、搬运时要轻装轻放，避免气瓶硬碰硬撞；装卸时不得产生火花。

（3）仓库应单独安装开关箱，禁止使用不合格的电器保护装置。

（4）仓库应配备专人进行保管；保管人员离库时，必须拉闸断电。

（5）罐体的使用、维护应符合《危险货物便携式罐体检验安全规范》（GB 19454）要求。

2. 安全设施

（1）仓库顶部应设置通风口，顶部上方宜设置遮阳棚。

（2）仓库应采用防爆开关和灯具，地面应设置一层缓冲垫；储存大量易燃物品的仓库场地应设置独立的避雷装置。

（3）仓库入口处应设置"严禁烟火"、危险源告知标志等安全警示标志。

（四）油　库

1. 安全要点

（1）储油库宜采用地下（全埋）或半地下（半埋）方式，采用卧式放置。桶装汽油应放置在阴凉的地方，避免暴晒。

（2）燃油应安排专人进行装卸、抽取，并造册登记。

（3）油库应按设计规定装油，不能混装；库区内禁止存放危险品、爆炸品和其他易燃物品。

（4）油库应划分消防区域，标明明显的油品型号；油库管理员应定期（每月至少一次）对库区消防器材进行检查维护，并形成检查记录。

（5）油罐外壁应涂防锈漆，并定期清洗；罐体的使用、维护应符合《危险货物便携式罐体检验安全规范》（GB 19454）要求。

（6）油库与铁路、施工现场驻地、居民区及公共建筑物之间的安全距离应不少于60 m。

2. 安全设施

（1）库房内应设置油罐摆放台架，防止油罐滚动，台架宜采用混凝土或钢管制作（图3.2-19）。

（2）油罐安全阀、呼吸阀、液位计、防静电、防雷接地装置等安全设施应齐全可靠，接地电阻不得大于4 Ω；并设置检修通道和作业平台。

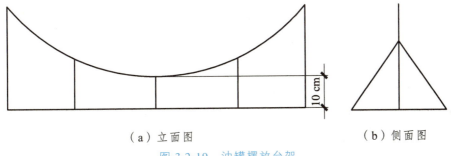

（a）立面图　　　　　　　　　　（b）侧面图

图 3.2-19　油罐摆放台架

（3）油库上方应设置防晒棚，四周应设置围栏及排水沟，围栏宜采用隔离栅；油库醒目位置应设置"严禁烟火""无关人员禁止入内"等安全警示标志（图3.2-20）。

（4）油库入口处应设置防静电装置；库区消防设施应按照本指南3.3要求配备。

图 3.2-20　油库安全防护

第三节　安全技术管理

一、安全技术管理概述

（1）安全技术管理是指导施工、预防事故、保障施工安全的必要手段和根本途径，与项目综合管理措施、个体防护措施构成安全风险三大类控制措施。

（2）安全技术管理内容如下：

① 危险性较大工程管理；

② 机械设备管理；

③ 电气设备管理；

④ 防火防爆管理；

⑤ 安全装置、设施管理；

⑥ "四新技术"（新技术、新工艺、新设备、新材料）应用专项管理。

（3）施工安全技术管理重点是安全技术措施、安全专项方案、安全技术交底的编制审批过程监督、检查验收、改进完善。

二、安全技术措施

（1）开工前，施工单位应结合工程特点、边界条件等编制施工组织设计，明确安全技术措施。

（2）施工组织设计中安全技术措施主要包括以下内容：

① 安全生产管理目标。

② 安全生产组织体系、责任体系以及安全生产条件（包括施工企业"三类人员"考核合格证书）。

③ 安全生产责任制、安全生产规章制度和安全生产操作规程。

④ 符合有关安全要求的施工场地布置图及说明。

⑤ 符合国家有关规定的安全防护用具、机械设备、施工机具清单。

⑥ 施工现场防火措施。

⑦ 危险性较大工程及施工现场重大风险源清单及监控措施。

⑧ 项目安全技术控制要点。

⑨ 生产安全事故应急救援预案。

⑩ 施工人员安全教育计划、安全技术交底安排。

⑪ 安全生产专项费用使用计划。

（3）监理单位应对安全技术措施内容是否符合强制性标准要求进行重点审查，审查合格后方可同意工程开工。

三、专项施工方案

（一）一般规定

（1）危险性较大的分部分项工程是指施工过程中存在的可能导致作业人员群死群伤或造成重大不良社会影响的分部分项工程。

（2）危险性较大的分部分项工程专项施工方案，是指在公路水运工程建设中，施工单位在编制施工组织设计的基础上，针对危险性较大的分部分项工程单独编制的质量安全技术措施文件。

（3）根据《建设工程安全生产管理条例》《公路水运工程安全生产监督管理办法》规定，工程项目危险性较大的分部分项工程，应编制专项施工方案，专项施工方案的主要内容如下。

① 工程概况：危险性较大的分部分项工程概况、水文地质条件、施工平面布置、施工要求和技术保证条件。

② 编制依据：相关法律、法规、规范性文件、标准、规范及图纸（国标图集）、施工组织设计等。

③ 分部分项工程影响质量、安全的风险源分析及相关预防措施。

④ 设计计算书和设计施工图等设计文件。

⑤ 施工准备：包括施工进度计划、材料与设备计划。

⑥ 施工部署：包括技术参数、工艺流程、施工方法、施工技术要点。

⑦ 人员计划：专职安全生产管理人员、特种作业人员等资格要求。

⑧ 施工控制：检查验收、安全评价、预警观测措施。

⑨ 应急预案及处置措施。

（4）超过一定规模的危险性较大的分部分项工程专项施工方案，应经专家论证通过后方可实施。

（5）专项施工方案实施时，应落实项目负责人轮流带班生产制度。

（6）危险性较大的分部分项工程和超过一定规模危险性较大的分部分项工程。

（二）专项施工方案审批

（1）专项施工方案应经施工单位技术、安全、质量等部门的专业技术人员审核，经审核合格后，由施工单位技术负责人签字。分包单位制订的专项施工方案应由总承包单位技术负责人审核签字。

（2）无须专家论证的专项施工方案，经施工单位审核合格后报监理单位，由项目总监理工程师审核签字后即可实施。

（3）超过一定规模的危险性较大的分部分项工程专项施工方案，应由施工单位组织召开专家论证会。专家组成员应由 5 名以上符合相关专业要求的专家组成。专家论证的主要内容如下：

① 专项施工方案内容是否完整、可行。

② 专项施工方案计算书和验算依据是否符合有关标准规范。

③ 安全施工的基本条件是否满足现场实际情况。

④ 专项施工方案经论证后，专家组应提交论证报告，对论证的内容提出明确意见并在论证报告上签字。该报告作为专项施工方案修改完善的指导意见。

（4）施工单位应根据论证报告修改完善专项施工方案，并经项目总监理工程师、建设单位技术负责人签字后，方可实施。

（5）专项施工方案经论证后需要做出重大修改的，施工单位应按照论证报告修改，并重新组织专家进行论证。

（6）施工单位应严格按照专项施工方案组织施工，不得擅自修改、调整专项施工方案。如因设计、结构、外部环境等因素发生变化确需修改的，修改后的专项施工方案应重新履行审核程序。对于超过一定规模的危险性较大的分部分项工程专项施工方案，修改后的专项施工方案应重新组织专家进行论证。专项施工方案的审批流程如图3.3-1 所示。

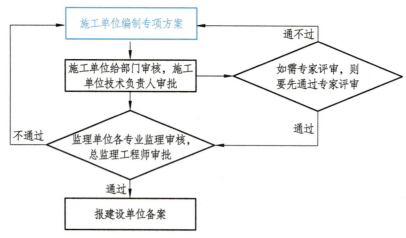

图 3.3-1　专项施工方案的审批流程

（三）专项施工方案实施

（1）施工单位方案编制人员或项目技术负责人向现场管理人员和作业人员进行安全技术交底。

（2）施工单位应指定专人对专项施工方案实施情况进行现场监督和按规定进行监测；施工单位技术负责人应定期巡查专项施工方案实施情况。

（3）在检查巡查中发现问题的，应责令整改并且立即采取有效安全防护措施；发现不按照专项施工方案施工的，应要求其立即整改；发现有危及人身安全紧急情况的，应立即组织作业人员撤离危险区域。发生险情或事故的，施工单位应停止作业，及时启动并实施相应的应急预案，防止事态恶化；险情或事故处理后，应对施工现场进行清理，全面核查安全生产条件，经有关部门同意后，方可恢复施工。

（4）对于按规定需要验收的危险性较大的分部分项工程，施工单位、监理单位应组织有关人员进行验收；验收合格的，经施工单位项目技术负责人及项目总监理工程师签字后，方可选入下一道工序。

（5）监理单位应对专项施工方案实施情况进行监理；对不按规定专项施工方案实施的，应责令整改，施工单位拒不整改的，应及时向建设单位报告。建设单位接到监理单位报告后，即责令施工单位停工整改；施工单位仍不停工整改的，建设单位应及时向当地主管部门报告。监理单位应将危险性较大的分部分项工程列入建立计划和监理实施细则，重点编制内容包括：

① 相应工程概况。

② 相关的强制性标准要求。

③ 安全监理控制要点、检查方法、频率和措施。

④ 监理单位人员工作安排及分工。

⑤ 检查记录表等。

四、安全技术交底

（一）设计单位交底

（1）工程开工前，设计单位应当向建设单位、施工单位和监理单位进行施工图设计交底。设计单位在交底过程中应突出安全要点。

（2）设计单位应当对涉及施工安全的重要部位和环节，在设计文件中注明，并对防范生产安全事故提出交底意见。

（3）对于采用"四新技术"、特殊工艺、特殊结构的工程项目设计单位应在设计中提出保障施工作业人员安全和预防安全事故的措施建议。

（4）针对施工过程中由于设计原因造成的不安全因素应及时进行设计方案的修改和完善，满足施工安全作业要求。

（二）施工单位交底

1. 一般要求

（1）施工安全技术交底要求由施工单位项目部技术负责人负责实施，实行逐级交底制度。横向涵盖项目部内各职能部门，纵向延伸到班组人员，任何人未经安全技术交底不准作业。施工单位安全技术交底应涵盖工程概况、施工方法、施工程序、安全技术措施等内容。

（2）分部分项工程开工前，施工方案（施工专项方案）的编制人员应向项目部管理人员、分包单位或工区负责人进行交底。

（3）危险性较大的分部分项工程施工前，应当由专项施工方案编制人会同施工员，将安全技术措施、施工方法、施工工艺、施工中可能出现的风险因素、安全施工注意事项和紧急避险措施等向参加施工的全体管理人员（包括分包单位现场负责人、安全管理员）、作业人员进行交底。

（4）各工种作业交底采用层级制：主要工序和特殊工序由项目技术负责人对主管施工员进行交底，主管施工员再向施工班组进行技术交底，班组负责人还应对作业人员进行技术交底；一般工序由施工技术员直接向施工班组交底。

2. 施工安全技术交底主要内容

（1）施工安全技术交底的主要内容有：

① 采用的施工方法、施工机械、实施方案应注意的问题，要求达到的安全、质量、进度以及文明施工目标。

② 有关施工机械的性能、进场及运行线路要求，原材料数量要求、质量要求、进场时间等。

③ 主要劳动力、主要技术工种人员的技能要求、进场时间要求。

④ 施工工艺要求、工艺标准等。

（2）工程总承包单位向专业分包单位进行安全技术交底的主要内容有：

① 施工部位、内容、环境条件和安全管理。

② 专业分包单位、施工作业班组应掌握的相关标准规范、安全生产、文明施工规章制度和操作规程。

③ 资源的配备及安全防护、文明施工技术措施。

④ 动态监控以及检查、验收的组织、要点、部位及节点等相关要求。

⑤ 与之衔接、交叉的施工部位、工序的安全防护、文明施工技术措施。

⑥ 潜在事故应急措施及相关注意事项。

（3）当工程项目出现以下情况时，应重新组织安全技术交底：

① 更新仪器、设备和工具，推广新技术、新工艺，使用新材料。

② 发生因工伤事故、机械损坏事故及重大未遂事故。

③ 出现其他不安全因素或安全生产环境发生变化。

（4）安全技术交底要具体、明确、及时，有针对性和可操作性，符合有关安全技术标准和操作规程的规定。

（5）安全技术交底应优先交底采用的新安全技术方法和技术措施。

（6）安全技术交底应按规定程序进行，并履行书面交底签字手续，相关责任人各执一份。

（7）施工单位应加强对安全技术交底工作的监督检查、效果评价和督促整改。

3. 班组交底

（1）施工技术人员应当向施工作业班组负责人和作业人员进行交底。

（2）班（组）长（工区施工负责人）每天应根据当天作业的施工要求、作业环境等。分部分、分工种向工人进行工（班）前安全交底并做好记录，履行签字手续，重点部位的施工安全技术交底宜由施工单位技术人员组织。

（3）专职安全生产管理人员应当参与班组安全技术交底工作，并监督实施，施工单位内设的质量、安全管理部门等应督促施工班组做好班组的交底工作。

（4）新进场工人在上岗操作前，施工单位质量、安全管理部门应联合对其进行本工种的安全技术操作规程的交底；操作内容或作业场地变化时应重新进行安全技术交底。

（5）作业人员应按交底的要求施工，不得擅自变更。

（6）施工班组安全技术交底应重点突出以下内容：

① 告知施工过程中的作业危险特点、重大危险源及危害因素。

② 针对危险点和重大危险源制定具体的预防措施。

③ 作业过程中应注意的安全事项。

④ 特殊工序的操作方法和相应的安全操作规程和标准要求。

⑤ 发生安全生产事故后应采取的自救方法、紧急避险和紧急救援措施等。

第四节　安全生产费用

一、一般规定

安全生产费用是指企业按照规定标准提取在成本中列支，专门用于完善和改进企业或者项目安全生产条件的资金。

安全生产专项费用管理应坚持"规范计取、合理计划、计量支付、确保投入"的原则。

建设单位在编制工程招标文件时，应当明确安全生产专项费用的总金额或比例、预付金额或比例、计量支付方式与时限、具体使用要求、调整方式等条款，安全生产专项费用不足时，应当协商解决。

安全生产费用应专款专用、专户核算，任何单位或个人不得挤占或挪用。

二、安全生产费用提取

公路工程安全生产费用应根据国家、地方相关规定或招标控制价所包含的全部建筑安装工程费用为计算基数计取，提取标准不得低于 1.5%。其中房建工程不得低于 2.0%，且最低不得低于 1 万元。

建设单位在公路建设工程招标时，应当分别确定各合同段所需的安全生产费用，以总额价形式单列作为固定报价，不作为竞争性报价，并分别包含在招标控制价和投标报价中。

建设单位对工程项目的安全防护、安全施工有特殊要求的，应当在招标文件中予以明确。增加安全生产费用，在安全生产费用项目清单中增列相应项目及费用。

施工单位应根据实际需要投入使用安全生产费用，因重大设计变更原因造成施工单位实际投入安全生产费用总额与合同约定不一致的，差额部分的安全生产费用由建设单位按批复变更金额和规定提取比例同时调整。

三、安全生产费用使用范围

根据《中华人民共和国安全生产法》，交通运输部《公路水运工程安全生产监督管理办法》，和财政部、国家安全生产监督管理总局《企业安全生产费用提取和使用管理办法》等有关法律法规的规定，结合公路水运工程特点，安全生产专项费用使用范围及各类安全生产专项费用清单见表 3.4-1。

表 3.4-1　安全生产专项费用使用范围

序号	类别	内容说明
1	设置、完善、改造和维护安全防护设施设备支出	（1）指为保障工程安全生产而设置的相关安全防护设施、设备，以及对其进行技术、性能、质量等方面的完善、改造和维护等所发生的相关费用； （2）设置费用主要指直接用于项目安全生产的相关设施设备购置、制作、安装等费用； （3）完善费用主要指因正常损耗或因工程变更导致的安全防护设施设备的补充购置、制作、安装等费用； （4）改造费用主要指为增加安全防护设施设备的安全系数，增强施工安全，对现有安全防护设施设备进行的设计、实验与制作加工等费用； （5）维护费用主要指对现有安全防护设施设备的日常保养费用
2	配备、维护、保养应急救援器材、设备支出和应急演练支出	（1）指施工单位应急救援器材、设备的购置、使用、维护、更新以及按照合同约定所组织的应急演练等所发生的相关费用； （2）应急救援指在应急响应过程中，为消除、减少事故危害，防止事故扩大或恶化，最大限度地降低事故造成的损失或危害而采取的救援措施或行动； （3）应急救援器材、设备指在应急救援过程中需要使用的消防、急救等常用小型器材与设备，不含消防车、救生船等由社会专业救援机构配备的大型救援设备或非常用器材； （4）应急演练指由建设单位或施工单位依据应急预案，模拟应对突发事件组织的应急救援活动
3	重大风险源和安全事故隐患评估、监控和整改、支出	（1）指针对重大风险源和施工隐患进行评估、监控和整改所发生的相关费用； （2）重大风险源指风险影响因素比较复杂，事故发生可能性较大或事故严重程度较高，必须从结构、环境、施工工艺、安全管理等多个角度进行控制和防范的风险源。对于重大风险源的识别，根据风险源的性质、场所、设备、设施等的不同，结合公路水运工程实际情况，重大风险源应重点关注以下几类：易燃、易爆物资的存储区；具有爆炸危险的生产场所；危险性较大的分部分项工程；重大事故隐患； （3）安全事故隐患，是指生产经营单位违反安全生产法律、法规、规章、标准、规程和安全生产管理制度的规定，或者因其他因素在生产经营活动中存在可能导致事故发生的物的危险状态、人的不安全行为和管理上的缺陷。安全事故隐患分为一般事故隐患和重大事故隐患
4	安全生产检查、评价、咨询和标准化建设支出	（1）指安全生产检查、评价、咨询和标准化建设过程中所发生的相关费用； （2）安全生产检查指施工单位日常安全生产工作检查以及聘请专业安全机构或专家对项目安全生产情况进行的检查； （3）安全生产评价指施工单位聘请专业安全机构或专家对项目进行的施工安全风险评估，或对其安全方案、安全工作情况进行评价，并出具相应评价报告； （4）安全生产咨询指就安全生产工作中存在的问题向相关专业安全机构、咨询单位或专家进行咨询，由其给出咨询意见； （5）安全生产标准化建设指施工单位按照有关规定或合同约定进行的安全生产方面的标准化建设

序号	类别	内容说明
5	配备和更新现场作业人员安全、防护用品支出	指为保障现场施工人员人身安全和身体健康而配备的、供现场施工人员使用的防护必需品所发生的相关费用
6	安全生产宣传、教育、培训、支出	指施工单位在施工现场对安全生产进行宣传,对施工人员进行安全知识教育、安全技术交底、安全操作规程培训等所发生的相关费用
7	安全生产试用的新技术、新标准、新工艺、新装备的推广应用支出	指施工单位配合相关科研机构,对其安全生产方面的新技术、新标准、新工艺、新装备等研究成果进行试用所发生的相关费用。
8	安全设施及特种设备安装及维护支出	指施工单位邀请具备相应资质的安装及维护机构对相关安全设施及特种设备进行安装和维护所发生的相关费用。
9	其他安全生产费用支出	指不在以上范围内,由施工单位根据项目实际情况,在投标书中列支的相关安全生产费用。

四、不得列入安全生产费用的费用范围

施工单位发生的下列与安全生产相关的费用,不列入安全生产费用,按正常工程费用渠道列支和管理:

(1)施工单位为施工人员办理的团体人身意外伤害险或个人意外伤害险费用。

(2)施工单位为职工提供的职业病防治、工伤保险、医疗保险费用。

(3)按照"三同时"要求,初期投入的安全设施费用。

(4)除建设单位与监理单位共同认定外,施工现场与外界的隔离、围挡设施费用以及为保证施工期间交通安全而设置的临时安全设施和标志、标牌费用。

(5)爆破作业及穿越村镇、公路、河流、地线管线的施工现场进行防护、隔离等设施费用。

(6)按正常施工作业所设置的基坑围护、防失稳支撑、支架、安全用电等设备费用。

(7)考核奖励费用。

(8)合同工程量清单中已经单列的与安全生产有关的其他费用。

(9)建设单位和监理单位共同认定的其他不列入安全生产费用支出的费用。

五、安全生产费用使用管理

(一)建设单位

(1)建设单位应定期对施工单位的安全生产费用使用情况进行监督检查。

（2）施工单位未按照合同约定落实安全生产措施的，建设单位可以责令其暂停施工或者暂停支付安全生产费用，并要求监理单位督促整改。

（3）施工单位未能在规定期限内完成事故隐患整改的建设单位可以直接委托其他单位代为整改。相关费用在计量支付中扣除，并由建设单位直接支付给受委托单位。

（二）监理单位

（1）监理单位应根据施工单位季度（月度）安全生产费用使用计划对照当月安全生产投入明细表及有关发票、照片、视频等资料与现场实物逐一核对签认。

（2）监理单位应及时核实周转性材料、非实物性的安全生产费用支出，并留有照片、视频等资料作为审核计量的依据。

（3）监理单位发现施工现场存在事故隐患施工单位拒不整改的，监理单位应暂停安全生产费用及工程款的计量，并及时向建设单位报告。

（三）施工单位

（1）施工单位应按照合同约定，制订季度（月度）安全生产费用使用计划，报监理单位审批后实施。

（2）施工单位应建立安全生产费用使用台账，并附安全生产费用使用环节的影像资料和有关票据凭证等资料。

（3）实行工程总承包的，总包单位应当将安全生产费用按比例直接支付给分包单位并监督使用，不得拖欠。安全生产费用不得转嫁由劳务分包单位承担。

六、安全生产费用计量支付

（1）安全生产专项费用的计量与支付应按照施工单位申报、监理单位审查、建设单位审批的程序实施。

（2）项目开工前，项目建设单位预付安全生产费用不得低于该费用总额的30%。

（3）计量与支付应以现场计量为主，现场计量与总额包干相结合的方式进行原则上以每月计价施工产值为计提依据。

（4）计量应由施工单位制订计量报表、计价清单并附有安全生产费用投入使用的相关证实性书面材料，报监理单位审核后由建设单位审定。

（5）实行工程总承包的，分包合同中应明确安全生产费用支付条款根据分包单位的投入使用情况专款专用及时支付。

（6）因重大设计变更造成安全生产费用实际投入总额与合同约定不一致的差额部分由建设单位按照批复变更金额和规定提取比例同时调整。

（7）工程结算时安全生产费用未计量部分原则上不再支付。

七、安全生产费用监督管理

各级交通运输主管部门按照"属地管理、分级负责"的原则对安全生产费用计取、支付和使用实施监督管理。

（1）跟踪审计机构对安全生产费用资金使用管理的审计监督，确保资金"专款专用"。

（2）在开展工程项目招投标监管时，应当认真审查招标文件中安全生产费用清单、投标报价、计量支付规则等有关内容。

（3）及时受理安全生产费用不按规定计取、使用等情况的检举、控告和投诉，并依照相关法规规章进行调查、处理、处罚。

第五节　安全教育培训

一、安全教育培训基本要求

生产经营单位从业人员应当接受安全培训，熟悉有关安全生产规章制度和操作规程，具备必要的安全生产知识，掌握本岗位的安全操作技能，了解事故应急处理措施，知悉自身在安全生产方面的权利和义务。

安全教育培训应坚持"先培训、后上岗，考核不合格不得上岗"的原则。

二、安全教育培训对象

生产经营单位应当进行安全培训的从业人员包括施工企业主要负责人、项目负责人、安全生产管理人员、特种作业人员和其他从业人员。

生产经营单位使用被派遣劳动者的，应当将被派遣劳动者纳入本单位从业人员统一管理对被派遣劳动者进行岗位安全操作规程和安全操作技能的教育和培训。劳务派遣单位应当对被派遣劳动者进行必要的安全生产教育和培训。

生产经营单位接收中等职业学校、高等学校学生实习的，应当对实习学生进行相应的安全生产教育和培训，提供必要的劳动防护用品。学校应当协助生产经营单位对实习学生进行安全生产教育和培训。

三、各类人员安全教育培训规定

（一）施工企业主要负责人、项目负责人和安全生产管理人员

（1）施工企业主要负责人、项目负责人和安全生产管理人员应当接受安全培训，具备与所从事的生产经营活动相适应的安全生产知识和管理能力。培训学时要求见表3.5-1，应具备的知识与能力见表3.5-2。

表 3.5-1　施工单位安全管理培训学时要求

培训对象	学时要求
法定代表人	≥30 学时
生产经营负责人	≥30 学时
项目经理	≥30 学时
专职安全管理人员	≥40 学时
其他管理人员和技术人员	≥40 学时
特殊工种	≥20 学时
其他工种	≥15 学时

表 3.5-2　应具备的知识与能力

必备安全生产知识	必备管理能力
（1）国家或行业安全生产工作的基本方针政策； （2）安全生产方面的法律法规； （3）规章制度和标准规范； （4）安全生产基本理论和管理办法； （5）公路工程安全生产技术等	（1）公路工程安全生产组织管理或执行力； （2）建立和执行安全生产管理制度； （3）发现和消除安全事故隐患； （4）报告和处置生产安全事故等

（2）施工企业主要负责人、项目负责人及安全生产管理人员的教育培训，必须依照安全生产监督管理部门制订的安全培训大纲实施。

（3）施工企业要负责人、项目负责人安全培训应当包括以下内容：

① 国家安全生产方针、政策和有关安全生产的法律、法规、规章及标准；

② 安全生产管理基本知识、安全生产技术、安全生产专业知识；

③ 重大危险源管理、重大事故防范、应急管理和救援组织以及事故调查处理的有关规定；

④ 职业危害及其预防措施；

⑤ 国内外先进的安全生产管理经验；

⑥ 典型事故和应急救援案例分析；

⑦ 其他需要培训的内容。

（4）生产经营单位安全生产管理人员安全培训应当包括以下内容：

① 国家安全生产方针、政策和有关安全生产的法律、法规、规章及标准；

② 安全生产管理、安全生产技术、职业卫生等知识；

③ 伤亡事故统计、报告及职业危害的调查处理方法；

④ 应急管理、应急预案编制以及应急处置的内容和要求；

⑤ 国内外先进的安全生产管理经验；

⑥ 典型事故和应急救援案例分析；

⑦ 其他需要培训的内容。

（5）安全生产三类人员必须通过考核，取得"安全生产考核合格证书"，方可参加公路水运工程投标及施工活动。

（6）在安全生产考核证书有效期内，安全生产三类人员应当至少参加一次由省级交通运输主管部门组织的、不低于8学时的安全生产继续教育。

（7）施工企业主要负责人、项目负责人每年接受安全培训的时间，不得少于30学时；专职安全管理人员每年还必须接受安全专业技术业务培训，时间不得少于40学时。

（二）特种作业人员

特种作业人员应当参加相关主管部门的安全培训，取得特种作业操作资格证书后方可上岗。特种作业人员每年仍需接受有针对性的安全培训，时间不得少于20学时。特种作业人员目录见表3.5-3。

表 3.5-3　特种作业人员目录

序号	作业项目	工种
1	电工作业	发电、送电、变电、配电工；电气设备的安装、运行、检修（维修）、试验工、矿山井下电钳工
2	金属焊接切割工作	焊接工、切割工
3	起重机械作业	起重司机、司索公、信号指挥工、安装与维修工
4	企业内机动车辆驾驶	在企业内及码头、货场等生产作业区域和施工现场形式的各类机动车辆的驾驶人员
5	登高架设作业	2 m以上登高架设拆除、维修工
6	爆破作业	地面工程爆破、井下爆破工
7	矿山通风作业	主扇机操作工、瓦斯抽放工、通风安全监测工测风测尘工
8	压力容器作业	压力容器灌装工、检修工、运输押运工、大型空气压缩机操作工
......		

特种作业人员培训大纲，由原国家安全生产监督管理总局制定，经有资格的培训单位进行相应的安全技术理论培训和实际操作培训。

取得特种作业操作证者必须每3年按规定时间进行一次复审。特种作业操作证申请复审或者延期复审前，特种作业人员应当参加必要的安全培训并考试合格。安全培训时间不少于8学时，主要培训法律、法规、标准、事故案例和有关新工艺、新技术、新装备知识。

（三）新进场工人

新进场的工人，必须接受公司、项目、班组的三级安全培训教育，经考核合格后，方能上岗。

（1）公司安全培训教育的主要内容有国家和地方有关安全生产的方针、政策、法规、标准、规范、规程和企业的安全规章制度等。培训教育时间不得少于15学时。

（2）项目安全培训教育的主要内容有工地安全制度、施工现场环境、工程施工特点及可能存在的不安全因素等。培训教育时间不得少于15学时。

（3）班组安全培训教育的主要内容有本工种的安全操作规程、事故案例剖析、劳动纪律和岗位讲评等。培训教育时间不得少于20学时。

（四）涉爆人员

（1）初次申请"爆破作业人员许可证"的爆破工程技术人员，应参加不少于240学时的安全技术培训；初次申请"爆破作业人员许可证"的爆破员、安全员和保管员，应参加不少于72学时的安全技术培训。

（2）爆破工程技术人员每年应参加不少于40学时的继续教育培训。爆破员、安全员和保管员每年应参加不少于20学时的继续教育培训。

（3）爆破作业人员首次培训和继续教育培训应由爆破作业单位自行组织或委托专业培训机构、行业协会组织；组织爆破作业人员培训的单位应有固定教学场所和专职工作人员，培训师资由省级公安机关认定，使用统一规范的培训教材，课程设置及学习内容参考爆破作业人员培训考核内容。见表3.5-4。

表 3.5-4 爆破作业人员培训考核主要内容

爆破工程技术人员	爆破员	安全员	保管员
（1）民用爆破物品相关法律、法规、规章和标准； （2）爆破安全技术的现状及发展方向； （3）炸药与爆破基本理论； （4）爆破器材及爆破施工技术； （5）爆破器材及爆破施工技术； （6）爆破工程地质； （7）爆破设计与施工； （8）爆破安全评估与安全监理	（1）民用爆破物品相关法律、法规、规章和标准； （2）爆破安全技术； （3）炸药与爆破基本理论； （4）常见民用爆炸物品的品种、性能、使用条件及安全管理要求； （5）装药、堵塞、网络敷设和起爆等爆破工艺及安全管理要求； （6）爆破安全技术和环境保护要求； （7）处理盲炮或其他安全隐患的保障程序	（1）民用爆破物品相关法律、法规、规章和标准； （2）爆破安全技术； （3）爆破作业现场安全管理要求； （4）民用爆破物品领取、发放和清退安全管理规定； （5）爆破作业人员资格要求	（1）用爆破物品相关法律、法规、规章和标准； （2）爆破安全技术； （3）验收、保管、发放和回收民用爆炸物品的安全管理要求； （4）民用爆炸物品流向等级规定； （5）民用爆炸物品储存安全要求

（五）"四新技术"安全技术教育

施工单位在采用新技术、新工艺、新设备、新材料时，应对作业人员进行相应的安全教育培训。

（六）待岗、转岗、换岗的职工

企业待岗、转岗、换岗的职工，在重新上岗前，必须接受一次安全培训，时间不得少于 20 学时。

（七）其他类型安全教育培训要求

（1）施工单位应当对管理人员和作业人员进行每年不少于 2 次的安全生产教育培训。

（2）施工单位其他管理人员和技术人员每年接受安全培训的时间不得少于 20 学时。

（3）施工单位其他职工每年接受安全培训的时间不得少于 15 学时。

四、安全教育培训的实施

（一）安全教育培训组织主体及原则

从业人员的安全培训工作由生产经营单位组织实施。应当坚持以考促学、以讲促学，确保全体从业人员熟练掌握岗位安全生产知识和技能。

（二）安全教育培训组织形式

安全教育培训当以自主培训为主，也可以委托具备安全培训条件的机构进行。委托其他机构进行安全培训的，保证安全培训的责任仍由本单位负责。

（三）安全教育培训计划及资金

生产经营单位应当将安全培训工作纳入本单位年度工作计划。保证本单位安全培训工作所需资金。单位主要负责人负责组织制订并实施本单位安全培训计划。

（四）安全教育培训档案管理

生产经营单位应当建立健全从业人员安全生产教育和培训档案，详细、准确地记录培训的时间、内容、参加人员以及考核结果等情况。

（五）安全教育培训期间员工待遇

生产经营单位安排从业人员进行安全培训期间，应当支付工资和必要的费用。

五、安全教育培训效果评估

培训组织单位应当建立培训效果评估机制，通过收集学员对课程设置、教学内容、教学方法、培训经办人工作态度等反映情况，对培训效果进行评估。通过考试、演示、角色扮演等方法对学习效果进行评估。通过观察、调查学员在接受培训后工作行为上发生的良性的、可观察的变化，对行为影响进行评估。评估结果反馈至相关部门，作为下一步培训计划与培训需求分析的依据。

第六节　施工安全风险评估

一、基本要求

（1）应按照《公路水运工程施工安全风险评估指南　第1部分：总体要求》（JTT 1375.1）和《公路桥梁和隧道工程施工安全风险评估指南》要求开展瓦斯隧道工程施工安全风险评估工作，安全风险评估工作分总体风险评估和专项风险评估两个阶段进行。

（2）施工安全风险评估方法应根据工程的特点和实际进行选择。总体风险评估宜采用专家调查法和指标体系法等方法；专项风险评估可综合采用安全检查表法、作业条件危险性评价法（LEC法）、专家调查法、指标体系法、风险矩阵法等方法，必要时宜采用两种以上方法比对验证风险评估结果，当采用不同方法得出的评估结果出现较大差异时，应分析导致较大差异的原因，确定合理的评估结果。

（3）施工安全风险评估工作（图3.6-1）包括以下几个步骤：前期准备、现场调查、总体风险评估、专项风险评估、风险评估报告编制、风险评估报告评审。

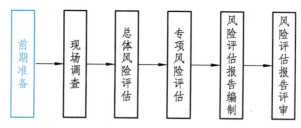

图3.6-1　施工安全风险评估工作步骤

（4）总体风险评估和专项风险评估等级均分为四级：低风险（Ⅰ级）、一般风险（Ⅱ级）、较大风险（Ⅲ级）、重大风险（Ⅳ级）。

（5）总体风险评估结论可为建设单位的项目组织实施、安全管理力量投入、资源配置和施工单位选择等方面决策提供支持，可作为施工单位编制施工组织设计和开展专项风险评估的依据。专项风险评估结论应作为施工单位完善施工组织设计、编制完善专项施工方案的依据。

二、总体风险评估

（1）施工安全总体风险评估应将整个工程项目按照隧道工程重点区域划分为相互独立的作业单元，作为总体风险评估对象。

（2）总体风险评估应依据项目前期立项批复文件、环评报告、地质勘查报告、水文气象资料、设计风险评估报告、初步设计文件、施工图设计文件、评估人员的现场调查资料等开展。

三、专项风险评估

（1）专项风险评估前，应按照施工组织设计所确定的施工工法，分解施工作业程序，结合工序（单位）作业特点、环境条件、施工组织等致险因子，辨识施工作业活动中典型事故类型，从而建立风险源普查清单，并通过风险分析和估测，确定瓦斯隧道工程施工的重大风险源。并按照《公路桥梁和隧道工程施工安全风险评估指南》推荐的瓦斯爆炸事故指标体系法评估其重大风险源的风险等级，并对照风险可接受准则确定相应的风险控制措施。专项风险评估程序如图 3.6-2 所示。

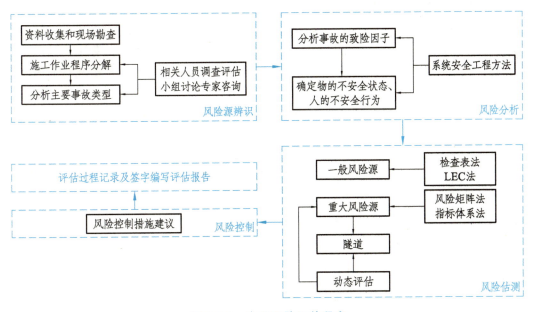

图 3.6-2　专项风险评估程序

（2）施工安全风险评估应遵循动态管理的原则，当工程设计方案、施工方案、工程地质、水文地质、施工队伍等发生重大变化时，应重新进行风险评估。

四、评估主体

（1）总体风险评估（图 3.6-3）工作原则上由项目施工单位具体负责。当被评估项目含多个合同段、同时存在多家施工单位时，总体风险评估应由建设单位牵头负责，组织施工、设计、监理或安全评价等单位成立评估小组，实施总体风险评估工作。

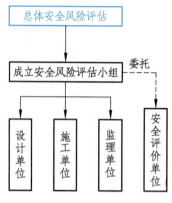

图 3.6-3　总体风险评估

（2）专项风险评估（图 3.6-4）工作由合同施工单位具体组织实施，施工单位应成立专门的评估小组负责具体实施，并对评估结果负责。评估小组一般由施工单位经验丰富的地质、隧道、安全、机电等专业人员组成，且不少于 5 人。评估小组成员可以为施工单位的项目部人员，也可以为施工单位所在的分公司或公司总部人员。其中，评估小组负责人应当具有 5 年以上的工程管理经验，并有参与类似工程施工的经历。当施工单位的负责人和主要技术人员未参与过类似的工程项目时，可委托行业内其他有能力的安全评价机构承担风险评估工作。

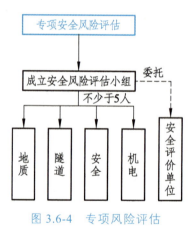

图 3.6-4　专项风险评估

五、风险评估报告评审

（1）总体风险评估报告或专项风险评估报告（包括施工前专项风险评估报告、施工过程专项风险评估报表和风险控制预期效果评价报表）编制完成后，应组织评审。

（2）总体风险评估报告应由建设单位组织评审，专项风险评估报告应由施工单位组织评审。评审应邀请设计、监理等单位代表和专家参加，专家人数应不少于 3 人，专家应具备高级及以上技术职称，并具有 15 年及以上公路水运工程建设管理、施工、监理、勘查、设计或风险评估等工作经历，其中，组长应选择专业技术能力强、施工管理经验丰富的专家担任。评估小组应根据评审意见对评估报告进行修改，形成最终报告。

第七节　隧道施工安全监控系统

隧道施工安全监控系统应采用互联网领域内先进的远距离射频识别技术（RFID），并集气体检测技术、视频技术、多媒体显示技术等多项检测于一体，形成隧道施工安全监控系统。着重解决施工人员进出的自动化识别，替代"人工翻牌进洞"的管理，并综合隧道管理各项资源，在保证既定的系统功能正常应用的前提下，利用先进技术对系统进行整合利用，包含人员进出管理、LED 大屏显示等，最大限度地利用资源将隧道管理工作提升到更高水平。

隧道施工安全监控系统应由监控中心、有害气体监控系统、人员进出考勤、定位管理系统、人员/车辆门禁通道系统、LED 显示系统、视频监控系统及通信系统等组成，见表 3.7-1。

表 3.7-1　隧道施工安全监控系统组成

子系统	功能模块
监控中心	指挥部监控系统平台、指挥部监控显示屏
安全监测系统	瓦斯气体及有毒有害气体监测
人员进出考勤、定位管理系统	考勤管理、定位管理、系统远程管理
视频监控系统	隧道口视频监控、掌子面视频监控、远程视频终端服务
人员/车辆门禁通道系统	人员门禁道闸管理、汽车门禁道闸管理
LED 显示系统	LED 大屏现场显示
通信系统	光纤传输部分、Wi-Fi 传输部分、其他线缆传输部分

一、安全监测系统

（一）瓦斯监测系统

针对瓦斯隧道，安全监测系统尤为重要。安全监测系统能集通风安全、环境监测和生产监测监控于一体，既能监测 CH_4、CO、CO_2、H_2S、粉尘、温湿度、风速等环境参数，又能监测主扇、局扇、射流风机各种机电设备开停等生产参数和电压、电流、功率等电量参数，以及综合监控各种机电设备的运行情况，具有很好的联网扩展功能。

目前瓦斯隧道比较常用的是 KJ 系列自动监测系统，该系统具有功能齐全、软件丰富、可靠性高、操作使用方便、配置灵活、经济实用等特点，可全面监控各类安全、生产及电力参数，可汇接多个安全与生产环节子系统，适用于瓦斯隧道使用。

KJ 系列煤矿综合监测监控系统由以下几部分组成：监控计算机、计算机网络及监控软件、传输接口及传输通道、供电电源及分站、各种传感器及执行器。如图 3.7-1 所示。

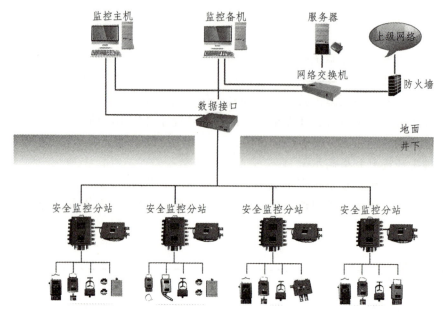

图 3.7-1　KJ 系列煤矿综合监测监控系统示意

（二）监控中心设置要求

监控中心应有良好的接地和全面的避雷措施。监控系统应有局域网，在经理、总工、安全管理等部门应安装计算机终端，共享监测主机的数据。根据实际情况需要，中心站内应安装空调、防静电地板等辅助设备。中心站能遥测和记录所有瓦斯传感器的数据。监控中心包括报警仪、记录仪、电话、主控计算机及其专用软件、断电系统等。

（三）传感器的布置安装要求

隧道内常见气体检测传感器示意图如图 3.7-2 所示，传感器布置位置要求见表 3.7-2。

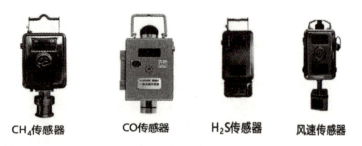

CH_4传感器　　　CO传感器　　　H_2S传感器　　　风速传感器

图 3.7-2　气体传感器

表 3.7-2　传感器的布置位置要求

名　称	安设地点	安设要求
甲烷传感器	掌子面操作台车或顶板、衬砌台车、加宽带顶板、横通道顶板、隧道回风流距洞口 10～15 m 及其他瓦斯易于积聚的区域	甲烷传感器宜自由悬挂在拱顶以下 25 cm 内,其迎风流和背风流 0.5 m 内不得有阻挡物。悬挂处支护良好,无滴水,走台架过程等不会损坏传感器。工作面迎头安装的瓦斯传感器距离工作面不大于 5 m
风速传感器	衬砌台车中部、隧道回风流距洞口 10～15 m、已衬砌地段回风流处、巷道式通风回风巷等主要测风站	安装点前后 10 m 内无分支风流、无拐弯、无障碍、断面无变化、能准确检测和计算测风断面平均风速、风量的位置。隧道拱顶应干燥、无明显淋水,不影响行人和行车。传感器探头风流指向与风流方向应一致,偏角不得大于 5 度。吊挂时必须固定,传感器不得左右摇摆
一氧化碳传感器、温度传感器(如需)	掌子面台车、二衬台车处	隧道拱顶上部不影响行人和行车,方便安装、维护工作
风门传感器	横通道风门处	风门打开侧、上侧
开停传感器	主要、局部通风机附近	不影响通风机操作,且能正确反映通风机的工作状态
硫化氢传感器	掌子面操作台车、防水板台车、联络横洞、涌出点附近等	由于比空气重,H_2S 传感器主要安设在隧道底部和离地面 0.3～0.6 m 高的位置
其他气体传感器	掌子面操作台车	掌子面操作台车下方左侧或右侧

（1）隧道瓦斯监测点主要设置在易发生瓦斯溢出或积聚处,且位置相对固定。通常隧道瓦斯探测器设置在掌子面处（开挖处）、衬砌处、加宽处和回风口等环境。

（2）所有传感器的安装应充分考虑吊点、支撑及卡固强度,传感器接线走向及固定等。安设点应保证传感器位于系统维护人员易于观察、调试、检修、维护的位置;传感器前后无障碍物,并确保安装点无滴水、积水。

二、人员定位管理系统

人员定位管理系统由主机、传输接口、分站（读卡器）、识别卡、传输线缆等设备及管理软件组成,具有对携卡人员出/入隧道时刻、重点区域出/人时刻、工作时间、重点区域人员数量、人员活动路线等信息进行监测、显示、打印、储存、查询、报警、管理等功能。人员定位系统工作原理如图 3.7-3 所示。

（一）系统组成

系统主要由监控主机、系统软件、检卡器、人员定位分站、读卡器、人员标识卡等组成。

（1）监控主机:负责整个系统设备及人员检测数据的管理、分站实时数据通信、统计存储、屏幕显示、查询打印、画面编辑、网络通信等。

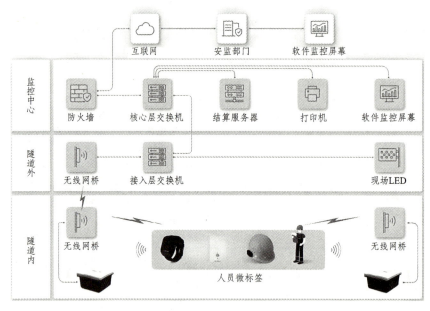

图 3.7-3　人员定位管理系统工作示意

（2）系统软件：完成人员信息编码采集、识别、加工、显示、存储、查询和报表打印。

（3）检卡器：用于检测出入隧道人员标识卡是否完好。

（4）人员定位分站：通过与读卡器的有线通信，实时获取人员编码数据（可本地显示）。

（5）读卡器：接收标识卡发出的无线人员编码信号，向信号覆盖区域内的所有标识卡进行"群呼"，向信号覆盖区域内的某张标识卡进行"寻呼"（双向通信功能）。

（6）人员标识卡：承载唯一的人员编码信息，当被无线信号激活后，将编码数据发送给读卡器。设计紧急呼叫按钮，在紧急情况下可以向监控中心发射紧急求救信号。人员定位设备显示如图 3.7-4 所示。

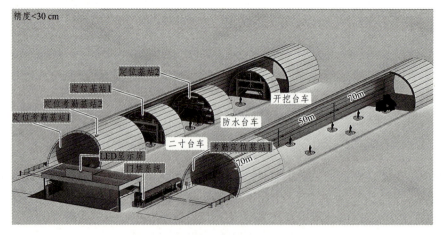

图 3.7-4　人员定位设备显示示意

（二）人员定位系统安装要求

（1）人员定位系统主机应安装在隧道口监控室内，且应在监控室内设置显示终端。

（2）在距隧道口100 m左右处安装定位基站，通过有线（网线）/无线网桥传输方式将定位基站信息传输至隧道监控中心。

（3）结合隧道实际长度安装定位基站，一般情况下每800 m安装一套定位基站，基站间采用光纤有线传输。

（4）分站（读卡器）应安装在便于读卡、观察、调试、检验，且围岩稳固、支护良好、无淋水、无杂物、不容易受到损害的位置。

（5）进入隧道人员、车辆安装一个定位卡，将实现隧道内人员和机械设备动态显示（实时）以二维展示方式在监控中心的电脑上或隧道外的LED大屏幕上，并做好备份，可以进行轨迹回放。

（6）人员定位管理系统及相关产品应取得煤矿产品安全标志。

隧道精确人员定位设备及材料配置见表3.7-2。

表3.7-2　隧道精确人员定位设备及材料配置表（单端双洞）

序号	名称	单位	数量
1	精准定位基站	套	4
2	定位标签	套	若干
3	服务器工控机	台	1
4	显示器	台	1

三、人员/车辆门禁通道系统

（1）隧道的门禁系统是实现对所有进洞人员、机械进出隧道进行全面安全防范管理的基础，通过门禁系统管理对排除人员携带火源起着重要作用，兼顾人员考勤、安全防护用品是否正确使用等功能。门禁系统应在隧道进洞前设置完善，无门禁系统严禁施工作业，并视为存在重大安全隐患，系统网络见图3.7-5。

（2）隧道的门禁系统使用过程中，人员和车辆配置相关电子标签，利用人员或车辆门禁通道系统（图3.7-6）可以实现进出入车辆分流通过，保证进出安全。当人员携带人员卡（即电子标签），靠近人员门禁通道时，内置的读卡器可以及时读取卡片信息，并送交后台核实，运行通过，则发送命令给翼闸，开启放行，否则不变化。对于车辆门禁通道系统，也需要给每一辆车配置窗玻璃吸盘卡，车辆经过通行区域时会触发读卡，同时触发地感检测器，当同时读卡和触发地感检测器时，系统将判定车辆允许通行，则开启道闸放行。仅读卡或是单一触发地感检测器，系统统一认为不允许通过。

（3）隧道的门禁系统应将所有卡按类别进行划分，如爆破人员卡、其他类别的卡。人行通道和车行通道在特殊类别的人（爆破人员）刷卡进入施工区域时，人道和车道门禁自动处于锁定状态，其他类别的卡只能出不能进，同时门禁系统向声光报警系统输出信号，用以报警提示。

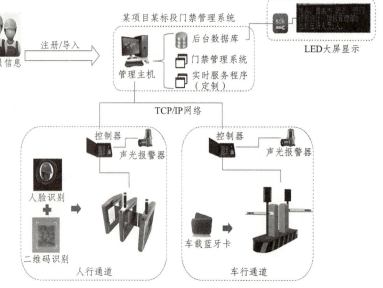

图 3.7-5　人员/车辆门禁通道系统网络

图 3.7-6　人员或车辆门禁通道系统示意图

隧道人员/车辆门禁通道系统设备设施及材料配置如表 3.7-3。

表 3.7-3　隧道人车分离设备设施配置表（单端双洞）

序号	名称	单位	数量
1	隧道出入智能管理系统	套	1
2	人行三通道翼闸	套	4～6
3	高清动态人脸识别	台	4～6
4	门禁控制器	台	4～6
5	门禁识别卡	张	若干
6	道闸主机及道闸杆	台	4
7	车辆检测器及蓝牙感应系统	套	2
8	服务器工控机及显示器	台	1

四、LED 显示系统

LED 大屏幕应安装在洞口，用于实时显示隧道工程施工人员的信息和瓦斯监测监控系统检测信息，使安全管理先进化、透明化。显示的内容可包括洞内人员姓名、人数、有毒有害气体浓度等，使监管人员能第一时间直观及时了解隧道内施工人员和有毒有害气体情况，体现隧道施工项目部管理上的人性化、现代化、科学化，LED 显示屏示意如图 3.7-7。

图 3.7-7　隧道洞口 LED 显示屏示意图

LED 显示屏应采用户外 P10 全彩 LED 显示屏，设计规格应大于 2.5 m×2 m，采用不锈钢支架架设。显示屏分两个区域分别用于显示左洞和右洞的信息，见图 3.7-8，根据现场实际情况可调整拼接显示尺寸。

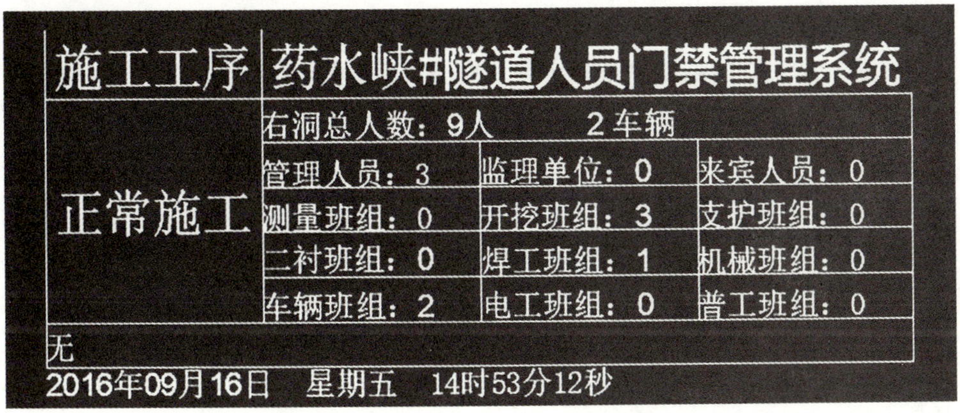

施工工序	药水峡#隧道人员门禁管理系统		
正常施工	右洞总人数：9人　　　2车辆		
	管理人员：3	监理单位：0	来宾人员：0
	测量班组：0	开挖班组：3	支护班组：0
	二衬班组：0	焊工班组：1	机械班组：0
	车辆班组：2	电工班组：0	普工班组：0
无			
2016年09月16日　星期五　14时53分12秒			

图 3.7-8　LED 大屏幕

五、网络视频监控系统

隧道网络视频监控系统（图 3.7-9）包括前端视频采集设备、网络视频编解码、通信传输设备，以及后端的监控接收端软件。系统安装在隧道各主要的监控点执行信号采集传输任务。系统软件主要是安装在监控室电脑上，两者之间通过平台管理中心系统授权，对其前端视频点进行多点对多点的实时监控管理，可实现视频、云台、放大、录像等功能，有管理权限的用户还可以对任何点的录像进行设置、下载、实时点播录像等操作。隧道视频监控设备及材料配置见表 3.7-4，隧道网络视频监控系统设备布置见表 3.7-5。

图 3.7-9　监控视频示意

在掌子面、二次衬砌台车以及洞口附近分别安装摄像头，实时显示查看监控区域的情况，让管理者直接了解现场情况。系统组成包括服务器、摄像机、视频服务器、传输数据接口（转换器）以及通信传输部分。

（1）服务器：监控平台终端，对系统返回的信息进行显示，并通过平台软件对各个监控点位的摄像机进行操作，提供录像、播放视频、云台控制等多项功能。

（2）摄像机：采用网络高清红外云台摄影仪（图 3.7-10）和矿用本质安全型网络摄影仪（图 3.7-11），前端监测设备实时采集信号，提供云台设备，实现摄像角度的改变，提供全方位立体式监控。

（3）传输数据接口：包括信号转换器，主要实现对信号的转换，以便系统更好地接收处理数据。

（4）通信传输：通信设备主要由矿用阻燃光缆和网线构成，实现视频信号的及时传输。

表 3.7-4　隧道视频监控设备及材料配置表（单端双洞）

序号	名称	单位	数量
1	400 万高清网络球形摄像机	套	6
2	16 路网络硬盘录像机	套	1
3	显示器	台	1

图 3.7-10　网络高清红外云台摄影仪

图 3.7-11　矿用本质安全型网络摄影仪

表 3.7-5　隧道网络视频监控系统设备布置

序号	安装位置	网络高清红外云台摄影仪	网络摄影仪	浇封电源
1	左洞隧道洞口	1	—	—
2	左洞二次衬砌台车	—	1	1
3	左洞掌子面	—	1	1
4	右洞隧道洞口	1	—	—
5	右洞二次衬砌台车	—	1	1
6	右洞掌子面	—	1	1
7	合计	2	4	4

六、隧道应急通信与广播系统

隧道应建立应急通信系统。洞内作业人员应配备对讲机，主要作业地点设置固定电话，在洞内作业区、洞外调度室、值班室等部位建立应急通信系统，以满足工作及应急状态下通信联络。

图 3.7-12　隧道应急通信系统

隧道应设置应急广播系统。洞内主要作业地点、人员集中地设置矿用本质安全型播音箱，主要用于播放应急通知、应急广播。现场主要设置在开挖台车及防水板台车如图 3.7-13 ~ 3.7-14 所示，隧道应急语音设备及材料配置见表 3.7-6。

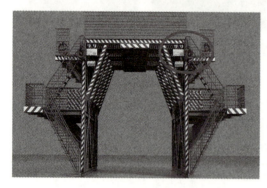

图 3.7-13　开挖台车应急广播

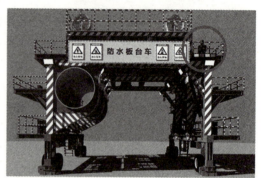

图 3.7-14　防水板台车应急广播

表 3.7-6　隧道应急语音设备及材料配置（单洞）

序号	名称	型号规格	单位	数量	设置位置
1	IP 语音电话	—	台	2	开挖台车/防水板台车
2	扩音器	—	个	2	开挖台车/防水板台车
3	警示灯	—	个	2	开挖台车/防水板台车
4	桌面 IP 语音电话	—	台	1	值班室

第四章 洞口工程施工安全

第一节　安全风险分析

一、洞口截排水施工

（1）如果洞口截、排水系统设置不合理，可能造成隧道的边/仰坡坍塌，甚至引发附近的山体滑坡灾害；也可能冲刷附近的施工便道，导致物资运输、弃渣运输时因道路质量不良而造成事故（如翻车或人员跌落等），见图 4.1-1、图 4.1-2。

（2）在桥隧相连地段，如果洞口排水系统冲刷桥台，可能导致桥台基础不稳，影响桥梁结构安全。

（3）如果排水系统冲刷附近房舍农田，可能导致与附近居民的矛盾与冲突，引起不必要的财产损失或冲突事件。

（4）在进行截、排水系统施工时，若作业人员穿戴不当，可能被动物咬伤或被植物拉伤。

图 4.1-1　洞口截水沟

图 4.1-2　洞口坍塌

二、边/仰坡开挖和防护

（1）因边/仰坡处理不当，如坡度过大导致滑坡、高处落石等危险，造成施工人员被埋压、被砸伤亡事故，如图 4.1-3。

（2）边/仰坡基础如果不够稳固，造成边/仰坡地基承载力不足，导致边/仰坡塌方，造成人员和机械被埋压，也可能因落石对人员造成物体打击伤害，或损毁机械设备如图 4.1-4。

（3）在进行边/仰坡防护处理时，如果土质比较疏松，雨天冲刷导致雨水向洞内回灌，洞内积水造成施工机械故障。

（4）如果未控制好地表水，致使地表水对边/仰坡的冲刷造成边/仰坡失稳，导致边/仰坡滑坡，导致施工人员和机械设备被埋压事故。

（5）洞口边/仰坡开挖时，若从下部掏挖造成上部土石方因为失去下部的支撑而发生滑坡，导致下面施工人员和机械被埋压事故。

（6）在进行边/仰坡开挖时，如果作业面下方站人或上下工作面同时施工，易发生坠物伤人事故。

图 4.1-3　洞口仰坡塌方　　　　　　　　图 4.1-4　洞口仰坡变形

三、洞口基础施工

（1）采用抗滑桩加固洞口地段地层，抗滑桩施工时，若采用人工开挖孔作业，如果人员未采取任何防护措施上下，可能造成人员坠落，如图 4.1-5。

（2）开挖孔内如果通风设备不足，导致人工开挖孔的作业面氧气不足、有害气体超过一定标准而发生工人缺氧或毒气中毒事故。

（3）开挖孔周围若没有安装护栏，上面的施工人员和机械因为疏忽坠入开挖孔内，造成坠落事故和砸伤事故，如图 4.1-6；并且容易发生其他物品掉进开挖孔内，对孔内的施工人员造成物体打击伤害。

图 4.1-5　作业人员上下　　　　　　　　图 4.1-6　不规范人工挖孔桩施工

（4）若采用机械开挖时，如果没有加固和稳定重型机械，施工时重型机械容易倒塌而造成机械故障和人员伤亡。

四、洞口开挖施工

（1）洞口开挖作业区如果未设置防护栏或防护栏失效，开挖作业人员工作时容易发生高空坠落事故。

（2）开挖时如果上下工作面同时作业，上工作面的落石掉落容易对下工作面的作业人员造成物体打击事故；或者当下工作面施工进度超过上工作面时，容易造成上工作面塌落，砸伤或掩埋下工作面的工作人员。

（3）当使用挖掘机等机械开挖时，如果未划定安全距离或者划定的安全距离不足，可能发生机械伤人事故，或者与其他施工机械发生碰撞，如图4.1-7。

（4）挖掘机工作时，如果基础的坡度过大，容易发生挖掘机侧翻事故，造成机械损伤和人员伤亡事故如图4.1-8。

图4.1-7　洞口开挖进洞

图4.1-8　挖掘机洞口开挖

五、明洞施工

（1）明洞开挖前，如果没有做好洞顶和四周的防、排水措施，发生地表水冲刷边/仰坡导致落石甚至塌方，造成施工人员和机械被埋压和砸伤事故。

（2）明洞施工时，如果遇到雨天，容易发生雨水冲刷山体造成山体塌方和基础积水，给施工带来安全隐患。

（3）采用爆破法施工时，如果炸药用量过多造成爆破量过大，影响周围岩体的稳定性，导致隧道洞口塌方掩埋工作人员和机械，或者扰动周围岩体，在后续的施工中发生石块掉落伤人事故；岩体受到扰动后稳定性降低，受到暴雨冲刷后可能导致滑坡事故，对人员造成伤害。

（4）开挖后如果未及时进行边/仰坡防护，在施工过程中边/仰坡因为受到扰动而发生塌方、滑坡，对施工人员的生命和安全造成威胁。

（5）开挖后的弃土如果堆放在边/仰坡上，使边/仰坡因为承受外加的下滑力而发生滑坡，导致施工人员和施工机械被埋压。

（6）开挖后的弃土因随意堆放而破坏洞口的排水系统，造成排水系统不能发挥预期目的，导致基础被淹没，造成工作台等基础发生破坏而倒塌，发生人员坠落或摔伤，大型机械基础不稳而发生侧翻事故等。

（7）明洞回填土如果过早，衬砌强度未达到要求，回填时导致衬砌被压垮，造成人员被埋或坠落，如图4.1-9。

（8）支护结构的基础如果不够稳定，回填土时，支护结构容易出现裂纹甚至断裂等破坏，导致明洞倒塌，造成洞内施工人员被埋。

（9）支护结构上预留的钢筋如果过长，容易造成施工人员作业时不小心被扎伤。

（10）明洞防水施工当需要涂抹热沥青的时候，涂抹上去的热沥青容易滴落，若施工人员没有佩戴手套和口罩，容易发生意外烫伤和有毒气体中毒事故。

（11）当需要在高处的施工平台上作业时，如果施工人员没有系安全带，因为脚下踩空或者其他意外情况，人员从施工平台上坠落而发生危险，如图4.1-10。

（12）明洞开挖时如果未按设计要求自上而下施工，从下面掏挖容易导致山体坍塌，掩埋施工人员和机械。

图4.1-9　明洞回填

图4.1-10　施工人员未系安全带

六、洞门施工

（1）洞门施工前如果未加固洞门基础，洞门在施工时或施工后极有可能因为地基承载力不足而发生变形裂缝，危及施工的运输安全和工程质量，如图4.1-11。

（2）需要在工作平台上堆放砖石时，如果堆放不合理（如集中堆放在一处），施工平台极有可能因为集中受压而倒塌，发生伤人事故如。

（3）洞门进行圬工施工时，如果没有划定安全通道，施工人员进出洞口时没有安全通道通行，极有可能发生高空坠物伤人事故。

（4）洞门施工结束后，若没有处理周围被破坏的边/仰坡或者处理不及时，边/仰坡可能因受到破坏而发生落石伤人事故，或者因为受到破坏而导致防排水功能受到影响，破坏边/仰坡的稳定性，留下安全隐患，图4.1-12。

图 4.1-11　洞门开裂　　　　　　　图 4.1-12　破坏的边/仰坡

第二节　安全技术措施

一、洞口截、排水施工

（1）洞口截、排水系统应与附近工程的截、排水系统相结合，以免造成地质灾害隐患。

（2）根据排水量确定截、排水沟的断面，避免截、排水能力因不能满足要求而造成边/仰坡冲刷坍塌，如图 4.2-1。

（3）洞口开挖及支护前，应先清理洞口上方及侧方可能滑坍的表土、灌木及山坡危石等，疏通流水沟渠，排除积水。

（4）洞口边/仰坡上方的天沟应及时施作。对土质天沟应随挖随砌，不得使水流冲刷坡面，如图 4.2-2。

图 4.2-1　隧道洞口排水沟　　　　　图 4.2-2　隧道洞口截水沟施工

（5）水沟采用砌体时，砌体应采用挤浆法分层、分段砌筑。分段位置宜设在沉降缝或伸缩缝处，砌体每隔 1.2 m 左右找平一次，各段水平砌缝应大致水平。片石要摆码稳固，分层错缝，片石要坐浆挤紧，不得有空洞或缺少砂浆，砂浆饱满，线条顺直，勾缝平顺。沟壁平整、稳定，沟底平整、排水通畅，无冲刷和阻水现象。施工期间需注意安全，加工石料时要戴防护眼罩，并控制石屑飞出的方向，避免伤人。砌石时要轻拿轻放，防止挤手碰脚，严禁下摔。工作面上待用石块必须放稳，防止滑动伤人。

（6）洞口土石方开挖必须按设计要求进行边/仰坡放线，自上而下分层开挖，分层支护。严禁掏底开挖或上下重叠开挖。

（7）洞门端墙处土石方开挖应结合地层稳定程度、施工季节和隧道施工方法进行。

（8）洞口开挖的土石方应避免因弃渣堵塞造成排水不畅、过大土压力引起山坡坍塌和对桥梁墩台的偏压，以及对其他建筑物的危害，并不应影响交通运输安全。

二、边/仰坡开挖和防护

（1）洞口开挖时应及时施作边/仰坡上方的天沟，对于土质天沟应随挖随砌，避免边/仰坡被冲刷。

（2）应结合边/仰坡底层稳定情况确定边/仰坡开挖方法和进度。

（3）边/仰坡施工应避开雨季。

（4）洞口开挖时应及时施作边/仰坡上方的天沟，对于土质天沟应随挖随砌，避免边/仰坡被冲刷，见图 4.2-3。

（5）确定合理的开挖作业顺序。

（6）进行边/仰坡施工时，应加固边/仰坡基础，见图 4.2-4。

（7）进行边/仰坡施工时，严格按照设计的角度进行施工。

图 4.2-3　边/仰坡随挖随支

图 4.2-4　边/仰坡加固防护

三、洞口基础施工

（1）确保洞口基础稳固，避免洞口基础承载力不足。

（2）洞口施工机械应定期检查，及时排除安全隐患。

（3）地表锚杆作业时应采取措施防止卡钻，注浆人员要佩戴安全防护用具。

（4）抗滑桩施工采用打桩机作业时，应采取措施加固和稳定重型机械。

（5）采用人工挖孔作业时，应设置人员上下升降设备、通风设备并采取防护措施（图 4.1-5、图 4.1-6），防止坠物伤人。

（6）定期检查升降装置的安全性能，排除安全隐患。

图 4.2-5　人工挖孔桩临边防护

图 4.2-6　人工挖孔桩个体防护

四、洞口开挖施工

（1）施工机械作业时，根据作业需求划定作业安全范围并设置警示标志，如图 4.2-7。

（2）严禁施工机械在坡度过大或者承载力不足的基础上工作。

（3）洞口开挖区设置安全栏，避免发生高处坠落事故。

（4）严禁违反作业顺序进行作业。

（5）禁止施工机械在坡度过大的基础上进行作业，见图 4.2-8。

（6）机械施工时应确保有足够的安全距离。

图 4.2-7　划定作业安全范围

图 4.2-8　施工机械安全施工

五、明洞施工

（1）明洞施工尽可能避开雨天，必须在雨天施工时，应制定严密的施工方案和防护措施。

（2）确定合理的施工方法和施工工序。

（3）正确处理开挖后的土石方，不乱堆放，不对边/仰坡和排水造成影响。

（4）明洞基础应设置在稳固的地基上。

（5）起重、吊装工作应符合相应的作业要求。

（6）做好明洞的防水工作，且衬砌强度达到设计强度的 70%后方可进行回填。

（7）根据地形、地质条件，边/仰坡稳定程度和采用的施工方法，确定全段或分段开挖及边/仰坡的坡度，开挖时应按自上而下的顺序进行。

（8）明洞开挖前，应做好洞顶及四周的防水、排水，防止地面水冲刷导致边/仰坡落石和塌方。

（9）开挖的土石不应堆弃在危害边/仰坡及其他建筑物的地点。

（10）明洞衬砌施工前，模板及支（拱）架的强度、刚度和稳定性必须进行检算，如图 4.2-9。

（11）模板及支架的安装必须稳固牢靠，模板及支架与脚手架之间不得相互连接。

（12）衬砌钢筋安装时应设临时支撑。

（13）衬砌端头挡板应安设牢固，支撑稳固，并有防止模板移动的措施，如图 4.2-10。

图 4.2-9　明洞安全施工

图 4.2-10　明洞端头模板

六、洞门施工

（1）洞门施工的脚手架不应妨碍车辆通行，如图 4.2-11。

（2）洞门施工后及时对其周边受到破坏的边/仰坡进行处理见图 4.2-12。

图 4.2-11　洞门施工脚手架

图 4.2-12　洞门施工

（3）洞门应避开雨天和严寒季节施工，并应及早完成。

（4）洞门基础必须置于稳固的地基上，当地基承载力不能满足要求时，必须结合具体条件采取加固措施。

第五章 钻爆法洞身开挖

第一节　安全风险分析

在隧道洞身开挖过程中，最常见的事故就是隧道坍塌冒顶（即掌子面坍塌和拱顶塌方）、爆炸事故、高处坠落事故、机械伤害等。如果开挖方法选择不当（例如围岩破碎时采用全断面法开挖）、施工方法选择不当（开挖循环进尺过大）、工序间距安排不合理（如初期支护没有及时跟进掌子面、二次衬砌没有及时浇筑）、喷锚支护不及时或喷射混凝土质量和厚度不符合要求、爆破作业不当、用药量过多等原因，使隧道围岩的整体强度降低，可能发生隧道坍塌事故。下面对洞身开挖过程中的风险做具体分析：

（1）物体打击伤害：如果爆破后找顶不彻底，导致岩石爆裂并弹射出来，落石可能砸伤施工人员。

（2）高处坠落伤害：作业台架若不经过强度和稳定性检查，可能因强度不足而垮塌或失稳倒塌，甚至造成施工人员高处坠落或被埋压等更严重的伤害事故。

（3）爆破（放炮）伤害：爆破作业时，若安全防护缺失、爆破作业违章操作，可能造成爆炸事故。

（4）机械伤害：大型机械作业时，若无专人指挥，可能造成施工人员机械伤害。

（5）触电伤害：若用电设备及电线路绝缘不良或违章用电，可能造成触电伤害。

（6）冒顶片帮（图 5.1-1）伤害：采用台阶法开挖，在台阶下部开挖后，未及时采用喷射混凝土进行封闭；设有拱架时，钢架安装和混凝土喷射不及时、拱脚长时间悬空，可能发生隧道坍塌冒顶事故。

（7）坍塌（图 5.1-2）伤害：采用双侧壁导坑法开挖隧道时，若侧壁导坑宽度过大，则可能发生坍塌冒顶事故。

图 5.1-1　冒顶片帮

图 5.1-2　坍塌

（8）火药爆炸伤害：运输过程中如果将炸药和爆破雷管或其他导爆器材混装一车，很可能发生爆炸事故，造成车毁人亡事故甚至造成其他车辆或人员被炸伤亡事故。

（9）中毒和窒息伤害：隧道开挖过程中因甲烷等气体涌出或聚集、爆炸产生的气体、设备排放的气体、隧道通风不良等原因造成施工人员接触有毒物质，呼吸有毒气体引起的人体急性中毒事故，或在隧道内因为氧气缺乏发生晕倒甚至死亡的事故。

第二节　安全技术措施

（1）隧道开挖前检查松动的岩石、裂块、支护变形或损坏情况，避免开挖过程中掉块伤人。

（2）两座平行隧道开挖，同向开挖工作面前后距离不宜小于 2 倍洞径。

（3）隧道双向开挖面相距 15～30 m 时，应改为单向开挖，预留贯通的安全距离，停挖端的作业人员和机具应撤离。

（4）施工过程中要严格控制各作业面之间的安全步距，安全步距超标，禁止隧道开挖作业。

（5）分步开挖的各部，开挖后应及时进行初期支护及临时支护（图 5.2-1），并尽早封闭成环。

图 5.2-1　临时支护　　　　　　　图 5.2-2　施作锁脚锚管（杆）

（6）施工过程中注意观察围岩状况，发现险情应及时处理，必要时应撤出人员。

（7）当隧道地质条件发生变化时，必须根据实际情况及时变换适宜的开挖方法。人工开挖时设专人指挥，互相配合，保持必要的安全操作距离。机械开挖应根据断面和作业环境选择机型、划定隧道开挖安全作业区域，并设置警示标志。

（8）当围岩地质条件较差、变形较大时，上部断面开挖后应立即采用施作锁脚锚管（杆）（图 5.2-2）、扩大拱脚、临时仰拱等措施，控制围岩及初期支护变形量。

（9）开挖作业台架稳定牢固，人员上下梯步牢固安全（图 5.2-3），操作平台满铺固定脚手板，高处作业防坠设施设置齐全、安全可靠，配备足够的消防器材。

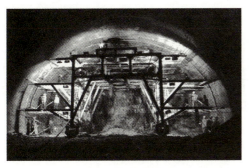

图 5.2-3 钻爆台车

图 5.2-4 逃生管道

（10）隧道开挖作业台架上使用低于 36 V 的安全电压。

（11）隧道施工时应在Ⅳ、Ⅴ、Ⅵ级围岩地段设置逃生管道（图 5.2-4），管道从衬砌工作面布置至距离开挖面 20 m 以内的适当位置，管内预留工作绳、食品、药品等应急物资。

（12）钻孔作业中应注意观察开挖工作面有无异常漏水、气体喷出、围岩变化等情况。钻孔前，必须由专人对开挖作业面安全状况和作业人员安全防护进行检查，及时消除各种安全隐患。钻孔作业过程中，必须采用湿式钻孔；严禁在残孔中继续钻孔。

（13）钻杆无不直、带伤以及孔眼堵塞现象；如有，应及时维修或更换。

（14）凿岩台车就位后张开支腿，摆放平稳，禁止将台车停在软地基、隧道侧壁和顶部有落石或岩崩危险部位。

（15）凿岩台车行走前，操作司机应查看凿岩台车周围，确认前后左右无人及障碍物后，按照引导人员的指示信号操作；行走时要平稳，避免紧急操作发生意外事故。

（16）凿岩台车工作前，必须检查泵、空压机等使其处于正常状态；应检查管路与接头有无漏油、漏水和漏气现象，并确认各部操作杆、控制装置及仪表处于正常状态。

（17）凿岩台车钻孔完成后应停放在安全场所。

（18）在围岩地质条件复杂地段，应对凿岩台车重要部位采取加固措施。

（19）装药必须在开挖钻眼完成后才能进行，禁止边钻眼边装药，禁止在残眼中继续钻眼。

（20）装药作业前，应对钻孔情况进行逐一检查，并检查开挖工作面的安全状况。

（21）装药时应使用木质炮棍装药，严禁火种；无关人员与机具等应撤至安全地点，作业人员禁止穿戴化纤衣物，现场进入警戒状态，如图 5.2-5。

图 5.2-5 现场警戒

（22）使用雷管时，装药前电灯及电线路应撤离开挖工作面，装药时应用投光灯、矿灯照明，开挖工作面不得有杂散电流。

（23）爆破物品应由爆破员按一次需用量领取；爆破物品运输必须使用专用车辆，运输过程中雷管炸药分开存放，严禁混装；搬运爆破物品时要轻拿轻放。

（24）爆破物品运至施工现场后在划定区域内炸药与雷管分开堆放距离不小于30 m，并设专人看护。

（25）爆破作业时人员听从指挥，撤离到安全距离以外，并设立警示标志。隧道爆破警戒见图 5.2-7。

（26）爆破时，爆破工应随身携带带有绝缘装置的手电筒。

（27）爆破作业起爆后，经过 15 min 的通风排烟，并经过以下各项检查和妥善处理后，其他工作人员才准进入工作面：检查有无瞎炮及可疑现象；检查有无残余炸药或雷管；检查有无松动石块；检查支护有无损坏与变形。

（28）爆破后剩余爆破物品及时退库，禁止私自销毁剩余爆破物品。

（29）吹洗炮眼内的泥浆石粉时，应站立在侧方，避免吹出的泥沙伤人。

（30）风管、水管接头牢固，无漏风、漏水、松脱等情况。

（31）在易发生岩爆的地段，采取隧道岩壁喷水或钻孔注水来促进围岩软化，布设预防岩爆锚杆，防止岩爆的发生。

（32）涌水段开挖宜采用超前钻孔探水查清含水层厚度、岩性、水量与水压，并制订方案进行处理。

（33）隧道内禁止存放油料、油漆等易燃易爆物品，洞内备用橡胶风水管、应急木料等易燃材料应做好防护，隧道内禁止明火取暖。

（34）对隧道内进行通风、喷水降尘（图 5.2-6）和降温，作业前进行有毒有害气体检测，空气质量符合要求后，方可进入工作面展开后续施工。

（35）照明灯光应保持亮度充足、均匀不闪烁，无照明盲区，见图 5.2-7。

（36）进洞的工程机械带净化装置的柴油机动力，隧道内严禁使用汽油机械。

图 5.2-6　洞内水炮除尘

图 5.2-7　钻爆台车照明

第六章 装渣与运输

第一节 安全风险分析

隧道装渣、运渣、卸渣施工过程中主要存在的一般安全风险有隧道坍塌、机械伤害、车辆伤害、物体打击、职业病危害、滑坡及泥石流等安全风险。

一、装 渣

（1）机械装渣作业时，如果在机械回转范围内有人通过，可能会因装渣机械转动对人员造成碰撞伤害。

（2）装渣过程中若发现有松动岩石或者有塌方迹象时（图6.1-1），如果没有及时撤离，可能会因岩石掉落砸伤装渣人员和机械，甚至发生塌方事故导致人员、机械被埋压。

（3）装渣过程中发现有残留的炸药或雷管时，如果处理不当，可能将残留的炸药、雷管装上装渣车，若在运输途中发生爆炸，可能导致车毁人亡甚至造成隧道坍塌事故。

（4）装渣车辆在装渣时如果没有停稳制动，车辆可能滑动而造成装渣人员被车辆撞伤。

（5）装渣时如果发生偏载、超载，装渣车在运输时可能发生侧翻造成人员伤亡和车辆损坏。

（6）使用扒渣机装渣，发生岩石卡堵时，如果用手直接搬动岩石，在搬动时机械可能突然转动、发生机械伤人事故。

（7）机械装渣（图6.1-2）时如果没有专人指挥，装渣机械和运输机械有可能发生碰撞挤压，造成机械损伤和人员伤亡。

图6.1-1 有塌方迹象

图6.1-2 机械装渣专人指挥

二、运　输

（1）无轨运输时，如果没有定期检查机械情况，保证机械处于良好状况，运输时可能因为机械故障导致机械伤人甚至毁坏隧道等事故。

（2）洞内运输机械如果使用汽油，因为汽油挥发导致洞内汽油浓度过高可能对施工人员造成身体危害，甚至因为浓度过高在遇到明火时发生爆炸，导致人员伤亡或者隧道内发生火灾甚至隧道坍塌、人员和机械被埋压。

（3）在隧道内倒车或转向时，如果没有鸣笛开灯或者由专人指挥，在倒车、转向时极有可能因为视线不良导致施工人员被撞等事故。

（4）载人列车如果安全防护措施不足，在行驶途中可能因为颠簸发生人员掉落磕碰受伤事故，或者在车未停稳的情况下上、下车发生人员掉落甚至被车碾压等事故。

（5）在车辆运行终点如果没有设置防过卷装置和阻车器，因操作失误或者制动装置失灵，会发生车辆撞击或脱轨事故，造成人员伤亡和车辆毁坏事故。

三、卸　渣

（1）卸渣场的选址应注意对附近工程排水设施的影响，如果弃渣场的选址不当，可能造成排水设施功能受到影响，导致各种事故的发生。

（2）卸渣时如果列车未停稳制动，车辆可能滑动而发生车辆侧翻、脱轨事故，造成车辆损坏和人员伤亡事故。

（3）自卸汽车卸渣时，如果边行驶边卸渣，可能发生车辆侧翻事故、造成人员伤亡事故。

（4）如果在坑洼、松软、倾斜的地面卸渣，车辆可能因为基础不稳而发生侧翻滑动伤人事故。

第二节　安全技术措施

一、装　渣

（1）装渣作业应规定作业区域，严禁非作业人员进入。

（2）装渣与卸渣作业应有专人指挥，作业场地的照明应满足作业人员安全操作的需要。

（3）装渣机械作业时，其回转范围内不得有人通过，如图 6.2-1 所示。

（4）装渣过程中应注意观察开挖面围岩的稳定情况（图 6.2-2），发现松动岩石或有塌方征兆时，必须先处理再装渣。

（5）装渣时发现渣堆中有残留的炸药、雷管应立即处理。

（6）向运渣车辆中装渣时，应避免偏载、超载，如图 6.2-3 所示。

图 6.2-1 装渣作业

图 6.2-2 观察围岩稳定情况

图 6.2-3 机械侧翻

（7）用扒渣机装渣时，若遇岩块卡堵，严禁用手直接搬动岩块，身体任何部位不得接触传送带。

（8）机械装渣的辅助人员应随时观察装渣和运输机械的运行情况，防止挤碰。

（9）人工装渣时应保证足够的照明度。

（10）装渣作业人员应保持足够的距离。

（11）装渣过程中应留意爆破面，发现异常情况及时停止装渣并上报处理。

（12）装渣前应注意观察开挖面围岩的稳定情况，发现有松动岩石或坍塌征兆，必须先处理后装渣。

（13）装渣机械不得碰撞初支、开挖面以及量测点（图 6.2-4）等，以免造成拱架变形、初支混凝土破坏开挖面掉块、滑塌以及量测数据失真，监控量测施工如图 6.2-5所示。

图 6.2-4 监控量测点

图 6.2-5 监控量测作业

（14）当一次开挖土石方数量较大时，可根据隧道断面大小适度增加装渣设备的数量，提高装渣效率。

（15）装渣不得超过运输车辆车厢边缘，装载平衡，应避免偏载、超载。

（16）隧道装渣作业涉及的工种有电工、电焊工、隧道工、机修钳工、汽车司机、装载司机、挖掘司机、设备操作司机等，其中电工、电焊工等特种作业人员应持证上岗。

（17）机械操作人员必须持证上岗，严格执行安全操作规程，严禁违章操作。

（18）爆破后应及时进行通风、洒水降尘、找顶、初喷混凝土等工作，确认工作面安全后方可进行装渣作业。

二、运　输

（1）运输道路综合纵坡不应大于 10%，车道必须硬化，并采取防滑措施。

（2）单车道运输时，应每隔一定距离设置一处会车道，其长度应满足安全行车要求。

（3）设置平坡段和防撞安全岛，平坡段长度不小于 30 m，安全岛外侧应设沙袋或废旧轮胎防撞墙。

（4）运输道路单车道净宽不得小于车宽加 2 m，并应隔适当距离设置错车道；双车道净宽不得小于 2 倍车宽加 2.5 m；会车视距宜大于 40 m。

（5）在仰拱栈桥和作业台架下方行车速度不应大于 5 km/h，其他施工地段和错车时不应大于 15 km/h，成洞段不宜大于 20 km/h。

（6）无轨运输时施工作业地段的行车速度不得大于 15 km/h，成洞地段不得大于 25 km/h。

（7）施工单位应根据施工安排编制运输计划，制定运输管理规定，加强运输调度，确保工程运输安全。

（8）隧道施工运输路线的空间必须满足最小行车限界要求，并根据不同的运输方式，在洞口、台架、设备、设施等位置设置信号和标志予以警示。

（9）运输车辆不准超载、超宽和超高，不得人货混装。车辆行驶中应随时观察线路有无障碍和洞内其他设施、设备、临时支撑等有无侵入限界情况，如有要及时清理，不能强行通过。

（10）施工机械应采用带净化装置的柴油机械，严禁汽油机械进洞。

（11）隧道洞口、平交道口、狭窄的施工场地应设置慢行标志，必要时设专人指挥交通（图 6.2-6）。

（12）车辆行驶时，应与信号、指挥人员协调配合和加强信号联络。

（13）运输车辆宜选用带净化装置的柴油机动力，汽油动力机械不宜进洞。

（14）运输前应对车辆的制动器、喇叭、灯光、连接装置等进行安全检查，确认完好后方可行车。

（15）出渣运输车辆必须性能完好，严禁人料混装，不得超载、超速、超宽、超高运输。

（16）机械操作人员必须持证上岗，严格执行安全操作规程，严禁违章操作。

（17）加强运输线路管理，定期检查和维护运输线路。运输路线标志见图 6.2-7。

图 6.2-6　警示标志

图 6.2-7　运输路线标志

三、卸　渣

（1）电瓶车牵引梭式矿车或渣车卸渣时，必须用铁楔将车轮两个方向楔紧，不得采用石渣或木条代替铁楔。

（2）自卸汽车卸渣时，必须将车辆停稳制动，不得边卸渣边行驶；不得在坑洼、松软、倾斜的地面卸渣；卸渣后应及时使车厢复位，严禁举升车厢行驶。

（3）弃渣场不应设置在堵塞河流、污染环境、毁坏农田的地段，严禁将弃渣场设在对周围环境造成影响的地方，如图 6.2-8 所示。

图 6.2-8　卸渣作业

（4）卸渣前弃渣场应砌筑挡渣墙并完善排水设施。弃渣挡墙泄水孔背后应设置反滤层。

（5）弃渣应自下而上，分层分级堆置，不得堵塞河道、沟谷，避免影响下游安全。

（6）卸渣平台应平整坚实，避免陷车。禁止在坑洼、松软的地面卸渣。

（7）弃渣过程中每层弃渣顶面应设置排水坡度，避免积水及地表水下渗。

（8）弃渣完毕后，弃渣场顶面应碾压密实，及时施工顶部排水沟，对沿土表面进行复耕或复绿。

（9）在弃渣过程中，应对弃渣场渣体的稳定性进行观察和监测，雨季应加大监测频率，发现问题及时上报处理。

（10）卸渣时车辆应停稳制动，禁止边卸渣边行驶。

第七章　支护加固与衬砌

第一节　安全风险分析

一、超前支护

隧道超前支护施工过程中主要存在的一般安全风险有隧道坍塌、突泥涌水、有毒有害气体侵害、浆液伤人、冻伤等特有的安全风险。

（1）超前支护和初期支护不到位、上一循环支护强度不足、冷冻法施工中冷冻效果差或冷冻中断等原因导致坍塌。

（2）超前地质预报不到位、岩溶和高压富水地段掌子面封堵及泄压等措施不到位，导致突泥（图7.1-1）、涌水（图7.1-2）事故。

（3）钻孔过程中有毒有害气体喷出，注浆过程中接触化学浆液，冷冻法施工接触氨，导致作业人员中毒或窒息。

（4）注浆管接头连接不牢固或操作不当造成浆液喷出伤人。

（5）冷冻法施工过程中冷冻液泄漏、操作人员接触冷冻体等原因造成冻伤。

图7.1-1　突泥　　　　　　　　　　　图7.1-2　涌水

二、初期支护

初期支护作为永久承载结构的一部分，是隧道开挖的紧后工序，其主要安全风险包括隧道坍塌、冒顶片帮、职业病危害等。

（1）隧道初期支护不及时或支护不当造成隧道坍塌事故。

（2）由于初支拱脚不坚实、连接不牢固、锁脚锚杆与钢架未有效连接等原因造成的隧道侧壁坍塌事故。

（3）职业病危害：隧道喷射混凝土粉尘较大，影响作业人员健康，易得硅肺病。此外初期支护还存在物体打击、高处坠落、触电、机械伤害、车辆伤害风险。

三、仰拱施工

仰拱施工过程中主要存在的一般安全风险有隧道坍塌、车辆侧翻、落渣伤人等。特有的安全风险：

（1）仰拱一次开挖过长，支护不及时，边墙初支拱架悬空过多，造成拱墙初支结构失稳破坏，导致隧道坍塌。

（2）因栈桥放置不平稳或车辆行驶不当，导致侧翻造成伤害。

（3）因运渣车辆装渣过满或行驶不平稳等导致落渣伤人。

四、二次衬砌

隧道二次衬砌施工过程中主要存在爆模、钢筋垮塌、物体打击、高处坠落、机械伤害、车辆伤害、火灾、触电、中毒和窒息等安全风险。

（1）模板台车、端头模板加固不牢、混凝土浇筑或振捣方法不当等可能造成爆模。

（2）二次衬砌钢筋在外力、重力作用下或支撑不稳，超过自身极限强度引起垮塌事故。

（3）二次衬砌模板台车和台架上的小型机具、材料、石块等掉落伤人。

（4）作业人员从二次衬砌模板台车和台架上等高处坠落。

（5）浇筑混凝土时接触输送泵进料口或输送泵堵管时处理方法不当等造成的机械伤害。

（6）二次衬面施工时被出渣车和混凝土罐车等车辆碰撞造成伤害。

（7）电线路短路、焊接作业和切割作业等引发防水板燃烧。

（8）操作人员接触带电的台车、台架、设备金属外壳或裸露的临时线，漏电的手持电动工具等，可引发触电事故。

（9）防水板燃烧产生的有毒、有害气体引起作业人员中毒窒息。

第二节　安全技术措施

一、超前支护

（1）施工前首先检查工作面是否处于安全状态，并检查支护是否牢固，顶板和两帮是否稳定，如有松动的石、土块或裂缝先予以消除或支护。

（2）施工前检验作业台架安全性能，台架应牢固可靠，四周应设置安全栏杆、安全网和上下工作梯，经验收合格后方可使用。严禁将支撑放在脆弱或软弱的岩石上，施工过程中保持稳定。

（3）检查钻机、注浆机（图 7.2-1）及配套设备、风水管等施工机具的安全性能，施工过程中确保钻机稳定牢靠，注浆管接头、冷冻设备及高压风水管连接牢固并密封良好，防止爆管伤人。

（4）超前支护施工（图 7.2-2）中应按作业程序和技术要求进行钻进、安装、注浆等作业。超前支护安全作业。

图 7.2-1　注浆机施工

图 7.2-2　超前支护施工

（5）在水压较高的隧道进行钻孔作业（图 7.2-3）时，应选择适合较高水压的钻孔设备，钻孔设备应采取防涌水突泥冲出的反推或栓锚措施。

（6）在高压富水地段钻孔时，作业人员不应站立在孔口正面，并注意观察钻渣排出和孔内出水的情况，出现异常及时报告处理，隧道涌水见图 7.2-4。

图 7.2-3　钻孔作业

图 7.2-4　隧道涌水

（7）管棚作业（图 7.2-5）换钻杆及超前小导管作业（图 7.2-6）顶进钢管时，应防止钻杆、钢管掉落伤人。

（8）管棚作业起吊钻杆及其他物件时，应指定专人指挥，统一口令。起吊范围内任何人不得进入。

（9）管棚和小导管在作业平台上临时存放时，应根据平台设计荷载及安全性能检测结果确定存放数量和高度，同时应有防止其滚落、滑下的防护措施。在洞内空地堆放时除应采取防止其滚落的措施外，还应设置醒目的安全警示标志。

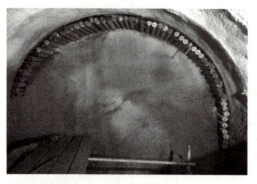

图 7.2-5　超前管棚

图 7.2-6　超前小导管

（10）水平旋挖钻机就位时，机座要平稳；设备的压力系统和管路系统性能良好，各通道和喷嘴内不得有杂物。注浆时控制好浆液压力和注浆量，严禁注浆压力超过注浆管和止浆设施的最大额定值，注浆管周边不得站人，防止爆管伤人。

（11）进行帷幕注浆前，应对后方已开挖地段一定范围内采取锚喷或混凝土加固措施，并检查止浆墙或止水岩盘及已开挖段的抗渗情况。

（12）冷冻法施工作业人员注意采取防冻措施，避免直接接触冷冻部位。

（13）冷冻设备须保证可靠连续运转，不得中断冷冻。

（14）避免直接与冷冻剂接触，不慎接触后应立即将冻伤部位放入温热水中浸泡。

（15）橡胶风水管、注浆管、冷冻管、冷冻液、木材、水泥等材料应严格按照物资管理规定进行使用、存放，并配备足够的消防器材。

（16）作业时避免直接接触速凝剂、硅酸钠等腐蚀性材料，不慎接触后应立即用清水冲洗干净。

（17）超前支护应在完成开挖工作面的加固后进行，每循环之间应有足够的搭接长度与初期支护有效连接，确保掌子面稳定。

（18）作业中应随时观察支护各部位，支护发生裂纹或变形时，作业人员应及时撤离现场。

二、初期支护

（1）隧道初期支护作业涉及的工种有电工、电焊工、测量工、管道工、设备操作司机等，其中电工、电焊工等特种作业人员必须持证上岗。

（2）所有人员必须正确佩戴安全防护用品，喷射混凝土作业人员必须佩戴密闭式防尘口罩、护目镜和安全帽。

（3）隧道支护必须按初喷→架设钢架（钢筋网）、锚杆→复喷的程序施工。在爆破、找顶后，应立即初喷混凝土封闭围岩。

（4）围岩自稳程度差的地段应按设计要求先进行超前支护、预加固处理。

（5）当地质条件与设计不符时应及时申请设计变更，调整支护参数。

（6）作业前应清除工作面松动的岩石，确认作业区无塌方、落石等危险源存在，施工机具应布置于安全地带。

（7）应随时观察支护各部位，支护变形或损坏时，作业人员应及时撤离现场。

（8）作业台架及人员上下梯步应牢固稳定，临边设置安全护栏，操作平台用阻燃材料满铺固定，配合消防器材。

（9）高压风水管（图7.2-7）、喷浆机（图7.2-8）输料管等接头应连接牢固，无漏风、漏水、松脱等情况。

图7.2-7　高压风水管

图7.2-8　喷浆机

（10）喷射混凝土混合料应随拌随喷，回弹料不得重新用作喷射混凝土材料。

（11）喷射机应先给风、再开机、后送料，结束时待料喷完，先停机、后关风。工作中应经常检查输料管、出料弯管有无磨薄击穿及连接不牢的现象，发现问题应及时处理。

（12）喷射混凝土作业中如发生输料管路堵塞或爆裂，必须依次停止投料、送水和供风。当喷嘴不出料时，检查输料管是否堵塞，但一定要避开有人的地方，防止高压水、高压风及其他喷射物突然喷出伤人。

（13）作业时应避免直接与速凝剂和碱性液体接触，不慎接触后应立即用清水冲洗干净。

（14）非作业人员不得进入喷射混凝土作业区，喷嘴前禁止站人，喷射作业完毕后，同时清洗机具。

（15）钢架提升设备应有足够能力，架设钢架时应采取防护措施，不得利用装载机作为钢架安装作业平台。

（16）钢架安装过程中必须设专人指挥，作业人员密切配合。

（17）隧道内转运钢架应装载牢固，固定可靠，防止发生碰撞和掉落。

（18）钢架底脚应落在坚实的基础上，严禁悬空或置于虚渣上，不得有积水浸泡。

（19）钢架节段及钢架之间应及时连接牢固，防止倾倒。

（20）钢架背后的空隙必须用喷射混凝土充填密实，严禁背后填充片石等其他材料。

（21）钢架安装（图7.2-9）完成后应及时施作锁脚锚杆（图7.2-10），并与之连接牢固。锁脚锚杆数量、长度、角度应符合设计要求。

图 7.2-9　钢架施工

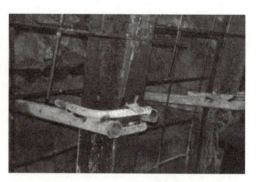
图 7.2-10　锁脚锚杆

（22）采用分步法开挖的隧道，下部开挖后，钢架应及时接长、落地，钢架底脚不得左右两侧同时开挖接长。

（23）已安装的钢架发生扭曲变形时，应及时逐榀更换，不得同时更换相邻的钢架。换拱时应及时整体封闭成环，保证变形段整体稳定。对变形体段初期支护进行全断面径向注浆固结处理，预防替换拱架施工造成二次扰动变形加大，导致坍塌事故发生。

（24）临时钢架支护应在隧道钢架支撑封闭成环并满足设计要求后拆除。

（25）锚杆钻孔（图 7.2-11）时应保持钻机支撑安放稳定牢靠，除钻机操作人员外还应安排至少一人协助作业。

（26）锚杆的设置应沿隧道轮廓法线方向，倾斜岩层应与岩面或围岩主要节理面垂直。锚杆施工时应根据锚杆设置及围岩实际情况及时调整锚孔角度，采用合适的钻杆和钻进方法，见图 7.2-12。

图 7.2-11　锚杆钻孔

图 7.2-12　锚杆安装

（27）在围岩破碎、自稳时间短、地应力较大地段，应采用早强砂浆锚杆或早强中空砂浆锚杆，亦可采取增加锚杆数量、选用高强锚杆、加大锚杆长度和直径、加大钻孔直径、提高黏结材料的黏结性能等措施。

（28）锚杆安设后不得随意敲击，其端部在锚固材料终凝前不得悬挂重物。

（29）锚杆、钢筋网、钢架等材料的类型、规格、技术性能应满足设计要求。使用前应除锈、清除油污。

（30）锁脚锚杆数量、长度、角度应符合设计要求，并与钢架焊接牢固。

三、仰拱施工

（1）仰拱施工涉及的工种有电工、电焊工、钢筋工、隧道工、混凝土工、木工、测量工、爆破作业人员、设备操作司机等，其中电工、电焊工、爆破作业人员等特殊工种及挖装运设备操作人员应持证上岗。

（2）仰拱开挖应控制一次开挖长度，开挖后应立即施作初期支护，封闭损坏。

（3）仰拱底板欠挖硬岩应采用人工钻眼松动、弱爆破方式开挖。

（4）仰拱施工（图7.2-13）时及时抽排底板积水，严禁长时间浸泡。

（5）施工过程中应设专人观察拱墙初期支护稳定情况，发现险情及时处理。

（6）仰拱移动栈桥（图7.2-14）的强度、刚度和稳定性要满足承载要求，桥面设防滑措施，两侧应设防护栏杆及挡脚板。栈桥端头的地基要平整坚实且搭设长度不短于1.5 m。

图 7.2-13　仰拱施工

图 7.2-14　仰拱移动栈桥

（7）仰拱移动栈桥两侧应设置限速警示标志，车速不得超过5 km/h，在栈桥上启动与制动应平缓操作。

（8）仰拱施工栈桥的移动，应有专人指挥，慢速移位，工作区严禁非作业人员和车辆通行、停留；非作业人员、设备、材料、工器具等应撤离到安全地点。

（9）仰拱作业面两端应设置安全防护及警示标志，防止人员和车辆不慎落入仰拱基坑内造成伤害。

（10）仰拱施工禁止上下重叠作业，车辆通过栈桥时下方作业人员应及时避让。

（11）仰拱应分段一次整体浇筑，并根据围岩情况严格限制一次施工长度，见图7.2-15。

（12）混凝土泵车（图7.2-16）由专人指挥停放在安全区域，并设置阻车装置，防止溜车。

（13）仰拱应及早施工，保证隧道拱、墙、仰拱衬砌能形成闭合整体。

图 7.2-15　仰拱浇筑　　　　　　　　　图 7.2-16　混凝土泵车

（14）仰拱施工时应加强隧道拱顶下沉及水平收敛等项目的监控量测，发现异常时应暂停施工（拱顶下沉、水平收敛速率达 5 mm/d 或位移累计达 100 mm 时），并及时分析原因，采取处理措施。

（15）仰拱施工作业应保证足够的照明，均匀不闪烁。

（16）仰拱施工的爆破物品应严格按照规定发放、领取、使用，爆破作业时应设置警戒区域，人员听从指挥，撤离到安全距离以外。

（17）严格控制仰拱与掌子面之间的安全步距，超标时暂停掌子面开挖，加快仰拱施工。

四、二次衬砌

（1）隧道二次衬砌作业涉及的工种有电工、电焊工、钢筋工、混凝土工、防水工、模板台车操作工、测量工、设备操作司机等，其中电工、电焊工等特种作业人员必须持证上岗。

（2）隧道内防水板、土工布、止水带、排水管等防排水材料在隧道内临时存放时应做好防火措施。

（3）锚杆头割除时应当做好消防安全措施，清理下方可燃物，备好消防器材，设专人对动火作业进行监护。

（4）防水板铺设地段应配备足够数量的消防器材，钢筋焊接作业在防水板一侧应设阻燃挡板。

（5）防水板施工时照明灯具严禁烘烤防水板，距离不得小于 50 cm。

（6）防水板施工时严禁吸烟，钢筋焊接作业时，应设临时阻燃挡板防止机械损伤和电火花灼伤防水板，见图 7.2-17。

（7）圆盘锯、电焊机、热熔焊机、射钉枪、振捣器等小型设备安全装置齐全可靠，作业人员严格遵守操作规程。

（8）隧道内不得加工钢筋，钢筋在洞内临时存放时应避免影响人员和车辆通行，且应进行支垫。

（9）首开段钢筋安装必须设置防倾覆、防垮塌措施，衬砌钢筋安装应设置牢固可靠的竖向及侧向等临时支撑，二次衬砌钢筋防倾覆、防垮塌临时支撑，二衬钢筋施作见图 7.2-18。

图 7.2-17　防水板台车作业

图 7.2-18　二衬钢筋施作

（10）隧道内运输钢筋应根据各类作业台架腹下净空、洞内设施情况进行装载，捆绑牢固，固定可靠，防止发生碰撞和掉落。

（11）模板台车和作业台架应经专项设计，组装调试完成应组织验收，并应试行走。日常使用应按规定维护保养。

（12）模板台车和作业台架应设置安全护栏、密闭式安全网，应安装防护彩灯、反光标志以及限高、限宽、限速等警示标牌，人员上下步梯应牢固，配备足够的消防器材，见图 7.2-19。

（13）模板台车和作业台架上的各类用电设备应有绝缘保护装置，照明电压采用 36 V 以下安全电压。

（14）模板台车的组装、拆卸应在洞外宽敞、平坦、坚实的场地上进行；当条件限制，必须在洞内组装、拆卸时，应选在围岩条件较好和洞身较宽阔的地段进行，见图 7.2-20。

图 7.2-19　台车临边防护

图 7.2-20　模板台车组装

（15）衬砌作业台架下预留通行作业人员、施工车辆以及安设风、水、电线路或管道的净空，应满足洞内车辆和人员安全通行的要求。

（16）衬砌作业台车、台架（图 7.2-21）的移动，应有专人指挥，慢速移位。工作区严禁非作业人员和车辆通行、停留。非作业人员、设备、材料、工器具等应撤离到安全地点。

图 7.2-21 衬砌作业台车、台架

（17）模板台车行走时应做好风水管及电力线路的保护，防止损坏。

（18）模板台车就位后，应按规定设置防溜车装置，按设计高程及中线调整台车支撑系统，液压支撑应有锁定装置。

（19）模板台车端头挡板与防水板、台车间接触面应紧密，挡板支撑应稳固。

（20）封模作业应由下至上进行，严禁上下重叠作业，严禁攀爬模板上下。

（21）混凝土输送泵、混凝土罐车由专人指挥停放在安全区域。

（22）混凝土浇筑过程中严禁用手接触运转中的输送泵进料口。

（23）泵送混凝土管道安设及连接应符合规定，管道堵塞时，应及时停止泵送，从上到下逐级检查输送管，确定堵塞部位。堵管处理应按操作程序进行，不得违规作业。

（24）平板振捣器应分区、分部位进行振捣，避免产生共振导致模板台车变形移位甚至爆模。

（25）浇筑过程中应安排专人随时检查台车支撑、模板、混凝土管道、挡板的稳定性，当台车出现变形等异常情况时，作业人员应及时撤离作业平台，待隐患消除后方可恢复作业。

（26）衬砌混凝土浇筑时必须控制浇筑速度，浇筑压力不得过高，保证两侧基本对称浇筑。

（27）注浆人员应佩戴护目镜、防护手套等劳动防护用品。

（28）脱模前必须设立警戒区，非作业人员严禁入内。

（29）每道工序完成后应及时清理作业场地，消除安全隐患，保持作业场地平整、通行无阻。

（30）运输机械应按规定线路及限行速度行驶，模板台车行驶或倒车时应有专人指挥，模板驻停时应有制动措施及安全警示标志。

（31）衬砌施工使用的小型工具和零件必须放入工具箱或工具包，禁止抛掷工具和零件，防止落物伤人。

（32）二次衬砌施工人员在模板台车、台架下施工时应注意过往车辆，及时避让。

（33）防水板铺设、钢筋安装、浇筑混凝土、拆模作业过程中必须设专人指挥，作业人员密切配合。

（34）模板台车使用脱模剂、油脂、端头模板等材料应在指定区域集中堆放，并配备足够的消防器材。

第八章 不良地质和特殊岩土地段隧道施工

第一节 安全风险分析

一、岩溶隧道

岩溶隧道施工常遇到的地质问题包括溶洞（图 8.1-1）、暗河（图 8.1-2）和水囊等。一些溶洞位于隧道底部，需要对这些溶洞进行填充处理，但是填充物松软且深，当进行隧道基底施工时，易出现不均匀沉降现象；岩溶隧道施工会遇到大的水囊和暗河，一旦挖通岩壁或者水囊和暗河冲破岩壁，会有大量的岩溶水或者泥沙水涌入隧道；岩溶隧道施工会遇到饱含水分的充填物溶槽，一旦坑道掘进到其边缘时，将会有大量的含水充填物不断涌入隧道，造成地表开裂，山体压力剧增；此外，还有一些溶洞和暗河迂回交错的岩溶隧道，施工难度大。在岩溶隧道施工中，除了具有一般隧道所具有的风险外，还主要存在以下风险：

图 8.1-1 溶洞

图 8.1-2 暗河

（1）未进行超前地质预报或预报方法太单一等不安全行为，一旦发生突泥涌水事故，易导致重大人员伤亡事故，造成施工设备和器械浸泡、隧道内有轨和无轨道路中断、隐藏在水中的尖锐物体对人员造成意外伤害等。

（2）若对岩溶水处理不当，例如随意排放岩溶水，可能造成泥石流灾害。

（3）在溶洞充填体中掘进时，若不提前注浆加固，在掘进过程中极易造成塌方冒顶事故。

（4）钻炮眼前，若前方有地下承压水体但未进行超前钻孔探测，密集的炮眼会削弱掌子面的承载力，在钻时极易造成涌水灾害，也可能在爆破瞬间发生涌水灾害。

（5）长进尺、大药量爆破可能引发隧道坍塌冒顶事故，也可能引发突泥涌水灾害。

（6）当隧道只有一侧遇到溶洞时，若先开挖另一侧，可能造成片帮甚至塌方事故。

（7）施工中若未处理溶洞顶板危石，或高处处理危石时安全措施不当，可能造成物体打击伤害或高处坠落伤害。

（8）探明溶洞水流后，未进行排水减压或排水减压方法不当，可能造成突泥涌水灾害。

（9）二次衬砌施工前，未检查处理拱部、底板、侧边墙范围内的有害空洞，可能造成隧道坍塌，或给运营期间的安全留下隐患。

二、富水软弱破碎围岩隧道

富水软弱破碎围岩的特点是岩体结构松散、稳定性差，在施工过程中极易发生严重的坍塌事故。在富水软弱破碎围岩隧道施工中，为减少对围岩的扰动，常用办法是先对隧道进行支护而后开挖，然后密闭支撑，边挖边封闭。

在富水软弱破碎围岩隧道施工中，除了具有一般隧道所具有的风险外，还主要存在以下风险：

（1）隧道施工前，若未进行必要的注浆加固、降低水位等技术措施，可能造成隧道坍塌冒顶事故。

（2）施工过程中发现异常时，若未立即停工处理，可能造成严重的隧道坍塌（图7.2-3）事故。

（3）若监控体系失效、支护参数调整不及时，可能造成坍塌冒顶（图7.2-4）事故。

（4）衬砌背后的排水盲管（沟）未作顺畅导流，地下水可能在衬砌背后积聚对其形成压力，从而造成坍塌事故，也可能损坏衬砌。

图 8.1-3　坍塌

图 8.1-4　冒顶

（5）若隧道内排水设施不完善，洞内积水不能及时排出，在隧道内积聚易造成洞内道路泥泞，甚至浸泡损坏施工设备；积水可能对供电线路造成影响，易漏电导致施工人员触电。

（6）向岩体插入钎、管等构件对隧道进行超前支护时，若正对构件，钎、管突然折断或崩出的岩石可能对施工人员造成打击伤害。

（7）隧道内焊接设备若安放不当，因淋水短路可能损坏设备，甚至造成施工人员的触电伤害。

三、风积沙和含水砂层道施工

风积沙是指在风化作用下形成的土壤，一般是松散堆积的状态，没有黏聚力，级配不良，而且抗剪强度低，稳定性差，极易在受到扰动后发生坍塌事故。当埋深较浅时，常伴随隧道开挖产生地表横向及纵向裂缝，当洞的积砂发生严重的滑砂、漏砂现象时，地表会形成规则的漏斗状地貌，导致衬砌结构变形速率快、变形量大，施工难度大。因此，在风积沙地层修建隧道时，制定的施工方案特别注重施工的安全性和结构的耐久性、稳定性。

含水砂层因为含水量大，极易发生涌水、坍塌事故，伴随着大量的砂石涌出，给施工带来困难。含水砂层的施工往往采用浅埋暗挖法，使用地层加固技术来加固隧道围岩，以提高围岩的稳定性，降低围岩的渗透性，并减少开挖导致的地面下沉，从而保证隧道开挖的顺利进行。

在风积沙和含水砂层中修建隧道，除了具有一般隧道所具有的风险外，还主要存在以下风险：

（1）若防水方法不当，可能造成隧道坍塌事故，或给运营留下安全隐患。

（2）若风积沙层隧道开挖未严格遵循"先加固、后开挖"的原则，含水砂层隧道开挖未严格遵循"先治水、后开挖"的原则，可能造成隧道坍塌冒顶事故。

（3）开挖时，若拱部支护下沉量监测不及时，可能造成隧道坍塌事故。

（4）未做到遇缝必堵，使砂粒从支护缝隙中漏出，可能因衬砌后面空洞而造成坍塌或遗留安全隐患。

（5）排水时，若无过滤措施，砂粒被排走可能引起隧道坍塌事故。

四、岩爆隧道

岩爆是深埋地下工程在施工过程中常见的动力破坏现象。当岩体中聚积的高弹性应变能大于岩石破坏所消耗的能量时，破坏了岩体结构的平衡，多余的能量导致岩石爆裂，使岩石碎片从岩体中剥离、崩出。岩爆多发生在埋藏很深、整体、干燥和质地坚硬的岩层中。常见的岩爆大多发生在隧道顶部或拱腰部位为新开挖的工作面附近，一般在开挖后几个小时内发生，也有的在开挖后较长时间内才发生。岩爆的发生没有明显征兆，无空响的岩石一般认为不会发生掉落，但也可能突发坍塌（图 8.1-5），掉落的石块通常是中间厚、边缘薄、不规则的片状石块。岩爆与断层、节理构造密切相关。当掌子面与断裂或节理走向平行时，极容易触发岩爆。岩体中节理密度和张开度对岩爆有明显的影响。掌子面岩体中有大量岩脉穿插时，也可能发生岩爆。相比于一般的隧道施工，岩爆隧道施工还具有如下主要风险：

（1）强烈岩爆地段，若不采用即时受力锚杆并同时挂设钢筋网或柔性防护网，无法对岩石进行锚固等作用，极易发生岩爆落石而造成施工人员伤亡。

（2）若爆破方法选择不当，隧道周壁不圆顺，使得应力易集中，从而导致岩爆。

（3）若采用人工喷射混凝土，可能使作业人员遭到塌方落石伤害。

（4）施工机械操作部位前若无防护，作业人员易被岩爆弹射出的岩块砸伤（图8.1-6）。

图 8.1-5　岩爆引起坍塌

图 8.1-6　岩爆破坏机械

五、膨胀性和挤压性围岩隧道

膨胀性围岩多出现在干燥的土质膨胀性岩层，岩质坚硬，易脆裂，存在明显的垂直和水平张开裂缝，裂缝的宽度随裂缝的深度逐渐减少以至消失，膨胀性岩层黏土颗粒含量很高，塑性指数大，土的结构强度高，多为中等压缩土。深埋隧道在地质较为复杂的地段开挖时，受到高地应力的影响，挤压围岩使其发生大变形（图 8.1-7），即可判断该隧道为挤压性围岩隧道。挤压性围岩隧道的围岩有变形速度快、变形值大和变形持续时间长的特点，围岩大变形不仅使支护开裂、洞室失稳，严重时可能导致衬砌开裂（图 8.1-8）、隧道坍塌，严重影响隧道施工安全。相比于一般隧道施工，膨胀性和挤压性围岩隧道风险体现在：

图 8.1-7　围岩变形

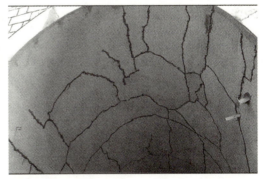

图 8.1-8　衬砌开裂

（1）在软质膨胀岩层，经过断裂、褶皱作用而产生破碎带，开挖暴露后受风化和吸水的影响，易发生体积膨胀或产生衬砌膨胀压力，若支护不到位，易掉落石块，对施工人员造成打击伤害，甚至发生坍塌事故。

（2）当膨胀岩层破碎、节理和裂缝中含有活性矿物成分的黏土时，开挖遇水后易发生膨胀，若支护不到位，易发生坍塌事故。

（3）对于膨胀性围岩和挤压性围岩，爆破开挖对围岩造成的扰动比较大，易发生坍塌事故。

（4）对于膨胀岩层的施工来说，分部开挖采用木支撑时，填塞木易弯曲变形或折断，有发生坍塌、掉落石块的风险。此外，拱部扇形支撑容易扭曲变形，导致纵梁折断，从而发生坍塌事故。

（5）在膨胀岩层衬砌施工过程中，拱脚易发生不同程度的位移，不均匀沉降致使拱脚横撑受力变大，导致其向上弯曲甚至折断，从而引发事故。

（6）若施工用水管理不当，容易使岩面受水浸泡而软化，从而造成坍塌事故。

六、黄土隧道

解决黄土的湿陷性问题是在我国西部修建铁路的第一要务。湿陷性黄土俗称大孔土，是一种在第四纪时期形成的、颗粒组成以粉粒为主的黄色或褐黄色粉状土，属于非饱和欠压密的土，具有较大的空隙率和较低的干密度，是产生黄土湿陷性的根本原因。在土体的自重应力和附加应力共同作用下，受到水的浸湿时将发生急剧而大量的附加下沉，这种现象称为湿陷性。湿陷性黄土土质松软、不稳定、空隙大，承载力极低，遇水沉落，而且黄土湿陷变形具有突变性非连续性和不可逆性，施工中易产生变形和坍塌。当湿陷性黄土受到水的浸湿后在自重应力作用下即产生湿陷，称为自重湿陷性黄土。

在湿陷性黄土隧道施工时，有两大问题：一是湿陷性黄土地基的处理；二是黄土隧道开挖后，拱顶及局部应力集中过大，拱顶沉降较大，造成隧道结构易失稳。相比于一般隧道施工，黄土隧道（图8.1-9）风险体现在：

（1）水的处理是黄土隧道施工安全的关键，若防排水措施不当，可能使隧道因黄土湿陷性而坍塌。

（2）若采用钻爆法开挖，可能使隧道因受到较大扰动而坍塌。

（3）若机械开挖墙脚拱脚等隔角处，可能因扰动较大或碰撞而造成隧道坍塌。

（4）若忽视垂直节理，可能因措施不当而造成隧道坍塌。

图8.1-9　黄土隧道

七、高原冻土隧道施工安全技术与风险控制

高原冻土是指零摄氏度以下，并含有冰的各种岩石和土壤。一般可分为短时冻土（数小时或数日以至半月）、季节冻土（半月至数月）以及多年冻土（数年至数万年以上）。地球上多年冻土、季节冻土和短时冻土区的面积约占陆地面积的 50%，其中，多年冻土面积占陆地面积的 25%。冻土是一种对温度极为敏感的土体介质，含有丰富的地下冰。因此，冻土具有流变性，其长期强度远低于瞬时强度。正由于这些特征，在冻土区修筑工程构筑物必然面临两大危险——冻胀和融沉。随着全球气候变暖，冻土在不断退化。从高原冻土的工程特性来看，高原冻土隧道（图 8.1-10）相比于一般隧道，施工中的主要安全风险体现在：

（1）洞口易受到外界气温影响，若洞口段施工时不注意保温，可能引起坍塌事故。

（2）开挖后围岩表面若未及时封闭，可能因表层融化而造成隧道坍塌。

（3）高寒隧道若排水不畅，可能造成冻胀破坏。

（4）高原缺氧，尤其是隧道中若通风供氧不足，可能对施工人员健康造成影响，甚至危及生命。

图 8.1-10　高原冻土隧道

第二节　安全技术措施

一、岩溶隧道施工安全技术与风险控制

（1）在施工过程中采用机械钻探法、地震波法或电磁法等进行超前地质预测预报，对隧道周边的暗河、溶洞及大水囊等地质情况提供相对准确的数据，尽可能地避免突泥、涌水以及坍塌等事故，保障施工的顺利进行和人员、设备的安全。

（2）当发现暗河或溶洞内有水流时，首先要查明水源流向及其与隧道位置的关系，采用暗管、涵洞、小桥等措施将水流排出洞外，禁止直接对暗河或者溶洞进行填堵处理，以免发生涌水、突泥事故。

（3）当发现溶洞停止发育、无水流、跨径小时，根据溶洞和隧道的位置及其填充

情况，采用混凝土、浆砌片石或干砌片石进行回填封闭，并根据现场地质情况决定是否需要加深边墙基础，以防发生坍塌事故。

（4）在暗河、溶洞多且地下水丰富的岩溶隧道，尤其是当工区为反坡施工时，施工过程中发生涌水、突泥的可能性很大，应提前制定好灾害预防措施和灾害补救方案，施工前配备足够的应急救援设备。

（5）在施工中应该加强对邻近暗河、溶洞等危险地段的地质预报和管棚支护降低隧道涌水、突泥事故发生的可能性。

（6）近距离穿越含水岩溶构造时，应分步开挖，同时进行弱爆破施工减小对防突岩层的扰动、破坏，确保防突岩层的稳定，以规避施工时发生涌水灾害。

（7）隧道施工过程中可溶岩与非可溶岩界面、断裂构造带、陡倾褶皱构造核部等部位易发生涌水、突泥灾害。通过对岩溶涌水特征的分析，对连通型溶腔，应避开雨季施工；对未连通型溶洞，则不受季节限制。

（8）当隧道与地表水存在水力联系时，为防止地表水增加使隧道受压增大，溶洞处理和施工应该选择在旱季进行。

（9）采用台阶法施工时，上台阶开挖前，先进行超前支护施工，保证施工质量，保障施工安全；上下台阶开挖施工时，严格控制循环进尺，采用短进尺、弱爆破、多循环的方案；支护施工紧跟开挖，拱部及边墙在开挖后及时进行，确保施工安全；上、下台阶开挖支护完成后，根据监测情况适时安排衬砌施工，确保安全；下台阶开挖时，留设边墙马口，开挖分侧进行，单侧超前不少于 10 m。

（10）在爆破钻孔作业前，必须探明开挖工作面前方一定范围内的地质情况，避免因为对爆破后的隧道地质情况缺乏正确的了解而发生涌水、塌方等事故，造成人员和机械被水冲毁或者被埋压等事故；爆破起爆前应确保爆破区内无关人员和机械全部撤离到安全地带，防止爆破产生的飞石、气流对人体造成伤害或对机械造成损伤。

（11）隧道进行爆破开挖时，严格控制开挖进尺，减少围岩位移，采取多打孔、打浅孔、小药量爆破，减少对围岩的扰动，确保隧道开挖稳步推进。

（12）施工前，应了解隧道区域范围内地表水、出水地点的情况，有条件时采取地表注浆等措施对地表进行必要的处理，防止施工过程中发生突泥、涌水事故。

（13）当隧道只有一侧遇到溶洞时，应先开挖该侧，待支护完成后再开挖另一侧。

（14）施工中必须检查溶洞顶板，及时处理危石。当溶洞较大较高时，应采取高处作业的安全措施。

（15）溶洞处理应根据设计文件要求，结合现场实际情况，采取下列引排水、填堵、跨越、绕行等措施：

① 当溶洞（图 8.2-1）有水流时，在查明水源流向及其与隧道位置关系后，应采用钻孔排水降压方式处理。排水降压应留有足够厚度的隔水岩盘，确保安全。

② 对已停止发育、跨径较小、无水的溶洞，应根据其与隧道相交的位置及充填情况，采用混凝土、浆砌片石等材料封堵。拱顶以上的空溶洞应采用喷锚支护加固，或加设护拱并对空腔回填处理。

③ 当溶洞较大较深时，可根据实际情况采用跨越方式处理。

图 8.2-1　溶洞

　　④ 当溶洞较大较深且短期处理难度很大时，可采用迂回导坑绕过溶洞区，继续进行隧道施工，在不影响正常施工的情况下再处理溶洞。

　　（16）岩溶地区隧道的初期支护和二次衬砌应根据溶洞情况予以加强。二次衬砌施工前应重点检查拱部、底板、侧边墙一定范围内是否存在有害空洞，并采取措施处理，保证工程质量。

　　（17）杜绝不进行超前地质预报的不安全行为。

　　（18）在溶洞充填体中掘进前，现场盯控进行注浆加固。

　　（19）杜绝长进尺，大药量爆破的不安全行为。

　　（20）当隧道只有一侧遇到溶洞时，现场盯控确保作业人员先开挖溶洞这一侧。

　　（21）施工中严防忽略溶洞顶板危石的不安全行为。

　　（22）二次衬砌施工前，认真细致检查处理拱部底板侧边墙范围内的有害空洞。

二、富水软弱破碎围岩隧道施工安全技术与风险控制

　　（1）隧道施工前，必须根据地质条件、埋深及地下水情况，选用地表注浆、超前帷幕注浆降低地下水位等技术措施进行处理，评估达到要求后方可开挖。

　　（2）在隧道掘进过程中如果遇到承压水地段，可以在衬砌背后修建排水管道，管道需顺畅地连接排水沟，防止地下水在衬砌背后聚集对衬砌形成压力导致衬砌坍塌引发事故；若不容许衬砌排水，可以修建抗水压衬砌，保证衬砌不致坍塌、漏水。

　　（3）隧道施工过程中，一旦发现浑水、携带泥沙、顶钻、高压喷水、水量突然增大等异常情况，应立即停止施工，进行紧急排水处理并寻找原因，及时采取措施控制出水量。

　　（4）为保证隧道开挖过程中工作面的稳定不坍塌，可进行超前支护。超前支护的类型有：

　　① 悬吊式超前锚杆：在爆破前，将超前锚杆或小钢管打入掘进前方稳定岩层内，末端支撑在拱部围岩内专为超前锚杆提供支点的径向悬吊锚杆上，或支撑在作为支护的结构锚杆上，使其约束、支护掘进进尺范围内顶拱部上方，从而使围岩在爆破后不发生松弛坍塌。进行悬吊式超前支护时，应当对悬吊锚杆和结构锚杆进行质量检测，

确保支护结构强度达到设计要求，避免施工过程中坍塌掉落；对焊接的锚杆和钢管进行焊接检测，避免支护过程中开裂折断，导致坍塌事故。

② 格栅拱支撑超前锚杆：将超前锚杆或小钢管的末端支撑在格栅拱支撑上，保证围岩的稳定性。格栅拱支撑超前支护时，要确保架设质量和拱脚处的地基有足够的承载力，避免格栅拱倒塌。

③ 超前管棚法（图 8.2-2）：使用外径为 40 mm、80 mm、108 mm 或其他直径的无缝或普通焊接钢管插入围岩，一般在软弱的地层可直接顶入或借助机械如凿岩机、液压钻将管顶入末端开挖的地层中。

④ 超前小导管预注浆法（图 8.2-3）：将钢管前端作成尖状在管前部 2.5～4 m 按梅花形布置，钻好直径为 6 mm 的注浆孔，以便钢管进入岩层后对岩层进行预注浆。

（5）隧道施工时应按设计及时施作初期支护，加强初期支护的强度，尽早闭合成环。

（6）建立有效的监控体系，及时埋设监控量测点，并取得基准值，按要求开展监控测量，及时根据量测结果，评价支护的可靠性和围岩的稳定性，调整支护参数，确保施工安全。

（7）衬砌背后的排水盲管（沟）必须顺畅地连接到隧道排水沟防止地下水在衬砌背后积聚对其形成压力。

图 8.2-2　超前管棚施工

图 8.2-3　超前小导管施工

（8）洞内涌水对周边环境影响较大时，宜采用注浆堵水措施。当隧道埋深在 20 m 以内时，可采用地表注浆；当隧道埋深超过 20 m 时，宜采用开挖工作面预注浆。

（9）隧道施工前，严防不进行注浆加固、降低水位等不安全行为。

（10）施工过程中发现异常时，杜绝不立即停工处理的不安全行为。

（11）严防监控体系失效的不安全状态。

（12）杜绝对衬砌背后的排水盲管（沟）不作顺畅导流的不安全行为。

（13）超前支护时，杜绝正对构件的不安全行为。

三、风积沙和含水砂层隧道施工安全技术与风险控制

（1）隧道通过含水砂层时，应将防水工作放在首位，可采用注浆、冻结等方法排

水。注浆过程中，每一循环结束后应采取一定手段检验注浆效果，确保达到一定支护强度后方可开始进行下一循环，避免围岩掉落甚至坍塌造成人员和机械被埋压事故。

（2）风积沙和含水砂层隧道的开挖应符合下列规定：

① 风积沙层隧道开挖应遵循"先加固、后开挖"的原则；含水砂层隧道开挖应遵循"先治水、后开挖"的原则。

② 风积沙和含水砂层隧道根据其断面大小，应采用交叉中隔壁法、中隔壁法或台阶法开挖，并应严格控制一次循环进尺长度。

③ 开挖时应及时监测拱部支护的实际下沉量，当预留变形量过大或不足时，应及时调整。

（3）风积沙和含水砂层隧道的支护应符合下列规定：

① 可采用注浆方法固结砂层，以插板作超前支护，也可采用密排超前小导管法和超前大管棚法。密排超前小导管法适用于对地表沉降无严格要求或部分洞身穿越风积沙层的隧道。超前大管棚法适用于对地表沉降无严格要求的风积沙层隧道拱部。

② 支护应及时，边挖边喷射混凝土封闭，遇缝必堵，严防砂粒从支护缝隙中漏出。

（4）含水砂层开挖地段，应采用排水管或其他设施将水引至已做二次衬砌地段排出洞外。排水时，应采取过滤措施，防止砂粒被排走引起隧道坍塌。

（5）风积沙和含水砂层隧道的二次衬砌应及早施作。

（6）风积沙层隧道施工中严防开挖前未进行加固的不安全行为。

（7）含水砂层隧道施工中，严防开挖前未治水的不安全行为。

（8）杜绝任由砂粒从支护缝隙中漏出的不安全状态。

（9）杜绝排水无过滤措施的不安全状态。

四、岩爆隧道施工安全技术与风险控制

（1）隧道施工中可能发生岩爆时，应对开挖工作面前方的围岩特性、水文地质情况等进行预测、预报。

（2）中等以上岩爆隧道，应选择以机械作业为主的施工方案，采用凿岩台车（图8.2-4）钻孔，用机械手喷射混凝土（图8.2-5）。

图 8.2-4　凿岩台车　　　　　图 8.2-5　机械手喷射混凝土

（3）施工机械重要部位应加装防护钢板，避免岩爆弹射出的岩块伤及作业人员或砸坏施工设备。

（4）中等岩爆地段，应在隧道开挖断面轮廓线外 10～15 cm 的边墙及部钻设注水孔，并向孔内灌高压水，软化围岩，加快围岩内部的应力释放。

（5）强烈岩爆地段，应采用即时受力锚杆，同时挂设钢筋网或柔性防护网，防止岩爆落石应在开挖工作面上钻应力释放孔或掘进小导洞，使岩层中的高地应力部分释放，再进行隧道的开挖；应采用超前锚杆预支护，锁定开挖面前方的围岩。

（6）岩爆隧道的施工应符合下列规定：

① 开挖循环进尺应根据岩爆地段的具体情况控制，并不应过大。

② 采用光面爆破或预裂爆破技术，使隧道周壁圆顺，降低岩爆发生的强度。

③ 采用机械手进行网喷纤维混凝土，机械手喷混凝土见图 8.2-6。

④ 在拱部及边墙布置预防岩爆的短锚，锚杆长度为 2 m 左右，间距为 0.5～1.0 m，挂网喷射纤维混凝土。

（7）隧道施工中，一旦发生岩爆，应立即采取下列处理措施：

① 停机待避，待检查确认安全后进行开挖工作面的观察记录，如岩爆的位置、强度、类型、数量以及山鸣等。

② 增设摩擦式锚杆（不能替代系统锚杆），锚杆应装垫板。

③ 及时增喷纤维混凝土，厚度宜为 5～8 cm。

（8）严防未及时施作即时受力锚杆、未及时挂设钢筋网或柔性防护网的不安全行为。

（9）杜绝不采用控制爆破（须采用光面爆破或预裂爆破技术）的不安全行为，杜绝装药量过大的不安全行为。

（10）人工喷射混凝土（图 8.2-7）时，杜绝人身安全防护措施不到位的不安全状态。

（11）严防施工机械重要部位无防护钢板的不安全状态。

图 8.2-6　机械手喷混凝土

图 8.2-7　人工喷射混凝土

五、膨胀性和挤压性围岩隧道施工安全技术与风险控制

1. 地表水的安全处理与施工用水管理

（1）膨胀性围岩浅埋地段，对于地表低洼积水处，应先采取充填黏土隔水，并形

成流水坡等措施处理，快速排走地表水。

（2）膨胀性和挤压性围岩隧道施工时，应控制施工用水，加强施工用水管理，防止岩面被水浸泡。

2. 开挖安全要求

（1）应采用机械、人工等非爆破开挖方式，减少对围岩的扰动。

（2）采用钻爆法开挖时，应控制开挖循环进尺和炸药用量，同时应确保开挖断面轮廓圆顺。

（3）开挖后应及时进行支护，封闭暴露的岩体，施作临时仰拱或横撑，支护应尽早封闭成环。

3. 支护安全要求

（1）根据具体情况加大 20～30 cm 的预留变形量，避免因侵入限界而造成初期支护的拆除。

（2）初期支护应做到"先放后抗、先柔后刚"，并可分层施作、逐层加强。

（3）膨胀性围岩隧道开挖后应尽快初喷混凝土封闭岩面，控制含水量发生大的变化。

（4）应加强初期支护，采用喷纤维混凝土、长锚杆和钢架组合的支护结构。初期支护应与围岩密贴，保证初期支护与围岩同步受力和变形。

4. 风险控制

（1）严防支护不及时、未及时封闭成环的不安全行为。

（2）杜绝爆破开挖的不安全行为。

（3）杜绝施工用水浸泡岩面的不安全状态。

六、黄土隧道施工安全技术与风险控制

1. 水的处理

（1）洞口水处理。

① 进洞前应按设计做好洞顶、洞门及洞口的防排水系统，排水沟应进行铺砌，防止地表水下渗。

② 洞门施工应在雨季前完成。

（2）地表降水。

① 对地表冲沟、陷穴，裂缝等应采取回填夯实、填土反压、改变地表水径流等措施，将水排至隧道范围以外。

② 洞口浅埋段地表冲沟、陷穴、裂缝等，对水的处理除应采用上述方法外，还应用砂浆抹面避免水流下渗影响结构安全。

③ 根据情况采用井点降水等措施将地下水位降至隧道仰拱底部以下 1.5 m，确保施工顺利进行。

（3）地下水洞内处理。

地层含水量大时，上、下台阶开挖工作面附近应开挖横向水沟，并采用管、槽将水引至隧道中部纵向排水沟排出洞外，避免浸泡拱脚。

（4）洞内施工用水管理。

应控制施工用水初期支护喷混凝土和二次衬砌混凝土均应采用喷雾器喷雾养护取代洒水养护，避免混凝土泌水浸泡黄土隧道基底。

2. 开挖控制

（1）黄土隧道应采用机械和人工配合的开挖方式，不应采用钻爆开挖方式。

（2）根据隧道断面、地质情况应采用台阶法或分部法开挖。

（3）在半岩半土层的隧道爆破时应对拱脚进行加固，同时控制炸药用量，减小爆破对围岩和拱部初期支护的扰动，防止塌方和掉拱。

（4）墙脚、拱脚等隅角处应预留 30 cm 用人工开挖，严禁超挖。

（5）根据不同围岩级别，开挖循环进尺应控制在 0.5～1.5 m。

（6）湿陷性黄土隧道基底可采用树根桩、灰土挤密桩、注浆、换填等处理措施。

（7）施工中当发现涌水、异常变形等不安全因素时，应暂停开挖，加强临时支护，调整施工方案。

3. 初支与衬砌

（1）施工中要特别注意观察垂直节理，必要时应采取措施，防止塌方事故发生。

（2）开挖后应立即对隧道周壁及开挖工作面进行喷射混凝土封闭，并及时施作锚杆、钢筋网及钢架。

（3）应在拱脚设置测点，监测拱脚下沉的状态，并在钢架基脚或分部开挖基脚等处设置注浆锁脚锚杆（管），以及设置垫板或采用大拱脚控制钢架沉降和塌方事故的发生。

（4）锚杆施工应采用煤矿螺旋钻成孔。锚杆应采用药包式或早强砂浆式，各种锚杆必须设置垫板。

（5）临时支护应根据监控量测情况拆除，一次拆除长度不得大于 15 m。

（6）杜绝防水不严、排水不当等不安全状态。

（7）严防钻爆法开挖的不安全行为。

（8）杜绝机械开挖墙脚、拱脚等隅角处的不安全行为。

（9）加强垂直节理的观察，分析拱顶坍塌的可能性，及时采取措施。杜绝忽视垂直节理分析处理工作的不安全行为。

七、高原冻土隧道施工安全技术与风险控制

1. 洞口施工

（1）高原冻土隧道洞口段，应根据季节温度的变化进行保温施工，并宜安排在非冻季节施工。

（2）洞口边/仰坡的开挖应遵循"快开挖、快防护"的原则，力求缩短边/仰坡的暴露时间。

2. 洞身开挖

（1）温暖季节，为避免冻融，洞身施工应采取空气调节措施，降低洞内环境温度。开挖爆破后，应尽快喷射混凝土封闭围岩表面，控制围岩表层融化。

（2）高原冻土隧道施工应加快模筑混凝土衬砌速度，确保模筑混凝土衬砌紧跟开挖工作面。

（3）高原冻土隧道施工应采取有效的防排水措施，防止高寒隧道冻胀破坏。

3. 通风与供氧

（1）在隧道施工时，必须根据高原的实际情况，采取合理的通风及供氧方式选择合适的通风及供氧设备，保证隧道施工人员的健康与安全。

（2）洞口段施工时，杜绝保温措施不到位的不安全状态。

（3）杜绝不及时封闭围岩表面的不安全行为。

（4）高寒隧道（图 8.2-8）施工时，清查排除排水不良的不安全状态。

图 8.2-8　高寒隧道

第九章 斜井和竖井施工

第一节 安全风险分析

一、斜井

相比于隧道的正洞施工安全风险，斜井施工的安全风险主要体现在：

（1）如果斜井与正洞连接处的专项施工技术方案不合理，可能造成隧道坍塌。

（2）对于富水长大斜井，若抽排水专项技术方案不合理或抽排水设备配置不足，可能造成掌子面积水甚至发生施工人员淹溺事故，隧道涌水如图 9.1-1。

（3）若斜井运输中车辆超速、超载、超限，可能发生车辆伤害。

（4）斜井与正洞交叉口处若无专人指挥，无反光警示镜，可能发生交通事故或车辆伤害。

（5）若照明不良，可能引发交通事故、车辆伤害、机械伤害、触电伤害等。

（6）作业平台若制动不良或制动装置失效，可能因坡度大使平台移动造成高处坠落伤害或物体打击伤害。

（7）如果斜井提升设备未按规定装设保险装置或斜井钢丝绳失效，可能导致车辆碰撞损毁甚至严重的人员伤亡事故。

（8）斜井施工中，如果施工人员乘坐斗车、矿车，可能造成车辆伤害。

图 9.1-1　隧道涌水

二、竖井

相比于隧道的正洞施工安全风险，竖井井施工的安全风险主要体现在：

（1）对于竖井，若抽排水专项技术方案不合理或抽排水设备配置不足，可能造成掌子面积水，甚至发生施工人员淹溺事故。

（2）在无升降人员和物料进出时，若井盖处于打开状态、井口无栅栏，可能造成人员意外坠入。

（3）井架天轮棚如果无避雷装置，可能导致雷击伤害，避雷装置如图9.1-2。

（4）掘进过程中若违章爆破作业，可能导致爆炸伤害。

（5）提升机械若超负荷运行，可能导致起重伤害。

（6）若用装有物料的吊桶载人，可能导致高处坠落伤害，竖井安全吊装如图9.1-3。

（7）若竖井运输中车辆超速、超载、超限，可能导致车辆伤害。

图 9.1-2　井架天轮棚避雷装置

图 9.1-3　竖井安全吊装

第二节　安全技术措施

一、斜　井

（一）水的处理

（1）斜井井口周边的截水、排水系统和防冲刷设施应在开挖前妥善规划，尽早完成。斜井洞门应及早施作。

（2）斜井施工（图9.2-1）应根据斜井出水量进行抽排水设计，配置满足抽排水需要的各种设施和设备。长大斜井应制定专项抽排水设计方案及应急预案，方案应经有关单位评审。

（3）斜井废弃时应按要求做好排水、加固，并采取安全防护措施。

图 9.2-1　斜井施工

图 9.2-2　斜井通风

（二）开　挖

（1）斜井的边/仰坡开挖不应采用大开挖、大爆破，开挖坡面应及时进行防护，坡面有危石时应进行清除或防护。

（2）斜井与正洞连接处的施工必须编制专项施工方案，有针对性地制定安全技术措施，按程序报批后方可实施。

（3）斜井与正洞连接处在开挖前应检查围岩稳定情况，必要时采取超前预加固措施。开挖后，应及时支护和监控量测，围岩稳定性差时应及早施作二次衬砌。

（三）掘　进

（1）长大斜井应配备双电源和双管路，并保证在系统电源断电后立即切换到备用电源上。

（2）隧道运输应建立统一的运输调度管理制度，并由专人负责。在斜井与正洞交叉口处应设专人指挥，并设置反光警示镜及限速标志。

（3）斜井施工应加强施工照明和施工通风管理（图 9.2-2），保证洞内视线和通风效果良好。

（4）斜井掘进应符合下列规定：

① 斜井安装初期支护钢架时，必须按设计要求进行，并在安装过程中采取专门稳固钢架的措施。

② 各种作业平台必须配有制动装置，就位后应进一步采取加固措施，防止作业过程中顺坡溜滑。

（四）运　输

1. 斜井无轨运输

（1）道路。

① 长及特长隧道综合坡率不应大于 10%，并应每隔一定距离设长度不小于 30 m 的平坡段。

② 单车道的斜井，每隔一定距离应设置一处会车道，其长度应满足安全行车要求。

③ 斜井内运输道路必须硬化，并采取防滑措施。

（2）限速。

斜井无轨运输车辆必须限速行驶，进洞重车不得大于 8 km/h，轻车不得大于 15 km/h；出洞爬坡不得大于 20 km/h。

（3）设施与标志。

① 洞外距离洞口一定位置应设限高标志，洞内各种作业平台必须满足最小行车限界要求，并设置明显的警示标志。

② 在洞内的集水坑、变压器、紧急避险处应设置防撞隔离栏和闪光红灯警示标志。

③ 洞内通道一侧每隔一定距离应设置一处防撞安全岛，安全岛内应设有废轮胎防撞墙，作为车辆制动失灵时的安全应对措施。

（4）运输车辆。

运输车辆（如图 9.2-3 所示无轨重载运渣车）投入使用前应进行检查，符合要求方可进洞作业；施工作业中，项目部安全主管部门每月应进行不少于 1 次的抽查；驾驶员应每天对车辆进行自检，确保车况良好。

2. 斜井有轨运输

（1）安全设施。

① 井口必须设置挡车器（图 9.2-4），并设专人管理；斜井长度超过 100 m 时，应在井口下 20 m 和接近井底 60 m 处设置第二道挡车器；长大斜井应每隔 100 m 和接近井底时在轨道上设置防溜车装置。

② 斜井有轨运输时，井身每隔 30～50 m 应设置躲避洞，井底停车场应设避车洞，井底附固定设备应设置在专用洞室内。

图 9.2-3　无轨重载运渣车

图 9.2-4　有轨运输挡车器

（2）钢丝绳。

① 提升用的钢丝绳必须每天检查 1 次，每隔 6 个月检验 1 次。

② 钢丝绳的安全系数和检验要求可参照《起重机械安全规程》的规定。

③ 钢丝绳的钢丝有变黑、锈皮、点蚀麻坑等损伤时，不得用于升降人员。钢丝绳锈蚀严重，点蚀麻坑形成沟纹，外层钢丝松动时，必须更换。

（3）运输组织。

① 斜井口、井下及卷扬机之间应有联络信号。

② 提升、下放与停留应有明确的色灯和音响等信号规定。

③ 斜井中牵引运输速度不得大于 5 m/s，接近洞口与井底时不得大于 2 m/s，升降加速度不得大于 0.5 m/s²。

（4）斜井施工中严禁人员乘坐斗车、矿车。

（5）当斜井的垂直深度超过 50 m 时，应配备运送人员的车辆，其使用应遵守下列规定：

① 运送人员的车辆必须有顶盖，并装有可靠的防坠器；当断绳时能自动发生作用，同时也能用手操纵。

② 运送人员的列车必须设车长跟随，车长坐在行车前方的第一辆车的最前排座位上，手动防溜车装置必须装在车长座位处。

③ 每班运送人员前，必须检查车辆的连接装置、保险链及防坠器。运送人员前，应先放一次空车，检查斜井和轨道的安全状况。

④ 运送人员的车辆不得超过定员，乘车人员所携带的工具不得超出车厢。

⑤ 运送人员的车辆中必须装有向卷扬机司机发送紧急信号的装置。

⑥ 斜井无轨运输，洞外距离洞口一定位置应设限高设施，如图 9.2-5。如洞内各种作业平台必须满足最小行车限界要求，并设置明显的警示标志。

3. 保险装置

（1）提升装置必须装设下列保险装置：

① 防止过卷装置，当提升容器超过正常卸载位置 0.5 m 时，必须能自动断电，并能使保险闸发生作用。

② 防止过速装置，当提升速度超过最大速度 15%时，必须能自动断电，并能使保险闸发生作用。

③ 当提升速度超过 3 m/s 时，必须装设限速器，保证提升容器到达终端停止位置前的速度不大于 2 m/s。

④ 提升卷扬机必须装设深度指示器、开始减速时能自动示警的警铃及司机无须离座即能操纵的常用闸和保险闸，如图 9.2-6。

图 9.2-5　斜井无轨运输限高设施

图 9.2-6　提升卷扬机及深度显示器

⑤ 斜井施工涉及的工种主要有开挖工、电工、电焊工、钢筋工、混凝土工、防水工、测量工、管道工、爆破作业人员、设备操作司机等，其中电工、电焊工、爆破作业人员及提升设备操作司机等特种作业人员必须持证上岗。

⑥ 斜井内应进行通风、喷水降尘和降温，作业前进行有毒有害气体检测，空气质量符合要求后，方可进入工作面。

⑦ 做好斜井洞口截水设施（图 9.2-7）和排水系统，配备足够抽排水设备加强排水。斜井井口截排水措施。

（五）施　工

（1）施工要求开挖前应检查围岩稳定情况，必要时采取超前预加固措施；开挖后应及时支护，观测围岩和初支变形情况，围岩差时应及早施作二次衬砌。

（2）必须满足最小行车限界要求，并设置明显的警示标志。

（3）作业人员应走行人通道（图9.2-8）或人行步梯，注意过往车辆，及时避让。

（4）做好超前地质预报工作，遇有探孔涌水、涌泥、渗水增大和围岩整体性变差等现象及时撤离并上报处理。

图9.2-7　斜井洞口截水设施

图9.2-8　隧道人行道

（5）开挖前应检查围岩稳定情况，必要时采取超前预加固措施；开挖后应及时支护，观测围岩和初支变形情况，围岩差时应及早施作二次衬砌。当工作面附近或未衬砌地段发现落石、支撑发响、大量涌水时，施工人员应立即撤出并外，并报告处理。

（6）斜井安装初期支护钢架时，必须按设计要求进行，在安装过程中采取专门稳固钢架的措施。

（7）各种作业台架必须配有制动装置，就位后应进一步采取加固措施，防止作业过程中顺坡溜滑。

（8）斜井内运输道路必须硬化，并采取防滑措施，应有足够的照明。

（9）长及特长隧道无轨运输综合纵坡不应大于10%，每隔一定距离设长度不小于30 m的平坡段。

（10）斜井单车道无轨运输，每隔一定距离应设置一处会车洞，其长度应满足安全行车要求。斜井会车洞。

（11）在洞内的集水坑、变压器、紧急避险处应设置防撞隔离栏和闪光红灯警示标志。

（12）斜井与正洞交叉口处应设置安全警示标识和凸面镜，车辆通行时应设专人指挥。

（13）隧道运输应建立统一的运输调车管理制度，由专人负责，在斜井与正洞交叉口处应设专人指挥。

（14）驾驶员应每天对运输车辆进行检查，确保车况良好。

（15）斜井机械车辆的制动器、喇叭、灯光、连接装置良好，无轨运输车辆必须限速行驶。

（16）运输斗车之间、斗车和钢丝绳之间应有可靠的连接装置，并加保险绳。在斗车、钢丝绳或车钩上，要有防脱钩设备。

（17）斜井提升设备必须装设防过卷、防过速、限速器、深度指示器等保险装置的作用见表 9.2-1。

表 9.2-1　提升设备保险装置作用

保险装置名称	作　用
防过卷装置	当提升容器超过正常卸载位置 0.5 m 时能自动断电，并能使保险闸发生作用
防过速装置	当提升速度超过最大速度 15% 时能自动断电，并能使保险闸发生作用
限速器	当提升速度超过 3 m/s 时必须安装，保证提升容器到达终端停止位置前的速度不大于 2 m/s
深度指示器	提升开始减速时警铃能自动示警，司机不须离座即能操纵常用闸和保险闸

二、竖　井

（一）水的处理

（1）竖井井口周边的截水、排水系统和防冲刷设施应在开挖前妥善规划，尽早完成。竖井锁口圈应及早施作。

（2）竖井建井期间，如果裂隙水较发育，影响作业人员安全，应采用周边帷幕注浆止水；在有少量裂隙水时，应随竖井的施工开挖在井底设集水坑，采用小型抽水机将水抽入吊桶排至井外。

（3）竖井使用期间，正洞裂隙水及施工废水应排入井底水仓，由井底抽水机排出。

（4）竖井废弃时应按要求做好排水、加固，并采取安全防护措施。

（二）掘　进

（1）竖井的边/仰坡开挖不应采用大开挖、大爆破，开挖坡面应及时进行防护，坡面有危石时应进行清除或防护。

（2）竖井与正洞连接处的施工必须编制专项施工方案，有针对性地制定安全技术措施，按程序报批后方可实施。

（3）竖井与正洞连接处在开挖前应检查围岩稳定情况，必要时采取超前预加固措施。开挖后，应及时支护和监控量测，围岩稳定性差时应及早施作二次衬砌。

（4）竖井钻孔结束后，应将钻孔机具提升出井外，防止爆破损坏钻孔机具。

（5）竖井每次爆破后，应有专人清除危石和掉落在井圈上的石渣，并检查初期支护和临时支撑有无受损，清理完后方可正常工作。

（6）爆破作业时，应设置警戒区域，人员听从指挥，撤离到井外安全距离，雷雨天气禁止进行爆破作业。

（7）竖井掘进每次爆破后，应有专人清除危石和掉落在井圈上的石渣，检查初期支护和临时支撑有无受损，清理完后方可正常工作。

（8）当竖井工作面附近或未衬砌地段发现落石、支撑发响、大量涌水时，施工人员应立即撤出井外，并报告处理。

（三）井口设施

（1）井口的锁口圈应配置井盖，只有在升降人员和物料进出时，井盖方可打开。

（2）井口应设防雨设施，通向井口的轨道应设阻车器。

（3）井口周围应设置安全栅栏和安全门（图9.2-9），安全栅栏的高度不应小于1.2 m。

图 9.2-9　竖井安全栅栏

（4）井口、井底、绞车房和工作吊盘间均应有联络信号，并有专人负责，必要时应装设直通电话。

（5）竖井井架天轮棚必须安装避雷针，井架脚必须安装接地线。

（6）竖井提升机械的使用应符合下列规定：

① 提升机械安装完毕后必须经具有专业资质的检测机构验收合格，并出具安全检验合格证书，方可投入使用。

② 提升机械不得超负荷运行，并应有深度指示器和防止过卷、过速等保险装置，以及限速器和松绳信号等。

③ 工作吊盘的载重量不得超过吊盘的设计载重能力。

④ 提升用的钢丝绳和各种悬挂使用的钩、链、环、螺栓等连接装置，应具有规定的安全系数，使用前应检验合格后方可安装，使用中应定期检查、维修和更换。

（四）竖向运输

1. 吊桶升降

竖井采用吊桶升降（图9.2-10）人员和物料时，应遵守下列规定：

（1）吊桶必须沿钢丝绳轨道升降，保证吊桶不碰撞岩壁。

（2）运送人员及物料的速度不得超过有关规定。

（3）提升钢丝绳应与吊桶连接牢固，不得自动脱钩。

（4）吊桶上方必须设置保护伞。

（5）不得在吊桶边缘上坐立，乘坐人员身体的任何部位不得超出桶沿。

（6）吊桶不准超载，装有物料的吊桶不得乘人。

2. 罐笼升降

竖井采用罐笼升降（图 9.2-11）人员和物料时，应遵守下列规定：

图 9.2-10　吊桶升降安全施工　　　　　　图 9.2-11　罐笼装置

（1）罐顶应设置可打开的铁盖或铁门，罐底必须满铺钢板，并不得有孔。

（2）罐笼一次容纳人数和最大载重量应明确规定，并在井口公布。

（3）罐笼升降速度不得大于 3 m/s，加速度不得大于 0.25 m/s²。

（4）罐笼、钢丝绳、卷扬机各部及其连接处，必须设专人检查，发现钢丝绳有损、罐道和罐耳间磨损度超过规定等，必须立即更换。

（5）升降人员或物料的单绳提升罐笼必须设置可靠的防坠器。

（6）罐笼升降作业时，其下方不得停留人员。

（五）施　工

（1）竖井施工涉及的工种有开挖工、电工、电焊工、钢筋工、混凝土工、防水工、测量工、管道工、爆破作业人员、设备操作司机等，其中电工、电焊工、爆破作业人员及提升设备操作司机等特种作业人员必须持证上岗。

（2）当发现落石、支护结构变形、支撑发响、大量涌水时，施工人员应立即撤出井外，并报告处理。

（3）竖井应及早施作锁口圈（图 9.2-12）和井口周边的截水、排水系统，防止落石和地表水渗入井内。

（4）竖井施工裂隙水较发育，影响作业人员安全，应采用周边帷幕注浆止水。

（5）竖井施工应根据出水量进行抽排水设计，配置满足抽排水需要的各种设施和设备。

（6）竖井井架天轮架（图 9.2-13）必须安装避雷针，井架脚必须安装接地线。

（7）提升机械安装完毕后必须经具有专业资质的检测机构验收合格，并出具安全检验合格证书后，方可投入使用。

图 9.2-12 竖井锁口圈安全施作

图 9.2-13 竖井井架天轮架

（8）提升用的钢丝绳和各种悬挂使用的钩、链、环、螺栓等连接装置，应具有规定的安全系数，使用前应检验合格后方可安装。使用中应定期检查、维修和更换。

（9）井口的锁口圈应配置井盖。只有在升降人员和物料进出时，井盖方可打开。

（10）井口应设防雨设施，井口周围应设置安全栅栏和安全门，安全栅栏的高度不应小于 1.2 m。

（11）竖井掘进施工过程中，作业人员每天下井作业前应先按有限空间作业的有关要求做好气体检测和通风，确认正常后才可下井。

（12）井口、井底、绞车房和工作吊盘间均应有联络信号，并有专人负责。必要时应装设直通电话。

（13）井内作业人数应严格按方案执行，严禁超员作业，人员下井时严禁携带与工作无关的物品。

（14）在竖井运输爆破器材，应遵守下列规定：

① 事先通知卷扬司机和信号工。

② 在上下班或人员集中的时间内，不应运输爆破器材。

③ 除爆破人员和信号工外，其他人员不应与爆破器材同罐乘坐。

④ 运送硝化甘油类炸药或雷管时，罐笼内只准放 1 层爆破器材料箱，不得滑动；运送其他类炸药时，炸药箱堆放的高度不得超过罐笼高度的 2/3。

⑤ 用罐笼运输硝化甘油类炸药或雷管时，升降速度不应超过 2 m/s；用吊桶或斜坡卷扬设备运输爆破器材时，速度不应超过 1 m/s；运输电雷管时应采取绝缘措施。

⑥ 爆破器材不应在井口房或井底车场停留。

⑦ 封模作业应由下至上安装，严禁上下重叠作业、攀爬模板上下。

⑧ 高处作业时，必须挂设安全带，禁止抛掷工具和零件，防止落物伤人。

⑨ 提升机械不得超负荷运行，并应有深度指示器和防止过卷、过速等保险装置以及限速器和松绳信号等。

⑩ 工作吊盘的载重质量不应超过吊盘的设计载重能力。提升吊桶所用钩头连接装置应牢固，不得自动脱钩，并应有缓转器。罐笼提升应设置可靠的防坠器。

⑪ 吊盘上堆放材料应均匀布置，避免集中堆载。

⑫ 导井法施工时井底应设置安全警戒区域，严禁无关人员及设备进入。

⑬ 火工品吊运时严禁炸药与雷管混装。

（15）竖井采用罐笼升降人员和物料时，应遵守下列规定：

① 抽水设备应采用双回路供电，并有可靠的切换装置，电缆应使用铠装电缆，抽水能力应大于排水量的 20% 以上，并配备足够的备用水泵。

② 排水管沿斜井敷设，应选用无缝钢管或焊接钢管，当压力大于 1 MPa 时，不应采用铸铁管。

③ 供风管、供水管安装前应进行检查，有裂纹、创伤、凹陷的管材不得使用。

④ 供风、供水系统使用过程中应设专人负责检查和维护，对漏风、漏水管路及闸阀等应及时进行修复或更换。

⑤ 用于模板连接的螺栓、对拉杆应经常检查，保证无松动，不得漏装、漏拧。

⑥ 井内应有足够的照明，使用 36 V 以下安全电压。

⑦ 竖井施工时应配备救生衣、救生圈等应急救援物资。

⑧ 竖井施工时配备必要的抽水机、排水管、通风管、木材等备用材料。

第一节　瓦斯隧道基本知识及安全风险

一、瓦斯概述及特性

瓦斯是指煤系地层内以甲烷为主的有毒有害气体的总称。瓦斯在煤系地层中以游离或者吸附状态存在。瓦斯对空气的相对密度是 0.554，在标准状态下瓦斯的密度为 0.716 kg/m³ 难溶于水，无色无味。瓦斯具有燃烧性和爆炸性，当瓦斯浓度达到 5% ~ 16%、引火温度达到 650 ~ 750 ℃（明火、电气火花、炽热的金属表面、吸烟、放炮、撞击等都能达到）、氧气含量大于 12% 时（隧道中要求空气氧含量不得低于 20%），就会引发瓦斯爆炸。

二、瓦斯隧道类型

（1）瓦斯工区的划分主要根据施工组织及瓦斯设防需要，经技术经济比较后确定。按瓦斯涌出量和瓦斯压力，《公路瓦斯隧道设计与施工技术规范》（JTG/T 3374—2020）中对瓦斯隧道工区分为 5 类：非瓦斯工区、微瓦斯工区、低瓦斯工区、高瓦斯工区、煤（岩）与瓦斯突出工区。当全工区未监测到瓦斯时为非瓦斯工区；当瓦斯涌出量小于 1.0 m³/min 时为微瓦斯工区；当瓦斯涌出量大于或等于 1.0 m³/min，小于 3.0 m³/min 时为低瓦斯工区；当瓦斯涌出量大于或等于 3.0 m³/min 时为高瓦斯工区。瓦斯隧道分类见表 10.1-1。

表 10.1-1　瓦斯隧道分类

瓦斯地层或瓦斯工区类别	绝对瓦斯涌出量 Q_{CH_4} /(m³/min)
非瓦斯	0
微瓦斯	$0 < Q_{CH_4} < 1.0$
低瓦斯	$1.0 \leqslant Q_{CH_4} < 3.0$
高瓦斯	$3.0 \leqslant Q_{CH_4}$

（2）瓦斯地层有下列情况之一的，应进行煤（岩）与瓦斯突出危险性鉴定，或直接认定为突出煤（岩）层：

① 有瓦斯动力现象的；

② 煤（岩）层瓦斯压力达到或超过 0.74 MPa 的；

③ 隧道穿越相邻矿井开采的同一煤（岩）层发生突出事故或被鉴定、认定为突出的。

（3）表 10.1-2 中指标全部达到或超过临界值的，应确定为突出煤（岩）层。

表 10.1-2　判定煤（岩）层突出危险性单项指标的临界值

判定指标	煤的破坏类型	瓦斯放散初速度	煤的坚固性系数	煤层瓦斯压力
有突出危险的临界值及范围	Ⅲ、Ⅳ、Ⅴ	$v_0 \geq 10$	$f \leq 0.5$	$P \geq 0.74$ MPa

（4）在瓦斯隧道掘进过程中，隧道内检测有瓦斯时，应结合地层的瓦斯赋存情况按照规范要求确定瓦斯工区类别。当施工区段内全部瓦斯地层穿越完毕，经检测并评定无瓦斯时，则后续施工区段为非瓦斯工区。两瓦斯地层间的非瓦斯地层段宜结合地层段长度、实测瓦斯情况、施工情况等确定瓦斯工区类别，瓦斯工区动态管理如图 10.1-1。

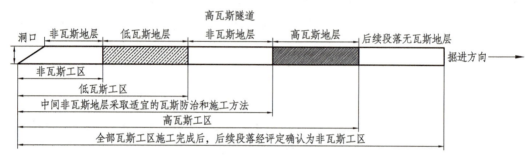

图 10.1-1　瓦斯工区动态管理示意

三、瓦斯隧道施工安全风险

（一）瓦斯爆炸

1. 瓦斯爆炸条件

（1）瓦斯浓度在 5%～16%。

瓦斯爆炸有一定的浓度范围，我们把在空气中瓦斯遇火后能引起爆炸的浓度范围称为瓦斯爆炸界限。瓦斯爆炸界限为 5%～16%。当瓦斯浓度低于 5% 时，遇火不爆炸，但能在火焰外围形成燃烧层；当瓦斯浓度为 9.5% 时，其爆炸威力最大（氧和瓦斯完全反应）；当瓦斯浓度在 16% 以上时，失去其爆炸性，但在空气中遇火仍会燃烧。

瓦斯爆炸界限并不是固定不变的，它还受温度、压力、煤尘、其他可燃性气体、稀有气体的混入等因素的影响。除瓦斯外，当煤质中挥发物占总可燃物（固定碳加挥发物）10% 以上，且形成的小颗粒煤尘悬浮在空气中，当空气中煤尘含量较多（30 g/m³ 以上），遇 700 ℃ 以上的火源，即会发生煤尘爆炸。因为煤尘爆炸会产生大量一氧化碳使人中毒，所以后果比瓦斯爆炸更严重。

（2）高温火源：0.28 MJ、650 ～ 750 ℃。

（3）氧气浓度：12%以上。

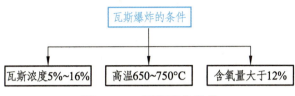

图 10.1-2 瓦斯爆炸条件

2. 瓦斯爆炸的危害

（1）冲击波：剧烈化学反应产生热量和高温，致使空气快速膨胀，形成空气冲击波，导致人员伤亡、设备损坏。

（2）高温：导致人员伤亡、设备损坏。

（3）释放有毒有害气体、窒息：主要是化学反应不充分产生的一氧化碳，导致人员中毒；因化学反应消耗空气中的氧气、空气中的氧气浓度下降导致人员窒息。

（二）瓦斯引起的窒息与中毒

1. 窒息事故产生的原因

甲烷本身无毒，但较高的浓度会降低空气中氧气的相对浓度。常规情况下，当空气中的氧浓度下降到17%时，人会感到喘息和呼吸困难；当下降到15%时，丧失劳动能力；当下降到10% ～ 12%时，会失去知觉，时间稍长有死亡危险。

2. 导致空气中氧气浓度下降的原因

（1）上坡隧道有瓦斯涌出，因未通风或通风不良，瓦斯涌出、积聚导致环境空间内氧气浓度下降。

（2）下坡隧道，因未通风或通风不良，二氧化碳等积聚导致氧气浓度下降。

（3）隧道有瓦斯涌出，因未通风或通风不良，瓦斯涌出、（局部）积聚导致氧气浓度下降。

（4）发生异常瓦斯涌出，如瓦斯喷出、煤与瓦斯突出、过煤层时因塌方引起的瓦斯异常涌出，由于瞬间瓦斯涌出量极大，在通风风量相对稳定的情况下，会出现瓦斯浓度高、氧气浓度下降。

3. 瓦斯隧道常见的有毒有害气体

隧道所穿地层、周边煤系地层、天然气、页岩气中含有毒有害气体，特别是隧道穿越煤层或隧道周边存在煤矿采空区，采空区积聚的有毒有害气体向隧道涌出。常见的一氧化碳、硫化氢、二氧化氮、二氧化硫、氨气等气体具有毒性，氡气具有放射性。在施工中应加强监测和施工通风，排出有害气体，控制浓度，预防中毒。

第二节　瓦斯隧道施工安全管理基本要求

一、瓦斯隧道安全管理制度

瓦斯隧道施工前，施工单位应根据瓦斯隧道的等级，编制相关安全管理制度，除一般隧道施工安全管理制度外，瓦斯隧道施工应包括表10.2-1相关制度。

表 10.2-1　瓦斯隧道施工相关安全管理制度一览

序号	制度名称	制度内容
1	瓦斯隧道进洞管理制度	明确瓦斯隧道进洞管理的部门及人员职责，明确进洞管理的范围和程序，明确进洞人员、设备的相关要求，以及处置措施等内容
2	瓦斯隧道停风报批制度	明确瓦斯隧道停风报批的程序、要求和责任，以确保瓦斯隧道施工安全，降低安全风险，保障人员生命财产安全
3	瓦斯隧道通风管理制度	明确瓦斯隧道通风的主体责任部门和责任人，瓦斯隧道通风风量、风速及相关设备等内容
4	瓦斯隐患排查治理制度	明确瓦斯隐患排查的范围、方法、人员责任，以及瓦斯隐患排查治理的监督、考核和改进措施
5	瓦斯巡回检查制度	明确瓦斯隧道巡回检查的计划、人员要求、检查位置，巡回检查的记录、检查情况报送程序及整改要求
6	瓦斯检查员交接班制度	明确瓦斯检测员现场交班的时间、具体交班的内容、交班的表格资料等内容
7	瓦斯检查员请示报告制度	规范瓦斯检查员的请示报告程序、内容、时间要求
8	瓦斯排放管理制度	规范瓦斯排放的管理责任、措施、程序和安全规定
9	瓦斯超限报告、处理、追查制度	明确瓦斯检测、监测超限报警的阈值，报警的流程、对应的处置措施等内容，以及超限追查的程序和结果处置程序
10	"一炮三检""三人连锁爆破"制度	明确"一炮三检""三人连锁爆破"的人员、责任、程序等
11	动火作业安全管理制度	明确瓦斯隧道动火作业的范围，动火作业的审批流程，动火作业的安全保障措施等内容
12	瓦斯隧道爆破安全管理制度	明确瓦斯隧道钻爆作业必须执行"一炮三检制"和"三人连锁放炮制"，明确隧道爆破过程前后检查的人员组成、检查的时间节点、检查的部位和判定的标准等内容。明确不同瓦斯工区采用的控制爆破或机械开挖技术。明确瓦斯工区爆破作业爆材的选用与管理，明确瓦斯隧道爆破安全作业的相关规程等内容
13	监控中心站管理制度	明确中心站人员、设备配置数量，机房日常管理，值班要求，故障处理与情况报送等
14	监测监控系统定期维护保养制度	明确监测监控系统维护周期，以及维护的主要工作
15	监测监控系统巡回检查制度	明确监测监控系统巡查人员、巡查频次、巡查内容，对巡查发现问题的处理及巡查情况的报送

续表

序号	制度名称	制度内容
16	监测监控系统设备安装、回收管理制度	明确监测监控系统安装、回收的要求及注意事项
17	监测传感器调校制度	明确监测传感器调校的主体责任、调校的范围以及调校的程序
18	瓦斯隧道临时用电管理制度	明确瓦斯隧道各瓦斯工区配电电压、机电设备额定电压等级，明确瓦斯隧道供电电路及设备的配置及连接组网要求，明确监控、通风、报警等设备设施用电接电方式，明确洞内照明供电与照明灯具的选用，明确瓦斯工区使用的防爆电气设备基本用电要求，明确临时用电管理的相关责任，临时用电方案的编制、审核、批准程序等内容
19	瓦斯隧道仪器设备管理制度	明确瓦斯隧道内仪器、设备的进入、使用等内容
20	瓦斯隧道超前地质预报管理制度	明确地质预报的主体单位，预报原则，地质预报的管理程序，地质预报报送的程序及处置方法
21	瓦斯隧道瓦斯检测、监测管理制度	明确瓦斯隧道检测、监测人员资格、工作程序、重点检测部位、检测的频次，以及数据的处理和上报时限等内容
22	高瓦斯隧道特殊工序管理制度	明确瓦斯隧道特殊工序类型，审批的程序，审批的权限和责任等内容
23	高瓦斯隧道防火防爆管理制度	明确瓦斯隧道对于火源的管理，对于隧道局部温度的控制、通风的控制，施工工序中防火、防爆的措施等内容
24	瓦斯隧道安全监控系统分级报警制度	明确监控系统分级报警标准，报警响应程序，报警解除的条件和程序，报警记录和处置办法
25	瓦斯日报审批制度	明确日报填写的主体责任，日报的主要内容，日报的报送程序以及日报的处置
26	瓦斯隧道贯通管理制度	明确适用的范围，贯通的注意事项及贯通管理的措施

二、安全培训和技术交底准备

1. 教育培训内容

瓦斯隧道施工过程中，应从思想上强化管理人员和作业人员对瓦斯隧道施工的安全认知，以此规范现场安全管理，并从作业行为上约束作业人员规范操作确保自身安全。教育培训内容应包括但不限于表 10.2-2 中的内容。

表 10.2-2　瓦斯隧道教育培训内容和要求

培训内容	培训要求
① 瓦斯的性质与危害 ② 防治瓦斯灾害知识 ③ 瓦斯隧道施工安全生产基础知识 ④ 瓦斯隧道施工专项方案 ⑤ 瓦斯隧道安全施工技术	按照工序、班组、作业内容等划分为若干单元，按照施工工艺流程有计划性地安排培训人员和培训内容，达到针对性强、适用效果好、人员安全素质提升快的目的。

续表

培训内容	培训要求
⑥ 瓦斯隧道施工工序、工艺流程 ⑦ 瓦斯隧道相关规章制度 ⑧ 各工种安全操作规程和技能 ⑨ 瓦斯隧道灾害的预防 ⑩ 安全保障措施 ⑪ 应急处置 ⑫ 应急救援与逃生	按照工序、班组、作业内容等划分为若干单元,按照施工工艺流程有计划性地安排培训人员和培训内容,达到针对性强、适用效果好、人员安全素质提升快的目的。

2. 培训形式及频率

在瓦斯隧道开工前必须对所有进洞从业人员进行培训教育,开工后根据施工进度及新入场作业人员因地制宜开展分班组的专题培训。培训形式和频率见表 10.2-3。

表 10.2-3　瓦斯隧道教育培训内容和要求

培训节点	参训人员	频次要求	培训要求
开工前	管理人员 所有进洞从业人员	至少 1 次	采用先进、新颖、普及性高、信息化的模式,如:多媒体工具箱、安全体验馆、VR 互动体验、微视频等
开工后	管理人员 所有进洞从业人员	培训频率根据施工进度进行调整,每月不得少于 1 次	
	新入场人员	进洞前必须参加培训	

3. 培训考核

施工单位应按要求对瓦斯隧道相关作业人员进行安全教育培训,培训结束后应对培训对象进行考核,经考试合格后统一发放《瓦斯隧道上岗证》,并将考试试卷及考试总结进行整理归档形成完整的教育培训档案资料。瓦斯检查员、爆破工、电工、焊工等特种作业人员必须经有资质的单位培训,经考核合格后持证上岗。

4. 技术交底

施工单位应按要求进行三级安全技术交底,经常性(动态)安全技术交底横向涵盖项目部内各职能部门,纵向延伸到施工班组全体作业人员,且交底内容必须具体、明确、有针对性。

表 10.2-4　安全技术交底要求

序号	交底类型	交底要求
1	项目部安全技术交底	工程开工前,由项目经理组织,项目技术负责人对各工区、各部门及项目全体员工进行瓦斯隧道施工总体安全技术交底
2	隧道工区安全技术交底	分部、分项工程施工前,由项目各施工工区长对所属作业面技术员、班组长进行的分部、分项工程安全技术交底
3	班组安全技术交底	负责作业面的现场技术员或班组长对劳务队、班组全体人员进行分工序、工种的安全技术措施交底

三、人员配备

（一）一般要求

（1）建设、监理、施工、第三方检测单位应分别设置专门针对瓦斯防治的安全生产管理机构和专职专业人员，相关人员进行瓦斯隧道施工专项技术与安全培训，并经考核合格后上岗。

（2）瓦斯隧道开工前，各参建单位应按照相关要求配齐瓦斯检查员、爆破员、电工、焊工等特种作业人员，必须按国家有关规定经有资质的单位培训、考核合格后持证上岗，在有煤（岩）与瓦斯突出危险区段，还应配备专职防突员。

（二）施工单位人员配备

1. 瓦斯隧道安全生产管理机构

隧道施工单位必须成立专门的瓦斯隧道安全生产管理机构（图 10.2-1），明确各岗位职责，落实管理责任，具体负责隧道施工期间的施工策划规划、施工组织、安全条件确认、安全投入、安全培训交底、双预防过程管控、通风与监控监测检测、应急管理等所有工作。宜配备通风专业工程师、监测监控专业工程师、机电专业工程师、地质专业工程师和有煤矿、科研院校等单位参加的第三方服务机构专家团队等提供技术支持。

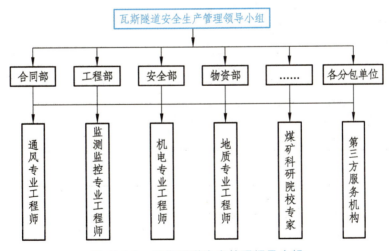

图 10.2-1　瓦斯隧道生产管理领导小组

2. 现场管理人员配置

施工单位在瓦斯隧道施工前必须配齐现场管理人员，包括门禁管理人员、安全员、技术员和通风工程师等，现场主要管理人员配置见表 10.2-5。

瓦斯隧道应建立专门的通风班组，设置专职人员测定风速、风量等参数，高瓦斯工区和岩（煤）与瓦斯突出隧道至少配备 1 名通风工程师（有煤矿从业经验和中级以上技术职称）对隧道通风进行管理。

表 10.2-5　瓦斯隧道现场管理人员配置表

序号	工作内容	人员类别	配置人数	备注
1	门禁管理	门禁管理人员	≥3	—
2	现场安全管理	专职安全管理人员	≥1	—
3	现场技术管理	现场技术人员	≥1	—
4	通风管理	通风工程师	≥1	高瓦斯隧道 煤（岩）与瓦斯突出隧道

3. 现场作业人员配置

瓦斯隧道现场作业人员除一般作业与普通隧道所需的如开挖工人、钢筋工、混凝土工、电焊工等外，还应配备相关瓦斯隧道施工相关作业人员，瓦斯隧道相关作业人员配备见表 10.2-6 ~ 10.2-8。

表 10.2-6　微瓦斯和低瓦斯隧道人员配置表（单端双洞）

序号	工作内容	工种类别	配置人数	备注
1	瓦斯巡检工作，负责管辖范围内通风设施的完好及通风、瓦斯情况检查，按规定填写各种记录，及时处理或汇报发现的问题的作业	瓦斯检查工	≥6	单端单洞人数应≥3 人
2	安全监测监控系统的安装、调试、巡检、维修，保证其安全运行的作业	安全监测监控工	≥2	—
3	从事瓦斯隧道内机电设备的安装、调试、巡检、维修和故障处理，保证本班机电设备安全运行的作业	井下电工	≥1	—

表 10.2-7　高瓦斯隧道人员配置表（单端双洞）

序号	工作内容	工种类别	配置人数	备注
1	瓦斯巡检工作，负责管辖范围内通风设施的完好及通风、瓦斯情况检查，按规定填写各种记录，及时处理或汇报发现的问题的作业	瓦斯检查工	≥6	单端单洞人数应≥3 人
2	安全监测监控系统的安装、调试、巡检、维修，保证其安全运行的作业	安全监测监控工	≥2	—
3	从事瓦斯隧道内机电设备的安装、调试、巡检、维修和故障处理，保证本班机电设备安全运行的作业	井下电工	≥2	单端单洞人数应≥1 人

表 10.2-8 煤（岩）与瓦斯突出隧道揭煤防突人员配置表（单端双洞）

序号	工作内容	工种类别	配置人数	备注
1	瓦斯巡检工作，负责管辖范围内通风设施的完好及通风、瓦斯情况检查，按规定填写各种记录，及时处理或汇报发现的问题的作业	瓦斯检查工	≥6	单端单洞人数应≥3人
2	安全监测监控系统的安装、调试、巡检、维修，保证其安全运行的作业	安全监测监控工	≥2	—
3	从事瓦斯隧道内机电设备的安装、调试、巡检、维修和故障处理，保证本班机电设备安全运行的作业	井下电工	≥2	单端单洞人数应≥1人
4	瓦斯抽采钻孔施工、封孔、瓦斯流量测定及瓦斯抽采设备操作等，保证瓦斯抽采工作安全进行的作业	瓦斯抽采人员	≥10	单端单洞人数应≥5人
5	与瓦斯突出的预测预报、相关参数的收集与分析、防治突出措施的实施与检查、防突效果检验等，保证防突工作安全进行的作业	防突工	≥2	单端单洞人数应≥1人

第三节 瓦斯隧道气体检测管理

瓦斯隧道施工必须配备一定数量的专职持证瓦斯检测员，实现 24 h 不间断巡查检测，严禁脱岗、离岗。瓦斯检测员应熟悉检测仪器的操作及瓦斯自动检测系统的数据读取，严格遵守瓦斯检测操作规程和技术交底要求，及时填写瓦斯检测工作各项记录，并形成专门报表。瓦斯检测记录应保持连续性、完整性且数据真实、字迹工整、便于识别，由专人负责整理并及时上报。

瓦斯检测员配备的检测仪器为便携式甲烷检测报警器和光干涉甲烷测定器，定期巡检选用的仪器设备为一氧化碳、二氧化硫、硫化氢等气体检测仪和多参数气体测定器，施工中如发现有以上气体，每班按照瓦斯的检测频次对该种气体进行检测，瓦斯人工检测及自动监测仪器配置见表 10.3-1。

表 10.3-1 瓦斯人工检测及自动监测仪器配置

序号	仪器名称	型号	单位	数量	仪器图片
1	高浓度光干涉甲烷测定器	100%	台	4	
2	低浓度光干涉甲烷测定器	10%	台	8	

续表

序号	仪器名称	型号	单位	数量	仪器图片
3	多参数气体测定器	CH_4、O_2、CO、H_2S	台	5	
4	便携式瓦斯报警仪	—	台	若干	
5	一氧化碳气体检测仪	—	台	2	
6	二氧化硫等气体检测仪	—	台	—	
7	硫化氢气体检测仪	—	台	2	
8	甲烷标准气体	1%或2%	套	2	
9	风速测定仪	—	台	2	

瓦检人员人工检测时，应采用光干涉瓦斯监测仪和便携式瓦斯检测仪互相验证检测数据的准确性，发现异常应及时查明原因并处理。瓦斯隧道施工过程中，瓦斯浓度超限时，应当采取加强通风停工撤人、上报等措施及时处理，待瓦斯浓度降低至限定的安全范围后，方可恢复作业、通电及重新启动电器设备等。开挖作业面、台车台架附近洞室以及通风死角等易形成瓦斯积聚的重点部位应加强瓦斯检测频率。人工检测地点及要求如下：

（1）隧道内掌子面、仰拱及二次衬砌等作业面。

（2）爆破地点附近20 m内风流中。

（3）拱顶、脚手架顶、台车顶、塌腔区、断面变化处、联络通道及预留洞室等风流不易到达、瓦斯易发生积聚处。

（4）过煤层、断层破碎带、裂隙带及瓦斯异常涌出点。

（5）局部通风机、电机、变压器、电气开关附近、电缆接头等隧道内可能产生火源的地点。

（6）掌子面爆破钻孔、探测钻孔等。

表 10.3-2　各瓦斯工区人工瓦斯检测要求

序号	瓦斯工区	人工检测频率
1	微瓦斯工区	≥1 次/4 h
2	低瓦斯工区	≥1 次/2 h
3	高瓦斯工区	≥1 次/2 h
4	瓦斯突出工区	≥1 次/1 h
5	瓦斯浓度<0.5%	≥1 次/0.5~1 h
6	瓦斯浓度≥0.5%	随时检测
7	钻孔作业、塌腔及采空区处置和焊接动火、切割作业	随时检测

第四节　瓦斯隧道施工通风管理

瓦斯隧道通风应采用独立通风模式，严禁串联通风，通风应采用"双电源""双风机"设置一用一备，确保持续通风。

瓦斯隧道通风应选用抗静电、阻燃的通风管，通风管口距离开挖作业面不得大于 5 m，通风管漏风率不得大于 2%。瓦斯隧道通风机必须安设在距离洞口 30 m 外的新鲜风流中并安装风电闭锁装置，确保停风自动断电。瓦斯隧道通风必须设置专人管理，任何人不得随意开关通风机，防止因随意停风导致瓦斯浓度超标。

瓦斯隧道因通风机故障停止通风的，须立即停工撤人，再次恢复通风后应由专职瓦斯检查员由洞外向洞内进行瓦斯检测，检测瓦斯浓度达标后，方可恢复施工。瓦斯隧道内紧急停车带、洞室、坑道、衬砌台车顶部等易于瓦斯积聚的位置可增加局部通风措施，如果采取增设局部通风机等方式通风，必须满足"三专两闭锁"（专用变压器、专用开关、专用线路供电和风电闭锁和瓦电闭锁）要求（工作原理见表 10.4-1），且进洞风机、风扇须采用防爆型。瓦斯隧道爆破后，低瓦斯及高瓦斯区段通风排烟不低于 15 min，瓦斯突出区段通风排烟不低于 30 min，通风后由瓦斯检查员从洞外向洞内进行瓦斯检测，达标后方可进入作业面施工。

表 10.4-1　"三专两闭锁"工作原理

序号	闭锁类型	原理
1	专用变压器	专用变压器是一台可不断电调压的变压器，它的一侧与洞内供电线路并联，它有 3 个作用：一是分离作用，将隧道供电（隧道其他生产用电设备）与局部通风机供电隔离；二是调压作用，目前瓦斯隧道普遍存在开采距离相应较远，线路降压损失大，局部通风机不能正常运转的问题，调压可确保隧道局部通风机在额定电压下启动与运转，为掘进工作面提供需要的风速和风量；三是不断电作用，一般变压器在调整电压时要停电，改换抽头后再送电，造成调压时局部通风机停转。该专用变压器在调整电压时供电不间断，可确保调压时通风不受影响

序号	闭锁类型	原　理
2	专用线路	在专用变压器的二次输出端接一回路，专供掌子面风机供电，无论洞内其他用电设备发生故障，都能确保掌子面通风机不受影响，极大地提高了掌子面通风机运行的可靠性和连续性
3	专用开关	在通风机供电的总线路上装设 DW 隔爆馈电开关配套使用的 BJJ3 系列隔爆检漏继电器，对该支路实现漏电保护。通风机专用开关与掌子面总控开关和瓦斯断电仪配套使用，实现两闭锁
4	瓦斯电闭锁	由瓦斯探头、监控系统（监控分站）、断电仪和高压开关构成，如图 10.4-2 所示。瓦斯电闭锁工作原理是由瓦斯探头测得 CH_4 含量信号送给监控分站，当瓦斯超限时，监控分站显示 $CH_4 \geq 0.5\%$ 其常开触点 K_1 闭合，接通断电仪电路，其常开触点 K_2 闭合，接通高压开关内的脱扣线圈 TQ 电路使高压开关跳闸，切断了掘进工作面电气设备的电源，实现了瓦斯电闭锁
5	风电闭锁	其设置于洞口，不需要增加电气设备，只需将掘进工作面的总控开关（QC8 系列）与局部通风机专用开关中的一个辅助常开触头 CK 用外线连接，便可实现风电闭锁，如图 10.4-3 所示。

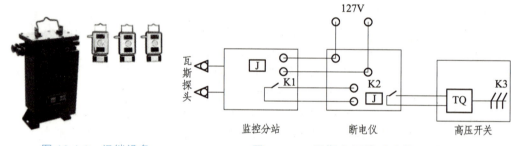

图 10.4-1　闭锁设备　　　　　图 10.4-2　瓦斯电闭锁系统设置图

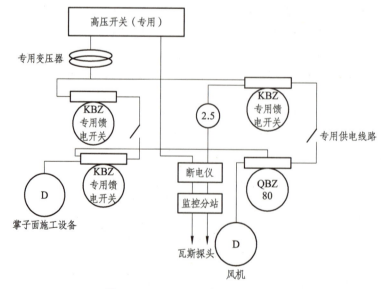

图 10.4-3　风电闭锁系统设置图

第五节　瓦斯隧道机电设备管理

（一）一般要求

（1）瓦斯工区内使用的临时供配电系统、各种电气设备、电力、通信系统和机械防爆改装等应专门设计、安装、试运行、验收，合格后投入使用。

（2）瓦斯隧道内电气设备通常包括：高低压电机、馈电开关、照明灯具、电铃、电缆接线盒、按钮、通信、自动化装置和仪表仪器等。

（二）电源要求

（1）高瓦斯工区和瓦斯突出工区供电应配置两回路电源，如图10.5-1所示。当不具备两回路电源条件采用单回路供电时，必须有备用电源，并在公用电网断电10 min内启动，备用电源的容量应满足通风、排水、照明、监控等要求，具体见表10.5-1。备用电源应有专人负责管理和维护，每10d至少进行一次启动和运行试验。

柴油发电机（备用电源）

10min 内启动
→
满足负荷

一级配电

图 10.5-1　两回路电源

表 10.5-1　备用电源配备要求（单洞）

序号	名称	型号规格	单位	数量	设置位置
1	250 kW 柴油发电机	250 kW	台	2	洞口

（2）瓦斯工区内采用双电源线路，电源线路不得分接隧道以外的任何负荷。

（三）电压要求

瓦斯工区内各级配电电压和各机电设备额定电压等级应满足表10.5-2要求。

表 10.5-2　瓦斯隧道各级配电电压和各机电设备额定电压等级表

序号	名称		额定电压等级
1	高压		≤10KV
2	低压		≤1140 V
3	照明、信号、电话和手持式电气设备	低瓦斯工区	≤220 V
4		高瓦斯（突出）工区	≤127 V
5	远距离控制线路的额定电压和手灯等移动式照明灯具		≤36 V

（四）电缆要求

（1）微瓦斯工区、低瓦斯工区、高瓦斯工区、煤（岩）与瓦斯突出工区电缆、电缆连接及敷设等防爆措施要求见表 10.5-3。防爆型接线盒如图 10.5-2 所示，矿用电缆如图 10.5-3 所示。

表 10.5-3　各瓦斯工区电缆、电缆连接及敷设等防爆措施要求

序号	瓦斯工区类型	电缆	电缆连接	敷设
1	微瓦斯工区	×	×	×
2	低瓦斯工区	√	√	√
3	高瓦斯工区	√	√	√
4	瓦斯突出工区	√	√	√

注：×为可不采取防爆措施，√为必须采取防爆措施。

图 10.5-2　防爆型接线盒

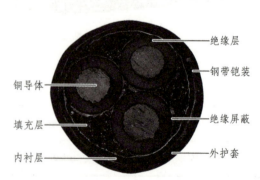

图 10.5-3　矿用电缆

（2）瓦斯隧道电缆应选用应带有供保护接地用的足够截面的导体的铜芯电缆，且主线芯的截面应满足供电线路负荷要求，瓦斯隧道电缆设置各区域的电缆型号要求见表 10.5-4。

表 10.5-4　瓦斯隧道电缆设置区域电缆型号要求

序号	电缆设置场所	电缆型号
1	固定高压电缆 （隧道、平导或倾角 45°以下的斜井）	煤矿用钢带或细钢丝铠装电力电缆
2	固定高压电缆 （竖井或倾角为 45°及其以上斜井）	煤矿用粗钢丝铠装电力电缆
3	非固定敷设的高压电缆	煤矿用橡套软电缆
4	固定敷设的低压电缆	煤矿用铠装或者非铠装电力电缆 （或对应电压等级的煤矿用橡套软电缆）
5	非固定敷设的低压电缆	煤矿用橡套软电缆
6	移动式和手持式电气设备	专用橡套电缆

（五）电器设备

（1）瓦斯工区内的瓦斯地层施工完成前，电气设备和作业机械应按最高瓦斯工区类别配置。当全部瓦斯地层施工完成后，后续的电气设备和作业机械可按检测评定结果配置。瓦斯隧道各工区电气设备和机械配备要求见表 10.5-5。

表 10.5-5　瓦斯隧道各工区电气设备和作业机械防爆要求

序号	瓦斯工区类型	电气设备	作业机械
1	微瓦斯工区	非防爆型	非防爆
2	低瓦斯工区	矿用一般型	非防爆
3	高瓦斯工区	矿用防爆型	防爆
4	瓦斯突出工区	矿用防爆型	防爆

（2）防爆电气设备应有"煤安"标志 **MA**（图 10.5-4、图 10.5-5），其防爆等级应符合要求；对无煤安标志的电气设备，应由具备相应资质的单位进行防爆改装或采取安全措施，测试符合防爆电器的防爆等级要求后方可使用。

图 10.5-4　矿用真空开关　　　　　图 10.5-5　矿用隔爆变压器

（六）作业机械防爆改装

（1）瓦斯隧道应遵循"机械化减人、自动化换人"理念，推行隧道机械化施工作业。瓦斯工区内作业机械应使用蓄电池电机车或柴油机车，严禁使用汽油机车。

（2）高瓦斯工区和煤（岩）与瓦斯突出工区的挖掘机、装载机、运输车、混凝土罐车、混凝土泵车等作业机械应采取防爆措施，高瓦斯工区的作业机械可安装车载瓦斯自动监控报警与断电系统的防爆装置，煤（岩）与瓦斯突出工区的燃油作业机械应使用矿用防爆型柴油动力装置。目前，我国没有专门一套针对瓦斯隧道施工机械的技术标准和性能要求，因此，对于瓦斯隧道的施工机械，工程上一般按照煤炭行业标准的《矿用防爆柴油机无轨胶轮车通用技术条件》（MT/T 989—2006）和《矿用防爆柴油机通用技术条件》（MT 990—2006）来实施。根据《公路瓦斯隧道设计与施工技术规范》（JTG/T 3374—2020）的要求，高瓦斯工区的作业机械可安装车载瓦斯自动监控报警与断电系统的防爆装置，煤（岩）与瓦斯突出工区的燃油作业机械应使用矿用防爆型柴油动力装置。

表 10.5-6　瓦斯隧道各工区作业机械防爆改装方式

序号	瓦斯工区类型	作业机械防爆系统	防爆改装方式
1	高瓦斯工区	车载瓦斯自动监控报警与断电系统	车载瓦斯闭锁技术防爆改装
2	瓦斯突出工区	矿用防爆型柴油动力装置	矿用防爆型动力装置防爆改装

第六节　瓦斯隧道消防安全管理

（1）瓦斯隧道必须在隧道洞外配置消防沙及储水量不低于 200 m³ 的带压消防水池瓦斯区段内每隔 100 m 设置一个消火栓，瓦斯作业区内应设置灭火器及消防设施，加强检查保证状态良好。

（2）瓦斯隧道洞口必须设置门禁系统，配置安检仪，设置专人 24 h 进行进洞管理，严格执行进洞检查制度，严禁进洞人员携带打火机、火柴、手机、化纤衣物等火源；瓦斯隧道洞口、通风机 20 m 范围内，禁止吸烟及使用明火。

（3）瓦斯隧道应尽量减少动火作业，如确需动火作业时，必须严格执行审批手续，由瓦斯检查员、安全员对动火点附近 20 m 范围内瓦斯浓度进行检测，瓦斯浓度必须低于 0.5%，并设置消防水灭火器等消防安全措施后方可动火。瓦斯区段找顶、铲装石渣前应喷水润湿，避免碰撞产生火花。瓦斯区段内常用的油料、木材、防水卷材等易燃材料不得超过当班用量，使用后的废料及余料应及时清除至洞外并妥善存放。

第七节　瓦斯隧道爆破作业安全管理

（1）瓦斯隧道必须采用湿式钻孔，炮眼的深度不应小于 60 cm。钻孔作业过程中如遇拆装钻头、处理卡钻等作业时，应采用铜锤敲击，避免产生火花。炮眼布置如图10.7-1。

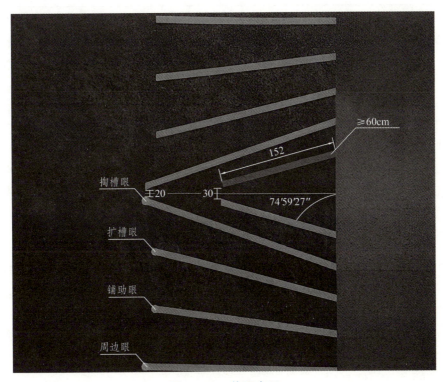

图 10.7-1　炮眼布置

（2）瓦斯隧道必须采用煤矿专用炸药进行爆破，对于有瓦斯突出的地段，应采用安全等级不低于三级的煤矿专用含水炸药。煤矿许用炸药使用要求见表10.7-1。

表 10.7-1　煤矿许用炸药使用要求

煤矿许用炸药级别	低瓦斯区段	高瓦斯区段	瓦斯突出区段
一级	可用	禁用	禁用
二级	可用	可用	禁用
三级～五级	可用	可用	可用

（3）瓦斯隧道爆破必须使用煤矿许用毫秒延期电雷管，最后一段的延期时间不得大于 130 s 严禁使用秒或半秒级电雷管、普通导爆管雷管和毫秒雷管。瓦斯隧道炮眼装药必须采用正向连续装药，禁止使用反向装药，所有炮眼的剩余部分应用机制炮泥封堵密实。

（4）瓦斯隧道爆破必须执行装药前、装药后爆破前和爆破后的"一炮三检"及爆破员、安全员和瓦斯检查员"三员联检"制度。爆破作业三员联检见表10.7-2。

表 10.7-2　爆破作业三员联检

爆破时间		年　　月　　日	爆破部位及里程	掌子面：
瓦斯检测	装药前检查	瓦斯浓度：＿＿＿%	具备/不具备装药条件	签字：
	装药完成爆破前检查	瓦斯浓度：＿＿＿%	具备/不具备装药条件	签字：
	爆破后检查	瓦斯浓度：＿＿＿%	同意/不同意进入作业面	签字：
爆破网络检查		检查结论：网络为串联，接头紧密，绝缘良好		签字：
爆破防护安全检查		检查结论：防护距离为＿＿＿m，满足要求		签字：

（5）瓦斯隧道爆破网络必须采用串联连接方式，禁止采用并联网络起爆，线路所有连接接头应相互扭紧，裸露部分应绝缘包裹并悬空，起爆器必须使用防爆型。

（6）爆破网络母线与电缆、电线、信号线应分别挂在隧道的两侧，必须同侧挂设时，爆破母线应挂在电缆下方 30 cm 以外。石门揭煤爆破时，应在洞外起爆，洞内必须停电并撤出所有人员揭煤完成后，进入煤系地层开挖时，可在洞内爆破安全距离以外起爆。

（7）瓦斯突出区段，揭煤爆破后暂不通风，待 15 min 后由专业救护队员佩戴自救器进入开挖工作面进行检查，确认无煤与瓦斯突出风险后，方可按程序开展下步工作。

第十一章　隧道施工临时用电

第一节　总体要求

一、施工现场临时用电

施工现场临时用电应该满足现行标准《施工现场临时用电安全技术规范》（JGJ 46）和《建设工程施工现场供用电安全规范》（GB 50194）的有关规定，并设置安全防护设施。各种用电设备、导线、开关、电器等禁止使用国家明令淘汰的产品。

临时用电组织设计及变更时，必须履行"编制、审核、批准"程序，由电气工程技术人员组织编制，经相关部门审核及施工企业的技术负责人批准后实施。变更用电组织设计时应补充有关图纸资料。临时用电工程必须经编制、审核、批准部门和使用单位共同验收，合格后方可投入使用。

施工现场临时用电工程专用的电源中性点直接接地的 220 V/380 V 三相四线制低压电力系统，必须符合下列规定：

（1）采用三级配电系统；

（2）采用 TN-S 接触保护系统；

（3）采用二级漏电保护系统。

二、总体用电方案

对于总体用电方案及搅拌站、钢筋加工场及预制场作业区，长隧道、特长隧道作业区和施工现场临时用电设备在 5 台及以上或设备总容量在 50 kW 及以上者，施工单位应进行专项用电设计，并由电气工程技术人员编制施工现场临时用电组织设计；施工现场临时用电组织设计应包括下列内容：

（1）现场勘测；

（2）确定电源进线、变电所或配电室、配电装置、用电设备位置及线路走向；

（3）进行负荷计算；

（4）选择变压器；

（5）设计配电系统：设计配电线路，选择导线或电缆；设计配电装置，选择电器；设计接地装置；绘制临时用电工程图纸，主要包括用电工程总平面图、配电装置布置图；配电系统接线图、接地装置设计图；

（6）设计防雷装置；

（7）确定防护措施；

（8）制定安全用电措施和电气防火措施。

（9）临时用电组织设计及变更时，必须履行"编制、审核、批准"程序，由电气工程技术人员组织编制，经相关部门审核及具有法人资格企业的技术负责人批准后实施。变更用电组织设计时应补充有关资料。

（10）临时用电工程必须经编制、审核、批准部门和使用单位共同验收，合格后方可投入使用。

第二节　配电系统

一、一般要求

（1）配电系统应设置总配电箱、分配电箱、开关箱，实行三级配电，如图 11.2-1 所示。

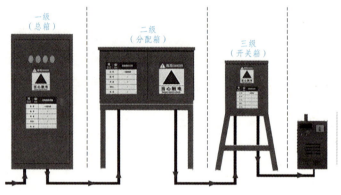

图 11.2-1　三级配电示意

（2）采用 TN 系统做保护接零时，工作零线（N 线）必须通过总漏电保护器，保护零线（PE 线）必须由电源进线零线重复接地处或总漏电保护器电源侧零线处引出形成局部 TN-S 接零保护系统，如图 11.2-2 所示。

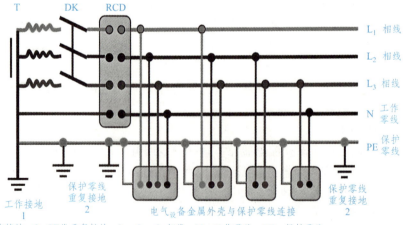

1—工作接地；2—PE线重复接地；L_1、L_2、L_3相线；N—工作零线；PE—保护零线；
DK—总电源隔离开关；RCD—总漏电保护器（兼有短路、过载、漏电保护功能的漏电保护器）；T—变压器

图 11.2-2　临时用电配电系统

（3）总配电箱、分配电箱、开关箱箱体上，分别张贴配电箱标识牌和"当心触电"警告标志，标识牌和警告标志如图 11.2-3。

配电箱标识牌	
名　称	一级配电箱
编　号	/
用　途	/
责任人	/
电　话	/

配电箱标识牌	
名　称	二级配电箱
编　号	/
用　途	/
责任人	/
电　话	/

配电箱标识牌	
名　称	三级配电箱
编　号	/
用　途	/
责任人	/
电　话	/

⚠ 危险 DANGER

当心触电
Danger electric shock

图 11.2-3　配电箱标识牌和"当心触电"警告标志

（4）总配电箱、分配电箱、开关箱应定期检查、维修。检查、维修人员必须是专业电工。检查、维修时必须按规定穿戴电绝缘鞋、绝缘手套，必须使用电工绝缘工具，并做好检查、维修工作记录。

（5）配电箱内应有分路标记、系统接线图和电工巡检维修记录表，如图 11.2-4、图 11.2-5。

图 11.2-4　配电箱分路标记

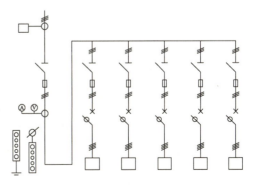

图 11.2-5　配电箱系统接线图（示意）

（6）室外配电箱应设置配电箱防护棚，配电箱防护棚的设置示意图，如图 11.2-6，设置要求如下：

① 配电箱防护棚可采用方钢或圆钢制作，稳固安置在混凝土承台上。

② 顶部采用双层硬防护。上层有防雨措施，双层硬防护，并设不小于 5%坡度的排水坡。

③ 双层硬防护间的防护棚外立面设置蓝底白字的安全宣传标语："加强安全用电，防止触电伤害"，标识旁设置"配电箱防护棚"字样。

④ 配电箱栏杆刷红白（黑黄）相间警戒色。

⑤ 配电箱防护棚大小根据配电箱等级设置，一级配电箱防护棚大小为（长 2 m×宽 2 m×高 2.5 m），二级配电箱防护棚大小为（长 1.5 m×宽 1.5 m×高 2.4 m）；三级配电箱防护棚大小为（长 1 m×宽 1.5 m×高 2 m）。

	L	W	H
一级配电箱防护棚	2.0m	2.0m	2.5m
二级配电箱防护棚	1.5m	1.5m	2.4m
三级配电箱防护棚	1.0m	1.5m	2.0m

图 11.2-6　配电箱防护棚设置示意图

⑥ 配电箱与防护棚之间的距离。配电箱顶离防护棚顶的距离不少于 500 mm，两侧与防护栏杆的距离要保证配电箱门能全部打开，且不少于 500 mm，配电箱前后开门方向与防护栏杆的距离不少于 1000 mm（后方不开门时不少于 500 mm）。

二、总配电装置（一级配电）

（1）总配电箱应装设电压表、总电流表、电度表及其他需要的仪表，专用电能计量仪表的装设应符合当地供用电管理部门的要求，配电柜表计应体现电度表。

（2）总配电箱应设在靠近电源的区域，配电箱示意如图 11.2-7。

（3）总配电箱内漏电保护器的额定漏电动作电流大于 30 mA，额定漏电动作时间应大于 0.1 s，但其乘积不大于 30 mA·s。

（4）总路设置总漏电保护器，装设总隔离开关、分路隔离开关以及分路漏电保护器，总配电箱设置示意如图 11.2-8。

图 11.2-7　总配电箱示意

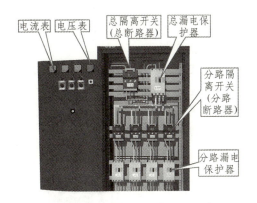

图 11.2-8　总配电箱设置示意

（5）总配电箱钢板厚度为 1.5 mm，箱体表面应做防腐处理。

（6）配电箱中 N 线端子和 PE 线端子应分开设置，如图 11.2-9。

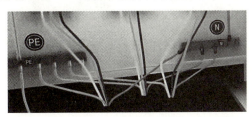

图 11.2-9　N 线和 PE 线端子分开设置

三、分配电装置（二级配电）

（1）分配电箱（柜）宜设置在用电设备或负荷相对集中的区域。

（2）分配电箱应装设端正、牢固。固定式配电箱的中心点与地面的垂直距离应为 1.4 ~ 1.6 m，配电箱支架应采用角钢焊制。移动式配电箱应装设在坚固、稳定的支架上，其中心点与地面的垂直距离宜为 0.8 ~ 1.6 m，设置示意如图 11.2-10。

（3）分配电箱应装设总隔离开关、分路隔离开关、总断路器和分路断路器。当选择漏电断路器时，可不设分路断路器或分路熔断器，设置示意如图 11.2-11。

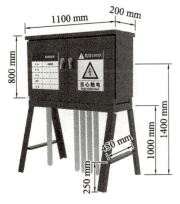

图 11.2-10　分配电箱示意

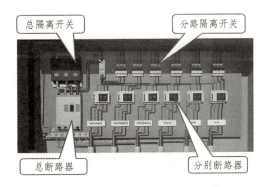

图 11.2-11　分配电箱设置示意

（4）分配电箱采用冷轧钢板或阻燃材料制作，分配电箱钢板厚度不得小于 1.5 mm，箱体表面应做防腐处理。

（5）分配电箱的电源进线端严禁采用插头和插座做活动连接。

（6）分配电箱定期维修、检查时，必须将总配

电箱的电源隔离开关分闸断电，并悬挂"禁止合闸、有人工作"停电标志牌，严禁带电作业，如图 11.2-12。

图 11.2-12　总配悬挂停电标志牌

四、开关箱（三级配电）

（1）每台用电设备必须有各自专用的开关箱（一机、一闸、一漏、一箱），严禁用同一个开关箱直接控制 2 台及 2 台以上用电设备（含插座），动力开关箱与照明开关箱必须分设。

（2）开关箱的电器配置、接线要与用电负荷类别相适应；不得随意挂接其他用电设备。

（3）开关箱的电源进线端严禁采用插头和插座做活动连接。

（4）固定式开关箱的中心点与地面的垂直距离应为 1.4 ~ 1.6 m，如图 11.2-13。移动式开关箱应装设在坚固、稳定的支架上，其中心点与地面的垂直距离宜为 0.8 ~ 1.6 m，配电箱支架应用∠40×4 角钢焊制，如图 11.2-14。

图 11.2-13　固定式开关箱设置示意图

图 11.2-14　移动式开关箱设置示意图

（5）开关箱必须装设隔离开关、断路器或熔断器，以及漏电保护器。

（6）开关箱中的导线的进线口和出线口应设在箱体的下底面，进、出线口应配置固定线卡，进出线应加绝缘护套并成束固定在箱体内，不得与箱体直接接触。开关箱的接线见图 11.2-15。

（7）开关箱漏电保护器的额定漏电动作电流不应大于 30 mA，额定漏电动作时间不应大于 0.1 s。在潮湿或有腐蚀介质场所的漏电保护器应采用防溅型产品，其额定漏电动作电流不应大于 15 mA，额定漏电动作时间不应大于 0.1 s，如图 11.2-16。

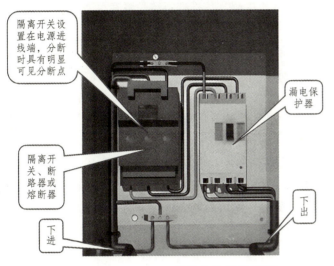

图 11.2-15　开关箱的接线示意图

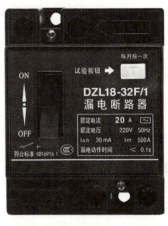

一般场所：$I \leq 30$ mA；$t \leq 0.1$ s
潮湿场所：$I \leq 15$ mA；$t \leq 0.1$ s

图 11.2-16　漏电保护器设置要求

（8）开关箱定期维修、检查时，必须将其前一级相应的电源隔离开关分闸断电，并悬挂"禁止合闸、有人工作"停电标志牌，严禁带电作业，如图 11.2-17。

图 11.2-17　分配悬挂停电标志牌

（9）配电箱、开关箱必须防水防尘。配电箱、开关箱周围应有足够的空间和通道，可供两人同时工作。不要堆放任何妨碍操作和维护的物品。

（10）开关箱与分配电箱的距离不得超过 30 m，开关箱与其控制的固定式用电设备的水平距离不宜超过 3 m。动力开关箱与照明开关箱必须分设。

五、隧道临时用电防护

（1）短隧道宜采用高压至洞口，再低压进洞，长隧道及特长隧道可考虑高压进洞，以满足施工需要。

（2）隧道施工供电应采用三相五线供电系统；动力设备应采用三相 380 V；照明电压一般作业地段不应大于 36 V，成洞段和不作业地段可采用 220 V，瓦斯地段不超过 110 V，手提作业灯为 12 ~ 24 V，特别潮湿、导电良好的地面及金属容器内照明电压不得大于 12 V。高压分线部位应设明显危险警告标志；所有配电箱和开关应全部进行责任人和用途标识。

（3）供电线路架设一般要求高压线和低压线、动力线和照明线分开，根据"高压在上、低压在下；干线在上、支线在下；动力线在上、照明线在下"的原则布设。照明和动力线路安装在同一侧时，必须分层架设。隧道内电缆布设采用瓷瓶在二衬上悬挑，瓷瓶间距 15 m。电缆悬挂高度满足：110 V 以下电线离地面距离不小于 2 m；动力线 380 V 时离地面距离大于等于 2.5 m；高压电缆 6 ~ 10 kV 时离地面距离大于等于 3.5 m。

（4）施工期间"三管两线"应架设、安装顺直、整齐，如图 11.2-18 所示。

图 11.2-18　隧道成洞段供电线路架设

（5）洞外变电站设置防雷击和防风装置，且宜设在靠近负荷集中地点和设在电源来线一侧。当变电站电源线需跨越施工地区时，其最低点距人行道和运输线路的最小高度满足：电压 35 kV 时，为 7.5 m；电压 6 ~ 10 kV 时，为 6.5 m；电压 400 V 时，为 6 m。如图 11.2-19 所示。

最小垂直距离/m	外电线路电压等级/kv
6.0	0.4
6.5	6~10
7.5	35

图 11.2-19　变电站电源线跨越施工区安全距离

（6）隧道内台架、衬砌台车安装行灯变压器，使用不高于 36 V 安全电压作为照明，电源设置红色警示灯提醒过往行走机械。开挖台架及衬砌台车在行走时必须由专人指挥、专人收放电缆，防止电缆被压断和强制拉断而引起安全事故。隧道内架设电缆、电线要求平顺，接头不外露，若在漏水处须设置遮防水措施。

（7）成洞地段固定输电线路，应采用绝缘良好的胶皮线架设；施工地段的临时电线路应采用橡套电缆；瓦斯地段的输电线必须使用密封电缆，不得使用皮线；涌水隧道的电动排水设备应采用双回路输电，并有可靠的切换装置；动力干线上每一分支线，必须装设开关及保险装置；严禁在动力线路上加挂照明设施，如图 11.2-20。

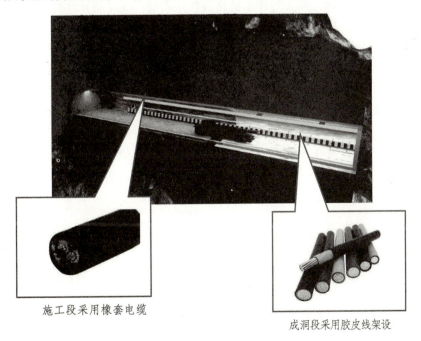

施工段采用橡套电缆

成洞段采用胶皮线架设

图 11.2-20　隧道线路设置要求

第十二章　隧道施工典型事故及隐患排查治理

第一节　爆破作业

一、基本知识

爆破是利用炸药在爆破瞬间释放的化学能对隧道围岩结构进行破碎，达到开挖掘进的目的。爆破作业是一种高风险的施工作业，是隧道开挖过程的重要工序，存在较大的不可预见性，一旦发生安全事故，可能导致作业人员伤亡等严重后果，必须加强风险控制和防范。爆破作业主要隐患类型有：物体打击、高处坠落、爆炸伤害、冒顶片帮、突泥涌水、触电伤害和有害气体中毒。

二、隐患排查

（一）表现形式

（1）爆破产生飞石等物体打击人体，爆破后未找顶和清理松动的危石，致人伤亡。

（2）炸药意外爆炸，强大的冲击波伤害作业人员，或震动导致高处作业人员坠落。

（3）实施爆破后存在尚未引爆的盲炮、残炮，意外爆炸致人伤亡。

（4）炸药超量导致洞身围岩强烈震动，坍塌失稳，冒顶片帮（隧道顶部垮落称为冒顶，作业面及巷道侧壁因变形破坏而脱落称为片帮，两者均属于围岩坍塌事故）。

（5）爆破击穿溶洞或不良地质隔水层，产生突泥涌水。

（6）施工地段照明未使用安全电压，爆破作业导致供电线路和设备受损，产生触电伤害。

（7）爆破产生有毒有害气体，危害作业人员。隧道爆破作业产生安全隐患，如图12.1-1。

（二）原因分析

（1）爆破作业人员未经专业培训，未持安全作业证上岗，缺乏爆破安全知识，违反操作规定，违章作业，造成爆破伤人事故。

（2）火工材料保管或使用不当，意外引爆炸药，产生巨大的地震波、冲击波和噪声致人伤亡。

（3）施工人员未撤离至安全警戒范围以外，爆破产生飞石伤人。

（4）为提高爆破效率，随意改动爆破参数，增大炸药用量，对围岩产生强烈震动，坍塌致人伤亡。

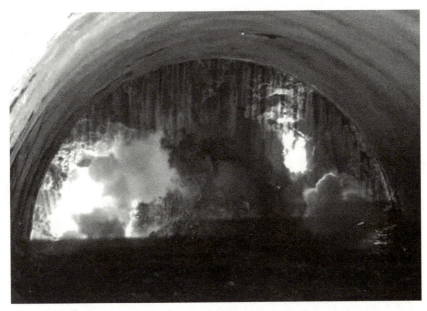

图 12.1-1　隧道爆破作业安全隐患

（5）由于火工材料质量差或受潮变质，爆破线路受损、连线错误等原因，导致部分炮眼雷管未引爆炸药。爆破后未按操作规程拆除残余雷管和炸药，盲炮、残炮意外爆炸从而导致人员伤亡。

（6）爆破后未安排专职检查人员找顶，撬动、清除拱部及两侧边墙松动的石块，落石致人伤亡。

（7）洞内爆破产生的有毒有害气体（氧化碳、氮氧化物、硫化氢、二氧化硫等），污染施工环境。未经通风排烟立即进入工作面，致使作业人员中毒、窒息，危害作业人员身心健康和生命安全。

（三）处置措施

（1）从事隧道爆破的工程技术人员、爆破员、安全员、保管员和押运员等作业人员，必须经过专业培训合格并持有相应岗位的安全作业证。监理工程师在开工前应审查爆破方案，查验爆破作业人员证件。

（2）爆破作业所使用的器材必须具备检验合格证、技术指标及说明书。每批爆破器材在使用前，必须进行外观检查、现场测试和检验。

（3）施工单位专职安全工程师（或安全员）应在隧道现场巡查、指挥爆破作业，严格按照钻爆设计要求进行钻眼、装药、接线、警戒、引爆等作业程序，严禁超量装药。

（4）钻爆法施工不得采用导火索火花起爆，严禁明火照明和点炮。应采用导爆管、毫秒雷管电力起爆。起爆导线的布置方式应采用临时敷设，从工作面到起爆站的顺序由里至外进行。起爆导线宜悬空架设，距离各种导电体的间距必须大于 1 m，接头必须采用绝缘胶带密封，避免落入水中。

（5）电力起爆应检查起爆主线绝缘情况，避免产生杂散电流、感应电流及高压静电等不安全因素，加强对洞内电源、电器设备、电线的管理和维修保养，防止漏电引爆。

（6）装药前，作业人员应对爆破工作面附近的支护、炮眼清理和孔内情况进行检查。如炮眼中的泥浆、石粉未清理，炮眼热度过高，不得立即装药。如发现可能存在流沙、突泥、涌水等地质灾害时，严禁装药爆破。

（7）装药时爆破作业人员严禁穿着化纤衣物，避免摩擦产生静电。可用手电筒、矿灯或投光灯进行照明。

（8）起爆前所有人员必须撤离作业面，在安全距离以外设置明显的警示标志，安排警戒人员。安全警戒距离按以下标准控制：

① 独头巷道不少于 200 m。

② 相邻的上下坑道内不少于 100 m。

③ 相邻的平行道、横通道及洞间不少于 50 m。

④ 单线上半断面不少于 300 m，单线全断面与双线上半断面不少于 400 m。

⑤ 双线全断面开挖进行深孔爆破（孔深 3～5 m）时，不少于 500 m。

隧道爆破警戒可利用多功能安全状态指示牌以及安全报警装置，如图 12.1-2、图 12.1-3。

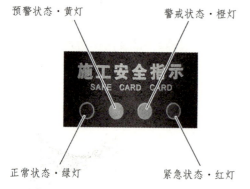

图 12.1-2　爆破警戒多功能安全状态指示牌

图 12.1-3　爆破警戒安全报警装置

（9）爆破后必须经过通风排烟，间隔 15 min 以后检查人员方可进入工作面。检查内容如下：

① 有无盲炮、残炮及可疑现象。

② 有无残余炸药或雷管。

③ 拱部、边墙、掌子面有无松动危石。

④ 支护结构有无损坏与变形。

⑤ 在消除安全隐患并确认无异常情况后，其余作业人员方可进入工作面。

（10）当发现盲炮、残炮时，必须由原爆破人员按规定程序处理，无关人员必须撤离至安全地点。

（11）爆破掘进施工地段所采用的照明电压不应超过 36 V。

（12）隧道双向开挖接近贯通时，两端施工应加强联系，统一指挥，落实安全措施。当两开挖面间距离剩下 15～30 m 时，应改为单向开挖，停止另一端作业，将人员和机具撤离，并在安全距离以外设置警示标志，直至贯通为止。

第二节　坍　塌

一、基本知识

隧道施工过程中，围岩坍塌导致大量的超挖，增加清渣和回填工程量，不仅延误工期、大幅度提高工程费用，而且很有可能对作业人员造成伤害，对机械设备及财产造成损失，酿成重大安全事故。若处理措施不当，坍塌范围将逐渐扩大，加剧围岩失稳、遗留工程质量、安全隐患，给运营养护工作造成极大的困难。因此，督促施工单位采取正确的施工方法，预防和避免坍塌事故的发生，是监理工程师的重要职责。一旦发生坍塌，必须采取有效措施，及时、妥善处理坍塌部位，减少塌方带来的危害。隧道坍塌主要隐患类型有：掌子面围岩坍塌，隧道拱顶围岩及初期支护下沉引发坍塌，隧道周边收敛变形引发坍塌，隧道底部承载力不足、洞身沉降引发坍塌，特殊地层及不良地质隧道围岩变形引发坍塌。

二、隐患排查

（一）表现形式

（1）超前支护措施不足或施工不到位，开挖掘进过程掌子面围岩失稳坍塌。

（2）围岩实测位移值超过设计文件和规范规定的预留变形量，隧道发生失稳破坏。

（3）围岩位移速率持续大于 1 mm/d，变形呈持续增长状态，产生坍塌。

（4）围岩位移速率变化上升，位移逐渐增大，变形呈急剧加速状态，产生坍塌。

（5）软弱围岩地段拱脚悬空，未施打锁脚锚杆位，仰拱施作不及时，初期支护未闭合成环，洞身沉降变形过大，产生坍塌。

（6）高地应力、岩溶、膨胀性、挤压性等特殊地层及不良地质隧道，围岩净空变形速率超出设计文件和规范规定的标准。

（7）洞口及洞身浅埋段围岩覆盖层薄、埋深小，开挖方法及支护措施不当引发的冒顶坍塌和地表下沉，如图 12.2-1。

（二）原因分析

（1）地质条件是造成坍塌的基本因素。由于断层构造、岩体破碎带、节理发育（如图 12.2-2）、溶洞、采空区、堆积体、围岩风化严重呈松散结构等不良地质，致使围岩的整体稳定性较差，加之地下水的作用，导致围岩层间结合力降低，引起局部失稳和坍塌。

图 12.2-1　冒顶坍塌　　　　　　　　　图 12.2-2　节理发育

（2）施工方法及支护措施不当，是引起坍塌的直接因素。具体如下：

① 开挖施工前未进行岗前培训和技术交底，开挖方法、施工步骤及工序衔接不正确，盲目加大开挖进尺，部分循环开挖及支护步距超标，软弱围岩地段采取大断面开挖方法。

② 随意修改爆破参数，未严格按照钻爆设计要求钻孔、装药，孔距不符合要求或过量装药，爆破震动较大，造成局部围岩失稳坍塌。

③ 未按设计要求施作超前支护，管棚、超前小导管间距增大，长度缩短，预注浆数量不足，出现坍塌迹象时未采取辅助加固措施，可能导致洞身失稳坍塌，如图 12.2-3。

图 12.2-3　洞身失稳坍塌

④ 不良地质围岩自稳能力差，开挖掘进较长距离未及时施作初期支护并闭合成环，未及时施作二次衬砌，引起围岩及初期支护变形、坍塌。

⑤ 忽略对围岩及初期支护监控量测工作，未根据监测结果用于指导施工，发现监测数据突变未及时采取正确的应急处置措施。

⑥ 初期支护喷射混凝土强度或厚度不足，喷射不及时，初期支护喷射混凝土作业如图 12.2-4。

⑦ 锚杆数量不足，长度缩短，固结不牢。

⑧ 未按设计要求设置钢支撑，随意加大间距；钢支撑连接质量差；部分开挖支护的钢支撑拱脚悬空或底部未支撑牢固而可能产生沉降，引发初期支护开裂、变形、坍塌。

（3）洞口及洞身浅埋段因地表水渗入，土体含水量增大，增加土体的重力，降低土体的胶结性能，导致围岩的强度和自稳能力降低。围岩加固措施和洞身超前支护措施不当，造成洞口及洞身浅埋段冒顶塌方，地表水渗入隧道，如图 12.2-5。

图 12.2-4　初期支护喷射混凝土作业　　　　图 12.2-5　渗水隧道

（4）勘查、设计所提供的地质资料与实际情况不符，施工中未采取超前地质预报，未探明不良地质情况。

（三）处置措施

（1）全面了解隧道地质资料及地下水情况，掌握设计意图，并及时与现场实际情况对比。如发现围岩级别或地质情况发生变化，应督促施工单位进行相应的调整，采取正确的开挖方法及支护措施，以适应新的围岩条件，确保施工安全。

（2）开挖作业人员到达工作面时，应先检查工作面周边围岩是否处于安全状态，拱部和两侧边墙是否稳定，如有松动的危石应予以清除，隧道危岩如图 12.2-6。

（3）洞身开挖应根据围岩地质情况和施工条件，选择合适的开挖方法，严格控制循环进尺和工序步骤。

（4）施工单位专职安全员必须对围岩开挖面和支护各部位定期进行检查。在不良地质地段应要求每班随时检查，当发现围岩失稳、锚杆松动或锚喷支护开裂变形时，应立即采取加强支护措施。当变形或损坏情况严重时，应先将施工人员撤离现场，再采取适当的方式进行加固施工。

（5）洞口地段、浅埋偏压地段、洞内水平坑道与辅助坑道（横洞、平行导坑等）的连接处，应加强支护，及早进行永久衬砌，洞口支护如图 12.2-7。

图 12.2-6　隧道危岩

图 12.2-7　隧道洞口支护

（6）洞内支护应尽可能做到随挖随护。支护至开挖面的距离一般不得超过 4 m。如遇围岩破碎、风化严重的石质或土质隧道时，应尽量缩短支护至工作面的距离，一环开挖紧跟一环支护。施工短期停工时，应将支护直抵工作面。

（7）双向相对掘进施工隧道，先行到达分界面的一端，必须采取同级围岩喷射混凝土设计厚度封闭掌子面，防止分界断面搁置过久失稳坍塌。处置措施。

（8）分部开挖施工的钢支撑拱脚不得悬空或置于废渣及活动的石头上，应及时落底（图 12.2-8），在拱脚部位施打锁脚锚杆，底部设置刚性垫板或垫梁。有临时仰拱的应及时施作，形成闭合结构。

（9）施工单位必须严格按照设计文件和施工规范要求开展监控量测工作，对监测数据及时进行分析、处理，用于指导施工。当监测数据异常或突变，洞内或地表位移值大于允许位移值，初期支护喷射混凝土开裂，地表出现异常裂缝时，均应视为坍塌危险信号，必须立即撤离现场作业人员，采取应急处置措施后才能继续施工。

（10）环形开挖预留核心土工法可用于Ⅳ～Ⅴ级围岩或土质围岩的中小跨度隧道，如图 12.2-9。下台阶、仰拱开挖与初期支护应及时跟进，使支护结构闭合成环，提高承载力和抗变形能力。

图 12.2-8　钢架落底

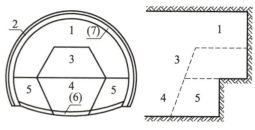

图 12.2-9　环形开挖预留核心土法示意图

（11）交叉中隔壁法（CRD 法）适用于围岩较差、跨度大、浅埋、地表沉降需要严格控制的软弱围岩隧道施工，有利于大型机械作业，交叉中隔壁法（CRD 法）如图 12.2-10。

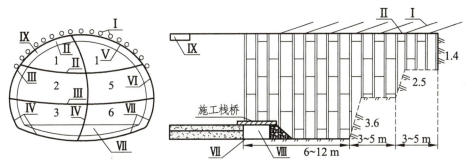

图 12.2-10　交叉中隔壁法（CRD 法）示意

（12）双侧壁导坑法适用于浅埋大跨度隧道、地表沉降和周边位移需要严格控制、围岩条件很差的软弱围岩隧道施工，如图 12.2-11。双侧壁导坑开挖有利于大型机械作业，紧急情况下可增设临时支撑，便于组织抢险。

（13）进洞施工后，应及时安排洞门衬砌施工。不良地质地段必须尽早完成洞口施工。

（14）软弱围岩地段应在开挖掌子面至二次衬砌之间，沿着初期支护的边墙一侧，设置逃生通道，并随开挖进尺不断前移。逃生管通常使用内径 800 mm、壁厚 6 mm、每节长 5 m、带 U 形插销活动接口的钢管，其强度、刚度及抗冲击能力应能保障围岩坍塌时管内逃生要求，如图 12.2-12。

图 12.2-11　双侧壁导坑法示意图

图 12.2-12　逃生管道

（15）软弱围岩地段施工必须规划应急逃生路线，布设安全预警设施，在紧急情况下引导逃生。

（16）大断面隧道出现变形和坍塌预兆时，应急处置措施。

第三节　突泥涌水

一、基本知识

地下水是造成隧道围岩不稳定的重要因素之一。突泥涌水一般以水、淤泥、泥沙为载体迅速突出，是隧道施工特别严重的地质灾害之一。由于其具有较强的隐蔽性、突发性和不可预见性，容易导致施工现场的临时设施和机械设备受损，危害施工人员安全，增加工程投资，延长施工工期，对作业环境产生重大影响。发生突泥涌水后，必须采取治理措施，改变施工方法。

突泥涌水主要隐患类型有：

（1）洞身穿越暗河、溶洞，引发突泥涌水；

（2）洞身穿越富水断层，围岩严重风化、节理发育，引发突泥涌水；

（3）地表存在补给性水体，渗水通道与洞身连通，引发突泥涌水。

二、隐患排查

（一）表现形式

（1）隧道开挖施工中遇到暗河、溶洞，发生较大规模的涌水、突泥事故，如图12.3-1。洞身围岩为石灰岩，钻眼打孔过程击穿溶洞壁，水柱喷流而出。

（2）隧道洞身穿越富水断层地段，围岩风化及破碎程度严重，节理、层理和构造裂隙发育，地层含水量大。在水的作用下，破碎围岩裂隙面抗剪强度降低，掌子面出现掉块，渗水逐渐加大，形成涌水、突泥事故，如图12.3-2。

图12.3-1 隧道突泥涌水

图12.3-2 隧道洞身富水地段

（3）隧道穿越江河、湖泊、水库或海域下方，存在补给性地表水体。洞身围岩存在断层破碎带和较大裂隙，在深层高压水的作用下，开挖面发生渗水、涌水，致使洞身受淹，如图12.3-3。

（4）某隧道顶部覆盖层较薄，地面存在一处蓄水凹坑，施工期间突然发生冒顶坍塌，大量的泥石流涌入洞内，形成突泥涌水事故。地表坍塌冒顶，如图12.3-4。洞内突泥涌水清理后残留痕迹。

图12.3-3 突泥涌水淹没洞身

图12.3-4 地表坍塌冒顶

（5）隧道断裂构造和褶皱构造极其发育，地下水丰富，致使洞身围岩强烈变形，自稳能力差。掌子面开挖后即有渗水涌出，围岩遇水急速软化，拱部围岩被水冲蚀剥落，出现严重掉块和滑塌，继而产生突泥涌水。

（二）原因分析

（1）隧道掘进未采取超前地质探测预报措施，提前预测前方围岩地质情况，判断是否存在不良地质情况。

（2）隧道开挖施工中遇到暗河、溶洞、与地表水体连通的断层裂隙破碎带围岩。当岩体开挖揭露后，造成岩溶水压的承载失衡，大量地下水及软弱填充泥沙涌流而出，导致大规模的涌水、突泥事故发生。

（3）在地下水发育的软弱破碎围岩隧道，遇水后围岩急速软化，被水冲蚀剥落和严重掉块，围岩及初期支护不能抵抗洞身周边巨大水压而发生变形，洞身失稳坍塌，继而引发突泥涌水。

（4）在地下水丰富的地段施工时，由于排水能力不足或方法不当，地下水迅速涌出造成洞内水位迅速上升，致使施工难以进行。

（三）处置措施

（1）隧道掘进施工应采取超前地质预报措施，提前探测前方围岩地质情况，判断是否具有突泥涌水可能，防止灾害事故的发生。若超前探测存在发生突泥涌水的地质情况时，应采取有效的施工技术措施和处置方案。

（2）当遇到突泥涌水先兆或发生突泥涌水时，现场负责人应立即组织所有施工作业人员和主要机械设备撤离至安全位置。当发生人员伤亡时，应根据现场突泥涌水实际情况，在确保抢险人员生命安全的情况下，及时采取有效的抢救方案，减少人员伤亡程度，积极组织人力、物力、财力全力抢险救灾，降低灾害损失。

（3）突泥涌水处置方案的选择，一定要考虑隧道周围的施工环境和施工条件，根据水源情况，采取下列相应的处置措施。

① 一般排水：井涌水量不大，经过了解分析地层结构肯定其补给量较小时，可采用一般排水办法，如机械排水、平行导坑排水、加大边沟排水（图 12.3-5）等。

② 钻孔排水：井涌水量较大时，可采用水平钻机或潜孔凿岩机进行钻孔排水减压，如图 12.3-6。还可在特设的横洞（能利用大避车洞则更好）中设置钻孔拦截地下水，将地下水引入隧道的积水坑中。

图 12.3-5　加大边沟排水

图 12.3-6　钻孔排水减压

③ 泄水洞（坑道）排水：用于拦截并排除流向隧道内的大股地下水。

④ 超前围岩预注浆堵水：当地下水丰富且排水夹带泥沙引起开挖面失稳，或排水后对生态环境影响较大，或排水工作量较大、费用较高时，可采取超前围岩预注浆堵水措施，如图 12.3-7。

⑤ 开挖后补注浆：适用于已实施超前预注浆但开挖后仍然存在渗水，且初期支护存在变形甚至破坏的地段。

⑥ 对危险程度较高地段，可采用设止浆墙封堵。沿隧道开挖面轮廓线按轴向辐射状布孔，进行全断面全封闭深孔注浆固结止水，使隧道周边及开挖面形成一个止水帷幕加固区，切断地下水流通路，保持围岩稳定，增强施工安全。

⑦ 隧道穿越海底风化深槽地段，沿开挖轮廓线以外采取注浆措施，形成 5 m 厚度环形止水帷幕加固圈，避免产生突泥涌水和坍塌事故。

（4）当容易发生突泥涌水地段上方存在江河、湖泊、海洋时，为预防地表水体在水头落差压力下，持续渗流补充地下水，导致突泥涌水，可在上述处置措施的基础上，在洞身围岩较好的地段设置防水闸门（图 12.3-8）。闸门采取内置型钢骨架、外贴钢板的可拆卸重复利用结构，可循环使用。一旦掌子面地段发生不可控的险情，迅速撤离作业人员，关闭防水闸门，阻断突泥涌水危害。

图 12.3-7　超前围岩预注浆堵水　　　　图 12.3-8　海底隧道防水闸门

（5）经超前地质预报探测，容易发生突泥涌水的施工地段要规划应急逃生路线，布设醒目可见的应急灯、报警器、指路标志等安全预警设施。一旦发生事故，立即启动报警系统，引导作业人员按逃生路线迅速撤离。

第四节　有害气体

一、基本知识

有害气体是指对人的健康产生不利影响，或者对人的健康虽无影响，但使人感到不舒服、影响人舒适度的气体。隧道施工产生的有害气体使得洞内环境和作业条件恶化，从而导致劳动效率降低，危害作业人员的身心健康和安全。洞内有害气体通常包括有毒气体、可燃性气体和窒息性气体，大体上可分为自然发生的（如瓦斯、缺氧空气等）和施工产生的（如爆破后气体、作业面粉尘等）两大类。为使洞内形成一个能满足作业安全、提高工效的舒适环境，最根本的措施就是消除有害气体和减少发生源。

与隧道作业环境密切相关的基本因素还有温度、湿度、噪声、照明、通风及风速。这些因素虽然不产生有害物质，但会破坏洞内舒适、安全的作业环境。如果这些因素不适合，也会影响作业效率，使灾害发生率上升。

有害气体主要隐患类型有：施工产生粉尘、爆破产生有害气体、动力设备排放烟雾和废气、天然存在可燃性气体、天然存在瓦斯、天然存在的缺氧空气。

二、隐患排查

（一）表现形式

（1）钻孔、爆破、装渣、运输、喷射混凝土、混凝土拌和、注浆及灌注混凝土等施工作业过程产生大量的粉尘（游离二氧化硅 SiO_2）。尤其喷射混凝土产生的粉尘量最多，如图 12.4-1。

（2）爆破作业产生的气体含有一氧化碳（CO）、氮氧化物（NO_x）等有害物质。

（3）使用柴油的施工机械、运输车辆和动力设备，产生烟雾和废气，含有大量的氮氧化物（NO_x）、一氧化碳（CO）等有害物质。

（4）使用汽油的动力设备产生含有铅（Pb）、一氧化碳（CO）、二氧化硫（SO_2）、氮氧化物（NO_x）等有害物质的尾气。

（5）围岩天然蕴藏、经开挖释放出来的可燃性气体、瓦斯（甲烷 CH_4）及富氧空气。

（二）原因分析

（1）隧道爆破、开挖、装渣、运输、锚喷支护等施工作业过程，产生大量的粉尘，长时间吸入后导致肺部纤维化，可能引起硅肺病、皮肤病、全身中毒等综合性危害。

（2）瓦斯是无色、无味的气体，难溶于水，在围岩中以游离状态和吸着状态存在。瓦斯突出隧道达到一定浓度时，能使人因缺氧而窒息，且容易发生燃烧火灾或爆炸，形成高温高压气体以极大的速度向外冲击，伤害作业人员，破坏巷道和机械设备。另外，爆炸后生成大量的有害气体，造成作业人员中毒。

（3）二氧化硫（SO_2）、氮氧化物（NO_x）、氨（NH_3）等气体能与大气中的飘尘黏附，严重污染空气。当人体吸入这些有害气体时，容易产生昏迷中毒。

（4）一氧化碳（CO）、硫化氢（H2S）气体使人中毒、窒息，并且容易发生爆炸，产生冲击波伤害作业人员。

（5）缺氧空气使人呼吸困难，容易产生窒息、昏迷和中毒。下列情况容易产生缺氧空气：

① 隧道穿越煤系地层、油田地层，开挖后释放出天然蕴藏的可燃性气体和瓦斯（CH_4），浓度较大时稀释隧道内的氧气。

② 腐殖土围岩因土中细菌作用，会产生甲烷（CH_4）、硫化氢（H_2S）等气体，稀释隧道内的氧气。

③ 含有碳酸钙（$CaCO_3$）的围岩地层，可分解、涌出大量的二氧化碳（CO_2），稀释隧道内的氧气。

④ 不透气的砂砾层因滞水产生缺氧状态。

⑤ 涌水处地层呈现铁锈似的红色时，可能缺氧。

（三）处置措施

（1）隧道施工应定期监测粉尘和有毒有害气体的浓度，保持安全、舒适、卫生的作业环境。洞内空气成分每月至少取样分析一次，风速、含尘量每月至少检测一次。洞内有毒有害气体监测，如图 12.4-2。具体环境标准要求如下：

图 12.4-1　喷射混凝土产生大量粉尘

图 12.4-2　洞内有毒有害气体监测

① 通过调整隧道通风的最佳风速（1.5～3.0 m/s）以排除粉尘。

② 保证每人每分钟供应 4 m³ 的新鲜空气，氧气含量不得低于 20%。

③ 洞内气温不宜超过 28 ℃。

④ 洞内湿度控制在 70%～90%变化。

⑤ 洞内噪声不大于 90 dB。

（2）洞内有毒有害气体浓度的允许值应按以下标准控制：

① 瓦斯（甲烷 CH_4）含量按体积计不得大于 0.5%，每隔 0.5～1 h 检测一次。当瓦斯含量大于 0.5%时，应在开挖面随时检测，发现异常及时采取措施。当瓦斯含量达到 2%时，必须加强通风降低瓦斯含量，方可进入检测。

② 一氧化碳（CO）最高允许浓度为 30 mg/m³。在特殊情况下，施工人员必须进入工作面时，可为 100 mg/m³，但必须在 30 min 内降至 30 mg/m³。

③ 二氧化碳（CO_2）允许值按体积计不得大于 0.5%。

④ 粉尘（SiO_2）：含 10%以上游离二氧化硅的粉尘浓度不得超过 2 mg/m³；含 10%以下游离二氧化硅的粉尘浓度不得超过 4 mg/m³。

⑤ 二氧化硫（SO_2）浓度不得超过 15 mg/m³。

⑥ 硫化氢（H_2S）浓度不得超过 10 mg/³。

⑦ 氮氧化物（NO_x）允许值为 5 mg/m³ 以下。

⑧ 氨（NH_3）浓度不得超过 30 mg/m³。

（3）机械通风是冲淡、排除隧道有害气体的主要措施，还可以降低粉尘、温度、湿度，消除缺氧，保持洞内空气新鲜，改善作业环境。隧道掘进 50 m 以上必须实施机械通风，应设专人管理、维修。通风管道安装应做到平顺、接头严密，弯管半径不小于管道直径的 3 倍；管壁如有破损，必须及时修补或更换。机械通风及洞内管线布置，如图 12.4-3。

（4）无论通风机是否运转，严禁人员在风管的进出口附近停留。通风机停止转动时，任何人员不得靠近通风软管行走或在软管旁停留，不得将任何物品放在通风管或管口上。

（5）施工宜采用湿式凿岩机钻孔，用湿喷机喷射初期支护混凝土等减少粉尘浓度的施工工艺。

（6）在凿岩和装渣工作面上应采取以下防尘措施：

① 凿岩机钻眼打孔时，必须先送水后送风，保持湿式凿岩，采取水压爆破。

② 放炮前后应进行喷雾与洒水，用装水的软塑料袋充当炮泥，爆炸时水在强烈的冲击下雾化，起到湿式除尘作用。

③ 出渣前应喷水淋透渣堆和冲洗岩壁，作业面及运输道路采取喷淋洒水降低扬尘措施，如图 12.4-4。

④ 在吹入式的出风口，应设置喷雾器净化风流中的粉尘。

⑤ 个体防护：施工人员应佩戴防尘口罩、防尘手套。

图 12.4-3 机械通风

图 12.4-4 隧道降低扬尘措施

（7）防尘用水的水质和固体物质必须符合卫生标准，水池应保持清洁，设置沉淀或过滤设施。

（8）任何汽油动力设备都不允许停放在隧道内，或在隧道内使用，避免产生有毒有害气体。

（9）隧道洞内施工应选用低污染的柴油动力设备，并应带有机外净化装置。

（10）瓦斯隧道必须采用压入式或巷道式机械通风。风量应能冲淡和稀释瓦斯，保证洞内各部位的瓦斯浓度不超过规定浓度。如果通风设备出现故障或洞内通风受阻，所有人员应撤离现场，在通风系统恢复正常工作、经全面检查确认洞内有害气体浓度符合要求之前，任何人不得进入洞内。瓦斯隧道应急逃生标志，如图 12.4-5。

图 12.4-5　瓦斯隧道逃生路线示意

（11）瓦斯隧道通风的风速应能防止瓦斯在角隅和洞顶聚集、滞留，不间断连续运转，不小于最低风速。

（12）瓦斯隧道应严格按照规定配置防爆设备和设施，高度重视防爆工作，采取以下措施：

① 洞内不得使用任何明火或火源。

② 作业人员禁止吸烟。

③ 机械设备必须采用防爆及自动检测报警断电装置。

④ 对洞内的所有线路及照明设施进行改造，所有电缆采用阻燃、防爆电缆。

⑤ 洞内作业人员穿防静电工作服，禁止穿戴易产生静电的尼龙衣物进洞作业。为防止通风管道带静电，可以采取接地措施。

第五节　流　沙

一、基本知识

隧道开挖过程产生流沙现象是水在围岩裂隙中渗流所产生的动水压力对岩体作用的结果。砂岩、沙土或粉质黏土整体性差，在动水压力的作用下丧失黏聚力，颗粒处于悬浮状态，随渗流的水一起流动而形成流沙，多呈糊浆状或涌流状。

公路隧道属于管状地下工程，作业空间狭窄。一旦发生流沙，可引起围岩失稳坍塌，洞身淤积堵塞，支护结构变形，甚至倒塌破坏，将对隧道作业人员的人身安全造成极大危害，对施工机械设备和工程财产造成严重损失，给后续施工带来困难。

流沙的主要隐患类型有：

（1）洞身穿越富水沙质岩土，开挖引发流沙坍塌；

（2）洞身穿越与地表水体连通的富水沙层，开挖引发流沙坍塌；

（3）突发流沙冲毁堵塞隧道洞身。

二、隐患排查

（一）表现形式

（1）海底隧道穿越与海域连通的富水沙层。服务隧道断面较小，施工进度超前两侧主线隧道。施工过程因拱顶局部与沙层贯通，造成涌水、流沙和坍塌。

（2）海底隧道竖井开挖时，穿越富水沙层。受潮汐影响，在高潮位海水压力作用下，突发流沙涌入竖井，淹没井内停置的施工机械和设备。泥沙及涌水急速上升，导致井壁外侧周边地表迅速沉陷，竖井开挖被迫停止。

（3）富水砂岩、沙土或粉质黏土围岩开挖施工，由于渗水带走泥沙和粉土，使得围岩空穴逐渐扩大，继而产生坍塌，如图 12.5-1。

（4）突发流沙倾泻而出，淤积堵塞隧道洞身，冲毁淹没作业人员、施工机械和设备，损坏隧道支护结构。

（二）原因分析

（1）沙层中的地下水对沙体产生悬浮作用，降低颗粒之间摩擦力。开挖形成动水压力，能轻易地将沙粒带走，形成流沙和坍塌。

（2）富水砂岩、沙土、粉质黏土及砂砾层围岩缺少黏聚力，如果未采取固结措施，地下水的渗流及涌水造成沙层流失，逐渐在拱部或边墙产生掉块、剥离，形成空洞，造成土体的塑性区加大。

（3）隧道穿越与地表水体（海水、河水或湖泊）连通的富水沙层，因水的落差和渗透压力较大，逐渐产生涌水、流沙和塌陷。

（4）由于超前支护、固结效果差，在压力水的作用下，流沙倾泻而出，产生巨大的冲击力，快速冲开挖作业面，淤积堵塞隧道洞身，如图 12.5-2，伤害作业人员、淹没施工机械和设备，初期支护结构变形受损，二次衬砌结构失稳。

图 12.5-1　粉质黏土围岩开挖施工

图 12.5-2　淤积堵塞隧道洞身

（三）处置措施

（1）隧道通过含水沙层之前，应通过超前地质预报措施，探测沙层特性、类型，标定沙层的规模、范围和准确位置，了解沙层地质构造、物理力学指标、滞水层分布，以及地下水压力和透水系数等，制定切实可行的处置方案和施工安全措施。

（2）隧道通过含水沙层地段应采取治水措施，以减少沙层的含水量为主要目标，将沙层中的自由水降低到不使沙粒流失，避免产生流沙和坍塌。

（3）含水沙层治水施工可采取以下措施：

① 隧道埋深在 20 m 以内，可在地表采取治水措施，截断地下水流。通常采用地表注浆堵水，或从地表设置止水帷幕，施工穿过沙层的止水支护结构［如地下连续墙（图 12.5-3）、连续钢板桩、深层搅拌桩、密排灌注咬合桩等］，分段、分仓阻隔止水，切断沙层与地下水或地表水的连接通道，使隧道开挖通过沙层时实现无水作业，如图 12.5-4 所示。

② 深埋超过 20 m 时，可采用工作面超前注浆堵水措施。通常采取超前帷幕预注浆、超前小导管周边预注浆、开挖后局部注浆止水，堵塞渗水通道。

③ 采取井点降水措施（如轻型井点、管井井点、喷射井点等），降低地下水位。通过深井降水、抽排，降低水压力，防止沙层稀释和挟走沙粒。

④ 遇到特大范围流沙地层时，可采用冻结法、硅化法、压气法等特殊止水措施，阻止地下水的渗流，以防止流沙发生。

（4）当隧道施工突遇含水沙层时，应迅速采取有效措施封闭流沙通道，防止开挖面流沙大量涌入。

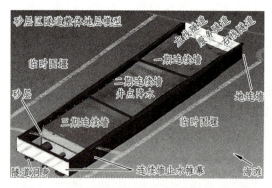

图 12.5-3　某海底隧道地下连续墙模型示意　　图 12.5-4　透水沙层经综合处置后无水施工

（5）洞内沙层开挖应设置排水沟或预制管道、预制沟槽，将渗水引排至洞外。排水沟采取片石砌筑、迎水面砂浆抹面等防渗措施。

（6）流沙地层开挖后，应尽快施作仰拱、边墙和拱部初期支护，封闭开挖面。初期支护闭合成环后，能有效抑制流沙，防止围岩及支护结构遭受破坏。

第六节　洞口失稳

一、基本知识

洞口位于隧道进出端头，犹如隧道的咽喉要道，对于隧道施工及运营安全至关重要。洞口段地表覆盖层通常较薄，地质条件较差，围岩风化、破碎程度及偏压现象较严重，地表水及地下水较丰富，坡面容易产生落石、滑动和坍塌。洞口失稳可导致洞口堵塞，干扰洞内正常施工，影响施工安全和延误工期。洞口失稳可能引发高处坠落或物体打击，导致作业人员伤亡或机械设备受损。

洞口失稳的主要隐患类型有：洞口边/仰坡滑坡、坍塌，洞口严重偏压变形失稳，坡面孤石坠落。

二、隐患排查

（一）表现形式

（1）洞口穿越岩堆、滑坡体，设计未探明滑坡体规模，未采取处置措施或措施不当。开挖扰动岩堆、滑坡体，引起滑坡或坍塌。

（2）高边/仰坡、松散岩体防护处置措施不到位，出现不稳定现象未及时采取措施或措施不当。

（3）雨季进洞施工无排水措施，未按设计开挖截水沟、排水沟，未形成排水体系。受台风暴雨冲刷导致边/仰坡失稳坍塌，如图 12.6-1。

（4）洞口开挖方法不正确，未自上而下分层开挖、分层支护，采取掏底开挖或上下重叠开挖。浅埋暗挖隧道洞口正确的开挖及支护施工措施，如图 12.6-2。

图 12.6-1　隧道洞口边坡失稳　　图 12.6-2　浅埋暗挖隧道洞口开挖及支护施工示意

（5）施工爆破控制不当，爆破设计与实际围岩情况不匹配，软弱围岩采用深眼大爆破或集中药包爆破。

（6）洞口两侧山体由于高差产生严重偏压，破坏洞口段支护及衬砌结构。

（7）不良地质隧道进洞过晚，洞口大开挖、大爆破。

（8）坡面孤石或物体坠落，打击洞口施工人员和机械设备。隧道洞口边/仰坡及支护工程失稳受损情况及处置如图 12.6-3、图 12.6-4。

图 12.6-3　洞口边/仰坡坍塌

图 12.6-4　洞口高边坡失稳开裂处置

（二）原因分析

（1）洞口开挖之前，预先建立完整、畅通的截水沟、急流槽、排水沟等地表排水系统。台风暴雨冲刷坡面，渗水使得土体重量增加，且土体颗粒之间摩擦力减小，导致边/仰坡失稳。

（2）洞口开挖后，未及时进行坡面防护工程施工，影响边/仰坡稳定。坡面坍塌、孤石或物体坠落将对进出隧道的施工人员和机械设备安全构成较大威胁。

（3）多数隧道洞口地质条件不良，土质松散，稳定性差。施工方法不正确，未自上而下分层开挖、分层支护；采用深眼大爆破或集中药包爆破，对山体产生强烈震动和扰动，产生坡面失稳坍塌。

（4）洞口处于滑坡体上，未探明工程地质情况并制订边/仰坡加固方案，开挖扰动滑坡体引起坍塌。

（5）洞口两侧山体高低悬殊，隧道开挖破坏了原有的土体平衡状态，产生明显偏压受力。未采取工程处治措施，影响隧道支护及衬砌结构稳定。

（6）不良地质隧道进洞过晚，大开挖产生高边/仰坡，防护不到位，产生坡面失稳坍塌。

（7）洞口超前支护未施作或不满足要求即开挖进洞，容易产生坍塌冒顶。

（8）不良地质洞口边/仰坡开挖和支护施工未开展监测或监测不到位，持续或加速变形导致失稳坍塌。

（三）处置措施

（1）隧道洞口土石方开挖及进洞之前，必须率先施工边/仰坡顶上和坡面平台截水沟、急流槽、排水沟，完善洞口排水系统。雨天应加强巡查，确保洞口排水顺畅，无淤积、堵塞现象，防止地表水渗透或冲刷边/仰坡造成洞口失稳。

（2）洞口施工宜"早进洞、晚出洞"，尽量减少对地表和植被的扰动和破坏，避免大开挖形成高边/仰坡。软弱围岩洞口开挖严禁采用深眼大爆破或集中药包爆破，避免强烈震动影响坡面稳定。

（3）对边/仰坡以上可能滑塌的土体、灌木、孤石及碎落石块，应清除减载，采取有效的防护和加固措施彻底整治，确保隧道施工及运营安全。

（4）偏压洞口施工前，应制订减载、平衡反压填土、浅埋段土体加固、设置支挡结构物、增强隧道结构的整体抗变形能力等防护措施。开挖方法应结合偏压地形情况确定，不得人为加剧偏压状况，影响洞口安全。

（5）洞口边/仰坡采用明挖法施工时，应先外后内、自上而下、分段分层进行开挖，不得掏底开挖或上下重叠开挖。

（6）洞口超前支护措施施作到位后即可进洞施工。应及时完成洞身二次衬砌、洞门衬砌和坡面防护施工，稳固洞口边/仰坡，为后续的洞内施工创造安全稳定的条件。洞口防护措施，如图 12.6-5。

（7）为加强隧道进口管理，洞口必须设立电子门禁系统和值班室，安排专人 24 h 轮岗值班，巡查洞口边/仰坡稳定和安全状况，对进出洞口的各类人员和机械设备进行登记管理。洞口安全管理措施，见图 12.6-6。

（8）长隧道、特长隧道以及海底（水底）隧道必须配置安全生产应急预警系统。

图 12.6-5　洞口防护措施

图 12.6-6　隧道洞口设立电子门禁系统和值班室

第七节　洞内火灾

一、基本知识

隧道工程施工通道狭窄，作业空间有限，处于一端封闭的管状空间状态。施工过程一旦发生火灾，火源温度高，燃烧蔓延速度快，能见度低。着火区域充满浓烟，产生大量的不完全燃烧产物（如无色、无味、有强烈毒性的一氧化碳），在高温热气压的作用下快速扩散。由于洞内疏散、逃生、灭火、抢险及施救条件受限制，容易发生群体伤亡事故。

洞内火灾的主要隐患类型有：防水、排水材料燃烧引发火灾，易燃易爆物品爆炸引发火灾，电力线路和设备故障引发火灾。

二、隐患排查

（一）表现形式

（1）隧道施工必须大量使用防水、排水材料，这些由塑料或橡胶制作的化工材料一旦着火燃烧，无法自然排烟，将产生大量的有毒有害气体和烟雾，迅速使人中毒、昏迷，造成作业人员伤亡事故。

（2）隧道着火燃烧产生的热量不易散发，可达到 1000 ℃ 以上的高温、缺氧状态，并且迅速传播扩散，使洞内作业人员烧伤、窒息、死亡。

（3）隧道发生火灾后，引燃电力线路，一方面，破坏施工照明系统，大量的烟雾充满隧道，使得隧道内能见度大大降低；另一方面，由于其一端封闭的管状结构特点，给扑救火灾、疏散人员和逃生带来极大困难。

（4）隧道火灾可能引发洞内其他易燃、易爆物品燃烧或爆炸，加剧火势发展。

（5）隧道火灾可能产生支护结构坍塌打击、电力线路触电等次生灾害，危害作业人员和机械隧道火灾产生的灾害。

（二）原因分析

（1）电焊或切割钢筋产生的火花、高温焊渣或钢筋头，容易点燃橡胶防水板、塑料排水管、盲沟、止水带等化工制品材料，产生高温、高压气体以及有毒有害烟雾。电焊作业引燃火灾安全隐患，如图 12.7-1。

（2）施工照明碘钨灯等高温灯具烘烤或倒地，引燃橡胶防水卷材、化纤土工布、塑料排水管，继而引燃施工台架和其他可燃物体。

（3）炸药、雷管、氧气瓶、乙炔瓶、汽油、煤油、变压器油等易燃易爆物品使用保管不当酿成火灾，或在火灾环境下引发燃烧和爆炸加剧火灾。

（4）电力线路、配电箱、开关箱或衬台车的电器设备因过载超负荷运行，出现老化、绝缘破损和故障，产生短路、火花和极大热量，引燃施工材料导致火灾。

（5）电力线路故障通过施工台架等金属设备传导，也会导致施工作业人员触电伤亡。

（6）在施工管理方面，针对隧道施工各环节安全防火工作不够重视，对防水、排水材料的可燃性质，以及燃烧产生的有毒有害气体可能引发严重后果预见性不强，应急抢险措施不到位，现场避险、逃生设施不完备，导致火灾事故发生和加重。

（三）处置措施

（1）对一线作业人员应加强火灾预防、灭火等消防知识培训。洞内严禁明火作业、吸烟与取暖。

（2）隧道施工现场衬砌台车台架底部、防水层铺设台架底部、大型机械设备旁侧、机电洞室横洞转角等部位必须配备消防灭火器材，挂设醒目标志，定期巡查和管理，及时补充、更换（过期或欠压）灭火器材。

（3）防水、排水材料属于易燃危险品，应在洞外设置专门的仓库进行加工和存放，配置消防灭火器材，由专人负责管理。库房应远离明火作业区、生活区、办公区和人员密集区，不得布置在架空电力线路下方。防水卷材存放，如图 12.7-2。

图 12.7-1　隧道电焊火灾隐患　　　　　图 12.7-2　防水卷材存放

（4）材料仓库外墙应上墙明示管理制度、防火警示标志、火警和应急救援电话等。

（5）防水材料、排水材料、乙炔瓶、氧气瓶等易燃易爆物品，应根据施工进度严格控制领用数量。施工现场不宜过多存放或备用，存放与加工场地应远离临时用电电力线路、移动照明灯具、电焊施工作业点。

（6）任何情况下都不允许将汽油、煤油、变压器油、炸药、雷管和其他易燃易爆物品运到洞内存放，避免引发火灾或爆炸。清洗风洞工具应在专用洞室内，并设置向外开的防火门。

（7）隧道施工用电应严格执行《施工现场临时用电安全技术规范》（JGJ 46—2005）。施工现场必须配备持证上岗的专职电工，负责供电、照明、设备及线路维护管理。

第十三章　应急管理

公路工程施工属于高危行业，受自然环境条件复杂、施工措施不当以及违章作业等多方面因素的影响，极易发生安全事故。安全事故发生后，及时有序、科学有效地实施救援，是最大限度减少人员伤亡和财产损失的关键。

第一节　应急救援工作原则

一、以人为本、安全第一，居安思危、预防为主

保障工程人员和其他群众的生命财产安全，以最大限度地减少人员伤亡为首要任务。坚持预防与应急相结合，以预防为主，积极实施施工安全风险评估，加强应急培训和演练，做好应对事故的各项准备工作。

二、条块结合、属地为主、政府领导、各司其职

在交通运输部统一领导和组织指导下，各省（自治区、直辖市）交通运输主管部门负责本辖区内的公路工程生产安全事故应急管理工作。现场救援工作在各级人民政府的统一领导下，由各级交通运输主管部门具体负责，充分发挥行业的技术优势和协调作用，依法指挥事故救援，组织、参与调查处理和对外新闻发布工作。公路工程项目建设、施工、监理等参建单位应服从现场指挥，配合事故救援、调查处理工作。

三、整合资源、协同配合、科学应对、快速高效

加强公路工程应急救援技术的研究开发，建立应急咨询专家库，提高应急决策水平和指挥协调能力。加强与当地有关部门和专业应急救援队伍密切协作，建立应急处置的联动协调机制。加强建设、施工、监理等参建单位兼职应急救援队伍建设，提高自救、互救和应对各类生产安全事故的能力，形成快速高效的应急反应机制。

第二节　事故分级

公路工程生产安全事故，是指在列入国家或地方基本建设计划的公路基础设施新建、改建、扩建、拆除和加固活动中发生的生产安全事故。事故按照人员伤亡、涉险

人数、经济损失等因素，一般分为4级：特别重大事故、重大事故、较大事故和一般事故。

（1）特别重大事故：一次造成30人以上死亡，或者100人以上重伤，或者1亿元以上直接经济损失的事故。

（2）重大事故：一次造成10人以上30人以下死亡，或者50人以上100人以下重伤，或者5000万元以上1亿元以下直接经济损失的事故。

（3）较大事故：一次造成3人以上10人以下死亡，或者10人以上50人以下重伤，或者1000万元以上5000万元以下直接经济损失的事故。

（4）一般事故：一次造成3人以下死亡，或者3人以上10人以下重伤，或者300万元以上1000万元以下直接经济损失的事故。

第三节 应急管理职责

（1）施工单位应结合项目总体应急预案，制订有针对性和衔接性的本合同段应急预案（包括现场处置方案），建立本合同段应急组织机构，组建兼职应急救援队伍；配备必要的应急救援物资及装备；每年至少组织本合同段员工开展一次应急演练和应急知识培训。

（2）发生生产安全事故后，按规定向有关部门报送事故情况，立即组织开展自救并保护事故现场；需紧急救援时，应及时向当地交通、公安、消防、卫生等相关部门报告请求；配合事故调查、分析和处理工作，组织开展应急总结及恢复重建工作。

（3）危险性较大的隧道工程，以及存在潜在危险的作业区（易发生山体崩塌、滑坡、泥石流，存在有害气体突出的施工环境），项目施工单位应按规定开展施工安全风险评估、编制专项施工方案，制订相应的专项应急预案，并向操作人员进行专项方案的宣贯和交底工作。施工单位对准备进入上述作业区的操作人员进行风险告知。

（4）当项目发生生产安全事故后，相邻合同段施工单位应在建设单位的统一指挥下，积极参与现场互救，并采取措施加强本合同段安全防范。

第四节 应急响应

一、事故信息报送

事故发生后，事故现场有关人员应当立即向本项目部项目经理报告；项目经理接到事故报告后，应向公司安全管理部门报告，同时向监理单位和建设单位报告，并于1 h内向事故发生地县级以上人民政府应急管理部门和负有安全生产监督管理职责的有关部门报告。情况紧急时，事故现场有关人员可以直接向事故发生地县级以上人民政府应急管理部门和负有安全生产监督管理职责的有关部门报告。

报告事故应当包括下列内容：

（1）事故发生单位概况；

（2）事故发生的时间、地点以及事故现场情况；

（3）事故的简要经过；

（4）事故已经造成或者可能造成的伤亡人数（包括下落不明的人数）和初步估计的直接经济损失；

（5）已经采取的措施；

（6）其他应当报告的情况。

根据《生产安全事故报告和调查处理条例》第十三条事故报告后出现新情况的，应当及时补报。自事故发生之日起 30 日内，事故造成的伤亡人数发生变化的，应当及时补报。道路交通事故、火灾事故自发生之日起 7 日内，事故造成的伤亡人数发生变化的，应当及时补报。

根据《中华人民共和国特种设备安全法》相关规定，特种设备发生事故后，事故发生单位还应当及时向项目所在地县级市场监督管理局和有关部门报告。

二、信息处置与研判

（1）发生突发事件后，事故现场人员应第一时间通过电话或者其他方式将事故信息上报。

（2）经理部应急救援领导小组对突发事件报告信息进行分析评估，预测发生突发事件可能性大小、影响范围和严重程度以及可能发生的突发事件的级别，并根据响应分级条件规定执行。

（3）响应启动后，应注意跟踪事态发展，科学分析处置需求，及时调整响应级别，避免响应不足或过度响应。项目经理部的应急响应应根据项目经理部应急预案执行。

第五节　应急处置

事故发生后，事发地项目施工单位应按规定上报事故，并立即启动本合同段应急预案。在公安、消防、卫生等专业抢险力量到达现场前，项目建设单位应立即启动本项目总体应急预案，立即组织有关应急救援队伍和工作人员营救遇险人员，疏散、撤离、安置受到威胁的人员，控制危险源，标明危险区域，封锁危险场所，并采取其他防止危害扩大的必要措施，妥善保管有关物证，并按照规定及时报告。当上级政府、部门负责现场指挥救援工作时，项目建设、施工、监理等单位应积极听从指挥，做好抢险救援、现场取证、道路引领、后勤保障、秩序维护等协助处置工作。

第六节　隧道"关门"坍塌事故抢险救援

一、概　述

隧道"关门"坍塌是指施工人员在隧道掌子面施工时，后方已部分施作完成的隧道出现坍塌，将前方施工人员阻隔在坍塌体与掌子面之间的空间区域内。这种情况多发生在仰拱开挖工作面，因仰拱一次开挖距离过长或左右幅仰拱同时悬空过多等原因导致坍塌。隧道发生"关门"坍塌时，施工人员被困于狭小的危险区域，对被困人员的快速施救成为重中之重。事故发生后，抢险救援如图 13.6-1 程序进行。

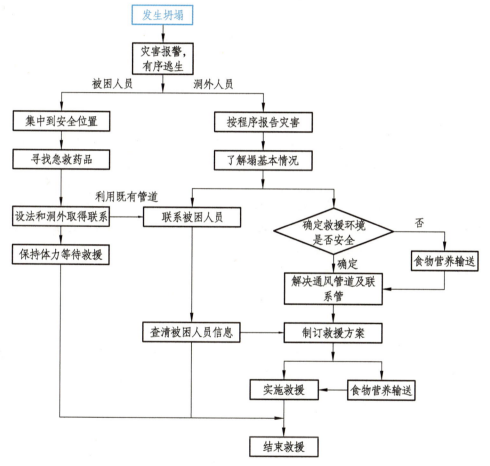

图 13.6-1　隧道"关门"坍塌抢险救援程序

二、洞内被困人员注意事项

（1）"关门"坍塌发生后，被困人员应保持镇静，不要乱动，以便将身体的消耗减到最低，等待救援。

（2）不要盲目挖掘塌方体，以免造成二次塌方。

（3）搜集可以维持生命的水和食物，并有计划地利用。

（4）击风水管看能否与外界取得联系，在听到周围有声音时，可间隔敲击出声，向外界提供信号，增加救援人员的信心。

三、坍塌体及后方救援区域加固

发生"关门"坍塌事故时，洞外人员不能盲目清理坍塌体，以防坍塌继续扩大。事故现场应在坍塌体稳定，初步确认无次生灾害威胁后，立即组织开展人机配合实施加固措施，包括喷混凝土封闭坍塌体正面、沙袋堆载反压坍塌体、坍塌扰动范围回填碎石（沙包，沙袋等）至起拱线高度、在回填体上方牢固搭设钢支撑或方木支撑等工作，以加强和稳定初支结构，为后续抢险作业安全创造条件。

四、打设联络孔

联络孔可以用来了解被困人员的准确数量、身体状况、生存空间的大小及稳定情况。向被困人员提供饮用水、营养液、食物及氧气等，抚慰被困人员的情绪，指挥其正确躲避危险，为确定救援方案是否正确提供信息，联络孔的及时使用对救援的成功有至关重要的作用。

联络孔的打孔位置，一般可在坍塌体的正面上方，这样可以缩短打孔的长度。当隧道为双线双洞且有条件时，可采用在相邻隧道横向打设联络孔。当地表埋深较浅时，可在地表竖向打设联络孔。因坍塌体较松散，不易成孔，故联络孔一般采用双套管钻机打设。

五、实施救援

隧道关门坍塌常用的救援方法主要有小导坑法、顶管法、竖井法、中心水沟法、大管径钻机法等。由于救援过程中随时会遇到孤石、钢筋、钢架等障碍物，因此必须采取多种方案同时进行救援，增大成功概率。

（一）小导坑救援法

小导坑救援法是采用人工开挖，架设方木排架，在坍塌体正面或侧面迂回开挖小断面导坑至被困空间，实施救援的方法，如图13.6-2。

1. 小导坑的平面位置

应综合考虑隧道的坍塌长度、坍塌量、初支破坏程度及救援条件等因素。当选择从砌体中开挖导坑时，导坑应沿隧道初期支护保留较好的一边轮廓线施工，以利用部分隧道初支作为导坑支护。

图 13.6-2　小导坑救援法施工

2. 小导坑的断面及支护形式

坍塌段落初期支护保留比较完整时，可采用三角形导坑，利用既有初期支护作一侧支护补作另一侧支护和底板。坍塌段落初期支护破坏严重时采用梯形导坑。

导坑支护可采用 15 cm×15 cm 方木，选择密排或间隔背后铺设木板两种方式。导坑进洞和出洞时应加强超前支护，如图 13.6-3。

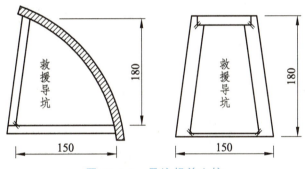

图 13.6-3　导坑超前支护

3. 小导坑施工

施工人员应由掌握开挖、支护、出岔等多项技能的人员组成。开挖中如遇孤石、钢筋、钢架等障碍物，可采用破拆工具进行切割破除；如坍塌体松散可密排小导管或者注双液浆固结。迂回导坑应加强测量，及时进行方向校正。

（二）顶管救援法

当隧道坍塌坍体为软塑～硬塑状或松散土体，小导坑法不能适用时，可采取顶管方式进行救援。顶进管道可选用 ϕ800 mm×10 mm 承插钢管，管节长度采用 1 m。为方便千斤顶和顶进管的连接，须专门加工顶进头，顶进头一端插入承插管，另一端和千斤顶连接。

顶进后背座采用埋设密排 130 型工字钢作立柱，采用 120 型工字钢作斜向支撑。立柱和斜向支撑均应设置反力基础，基础型式、深度应根据计算推力、地质条件等确定，如图 13.6-4。

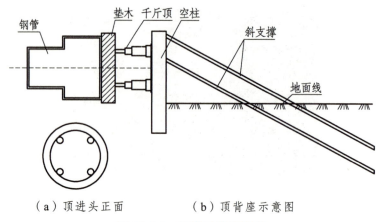

（a）顶进头正面 　　　 （b）顶背座示意图

图 13.6-4　顶进后背座安装

千斤顶可采用 200 t，行程不小于 50 cm，用固定架进行固定。顶进时，应先安设导向架，按顶进方向固定好导向架，将顶进管放入导向架内，再将顶进头放入导向架和顶管连接。为了使顶力均匀分布，顶进头和千斤顶采用枕木作垫块。顶进采用逐节顶进，人工出土的方式进行每顶进 50 cm 后，千斤顶卸压退回，出碴人员立即将管内的泥土挖出，同时顶进头增加 50 cm 的顶进垫块，如此反复进行。

（三）竖井救援法

当隧道埋深较浅时，可从地面紧贴隧道轮廓线外挖竖井救援。为了确保支护稳定、快速成井、满足施救空间要求，竖井可采用直径 1～2 m 的圆形断面，如图 13.6-5。

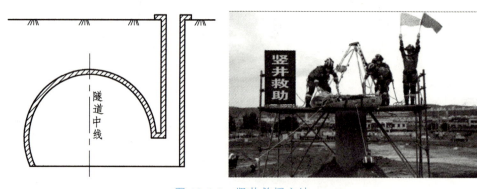

图 13.6-5　竖井救援方法

竖井孔口应满足竖井开挖和支护的稳定要求，并对孔口周边一定范围进行封闭，防止地表水和施工用水下渗。竖井应设置在受坍塌扰动较小，隧道初期支护比较完整的段落，竖井支护可采用格栅喷射混凝土支护。

竖井可采用人工开挖，采用挖孔桩专用吊机出渣。开挖进尺根据围岩情况控制在 50～100 cm。有条件时也可采用钻孔直接成孔。当竖井挖至隧道初期支护时，应采用风镐小心凿除隧道初期支护的喷射混凝土，再割除支护钢架，完成竖井内支护，确认隧道及竖井均处于安全状态后才能进入隧道实施救援。

（四）中心水沟法

部分高速公路隧道在仰拱中设置了中心排水沟，如发生关门坍塌，救援人员可通过疏通中心排水沟，营救被困人员，如图 13.6-6。施工期间，应保证水沟通畅，及时覆盖。此法救援时间短，成功率高。

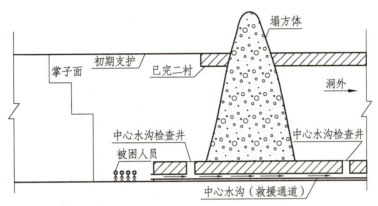

图 13.6-6　中心排水沟疏通救援

（五）大管径钻机法

大管径钻机法是采用大口径救援钻机，在坍塌体上水平施钻大直径逃生通道，被困人员可直接脱困，与其他救援方案相比，提高了救援效率，降低了救援安全风险。但钻孔过程中遇到钢拱架、锚杆等障碍物，必须撤出内钻杆，人工钻进外管内将障碍物割除后方可继续钻进，如图 13.6-7。

图 13.6-7　大管径钻机法救援

第七节　隧道突泥涌水事故抢险救援

一、概　述

突发涌水灾害救援首先应通过联动报警，利用应急照明、预设逃生设施组织有序逃生自救。同时启动抽水设备尝试灾害控制，组织救援队伍进洞开展搜救。救援流程如图 13.7-1。

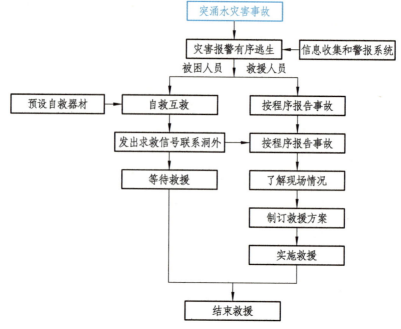

图 13.7-1　突泥涌水救援流程

二、应急措施

存在突泥涌水风险的隧道应根据隧道长度、洞内作业人员数量、可能突泥涌水量等因素合理配备救援设备物资，如表 13.7-1。

表 13.7-1　水灾救援设备物资配置

用途	名称	单位	数量及配置要求
人员自救	钢筋爬梯	个	根据设计要求设置
	逃生绳（长度不小于 20 m）	根	距掌子面 500 m 以内，每侧安装数根
	救生圈	个	距掌子面 500 m 以内每个爬梯至少安装 4 个
	氧气袋	个	设置于靠近掌子面的爬梯上
洞内排水	抽水站及排水管	套	按设计最大涌水量的 1.2 倍配置，间距满足要求
	备用移动式抽水站及排水管	套	按洞内排水能力配置
施救器材	橡皮艇	个	根据隧道长度、洞内作业人员数量及可能涌水量等因素确定
	木板或竹胶板	m²	200
	碗扣式脚手架	t	20

用途	名称	单位	数量及配置要求
信息采集及报警器材	掌子面摄像监控仪	套	每个掌子面安装一套
	探测传感器	个	根据可能的涌水情况确定
	中央处理计算机（数据采集器）	台	2
	人工和水位感应声、光报警器	套	配置于洞内各作业面,联动报警并连接洞外指挥中心

三、事故发生后的自救与互救

（1）突泥涌水事故发生后，应立即发出险情信号，按逃生路线有序撤离。

（2）遇险人员应尽力利用预设的钢筋爬梯、逃生台架和救生圈脱险，利用逃生绳逐步转移到安全地带。

（3）发出求救信号，尽可能与救援人员取得联系，报告有关情况。

四、救援方案

（1）如突泥涌水量很快减小，可运用工程机械等进入洞内施救。

（2）水量较大时，可待水情基本稳定后，组织救援人员乘橡皮艇进洞施救。

（3）当发生小规模突泥或涌水伴随大量砂石、淤泥沉积时，应采用搭设脚手架、铺垫木板或竹胶板等方法迅速开辟救援通道，进入洞内搜救。

（4）救援人员应佩戴呼吸器等专业作业器材。

第八节　隧道火灾事故抢险救援

隧道火灾是指在施工期间因防水板、油料等或电气及设备燃烧引起的火灾。隧道火灾抢险救援关键是防止遇险人员窒息、逃生通道规划及维护等工作。

一、隧道火灾救援原则

（1）紧急报警并启动洞内消防器材尝试灭火，控制烟雾的蔓延。

（2）洞内作业人员应立即采取自救措施，组织有序疏散。

（3）项目现场救援队结合地方消防队实施救援。

二、隧道火灾施救流程

隧道火灾施救流程如图 13.8-1。

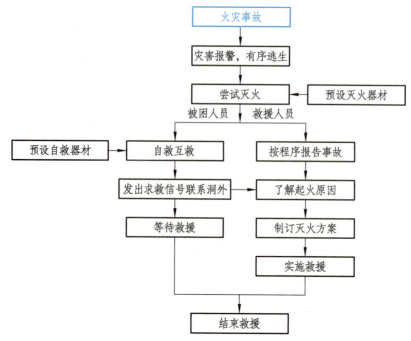

图 13.8-1　隧道火灾施救流程图

三、洞内消防器材配备

（1）施工期间，为防备隧道火灾，洞内开挖、支护等作业面应按单班人员数量配备自救呼吸器，湿毛巾等。

（2）洞内防水板和衬砌等作业面和洞内变电站、配电柜等处均配置 2 台以上手提式和推车式干粉灭火器。

（3）洞内供水干管每 50 m 预留一处消防水龙头，并配备消防水管和水枪，并参照表 13.8-1 规定配置。

表 13.8-1　洞内供水干管配置表

用　途	名　称	单　位	数量及配置要求
灭火施救	推车式干粉灭火器	台	开挖、支护、衬砌作业面最少各 2 台
	消防水龙头	个	每 50 m 安装 1 个
	防毒面具	个	10 个
	消防水管、水枪	套	防水作业面配 2 套，其余地段配 2 套
人员自救	自救呼吸器	个	按开挖、支护作业最大单班人员数量配置
灭火措施	手提式干粉灭火器	台	开挖、支护、衬砌作业面最少 2 台

四、灭火施救措施

（1）防水板等塑胶材料起火，采取直流水冲击的方法灭火。灭火水枪阵地应设在上风和侧风方向。进入烟区的扑救人员应穿戴防毒面具和防护服。

（2）电气设备起火，应先切断电源，再采用灭火器和直流水枪灭火。有油的电气设备如变压器起火时，可用干燥的砂土盖住火焰，使火熄灭。

（3）机械设备燃烧，采用灭火器灭火。

（4）乙炔管路燃烧，采用干燥的砂土盖住火焰，使火熄灭。

（5）灭火期间，应注意观察洞内风流，防止火风压引起风流逆转，危及灭火人员安全。

第九节　隧道瓦斯事故抢险救援

一、瓦斯事故类型及预防措施

隧道瓦斯事故主要有瓦斯爆炸、煤与瓦斯突出、瓦斯火灾等。

隧道瓦斯灾害应以预防为主，采用多种超前地质预报手段了解开挖工作面前方煤层和瓦斯状况，根据不同情况可采取加强通风、加强支护、注浆封堵、钻孔引排等措施进行预防。同时，必须构建覆盖全隧道危险部位的瓦斯实时监测网络，全面、系统、准确把握隧道内瓦斯信息，有效实施灾害预警。

二、隧道瓦斯事故施救流程

接到事故信息后，相关负责人应立即赶赴现场，成立现场处置指挥部，根据应急预案处置程序，组织实施抢险救援和应急处置行动。当隧道施工发生瓦斯事故时，应按照已编制、发布的应急预案或处置方案进行应急救援，尽最大可能降低事故后果及影响程度。

瓦斯事故发生后，施工单位应立即设置警戒区，禁止无关人员进入危险区域，并启动相应级别的应急预案，应急救援领导小组全力配合矿山救援队进行救援，救援流程见图13.9-1。

三、应急处置措施

（一）瓦斯超限事故应急处置

（1）作业人员立即停止作业，佩戴自救器保护自己，按照瓦斯事故避灾路线撤至安全地点或避难室。

（2）撤至安全区域后及时汇报值班室，同时切断工作面电源。

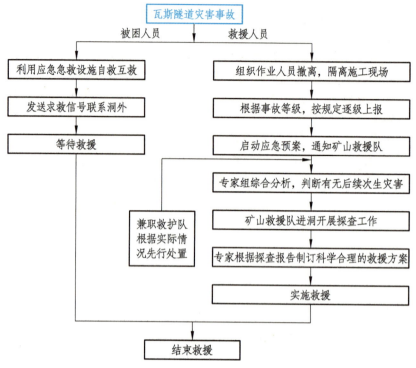

图 13.9-1　瓦斯事故应急救援流程图

（3）在避灾地点，可设法打开压风管路，以便向避难人员输送新鲜空气。

（4）在事故处理过程中注意瓦斯浓度变化情况，并严格火源管理，防止发生瓦斯爆炸。

（5）值班人员发现或接到瓦斯超限汇报后，立即通知施工隧道受影响作业人员撤离到安全地点。

（6）检查确认安全后，启动备用风机加大通风量快速排除瓦斯，尽可能在短时间内降低瓦斯浓度，事故处置期间禁止停风。若瓦斯超限问题仍未能解决，应由专业矿山救护队进行抽排瓦斯操作，待瓦斯浓度降至安全生产范围内方可恢复施工作业。

（二）瓦斯燃烧事故应急处置

（1）发现瓦斯燃烧时，必须立即停止作业，发出预警信号，通知其他作业人员停止作业，撤出洞外，进入事故应急状态。

（2）发生瓦斯着火，作业人员应立即撤离作业地点，撤离过程中发生预警信号，通知其他作业人员停止施工作业尽快撤出洞外，并向洞口值班员或现场负责人报告。

（3）洞口值班员或现场负责人立即向施工负责人报告，同时向本施工队事故应急小组报或项目部事故应急办公室报告。

（4）应急小组立即组织相关人员赶赴现场与施工队相关人员汇合，成立事故现场应急处置小组。根据现场火势状况和现场监测参数制定处置措施。并决定是否请求外部支援。

（5）初期着火时，在小火阶段现场工作人员可迅速使用细砂、灭火器或水雾灭火。灭火后，按照瓦斯涌出事故程序进行处置，直至恢复施工作业。

（三）瓦斯爆炸事故应急处置

（1）当洞内发生瓦斯爆炸后，洞内生还人员应采取自我保护措施，要迅速按规定佩戴好自救器，逃离现场，撤出洞外，若无力撤出时，则应自行或在工友的帮助下挪动到相对安全处等待救援。

（2）撤离至安全位置（一般至洞外）时，应立即清点在场人员名单并登记，查看有无人员伤亡情况，并将情况立即向现场负责人或领导汇报。

（3）在风电断电装置未动作的状态下，立即切断电源，防止瓦斯的再次聚集造成二次爆炸。

（4）项目施工各级应急领导小组接通知后，立即启动应急救援预案，积极组织人力、物力、财力进行灾后援救工作，降低或减少事故损失。项目部事故应急小组相关人员立即赶到事故现场，对事故进行初步评估，决定应急救援的级别，汇报上级管理部门。在自身不能开展救援工作时，应及时向地方政府和矿山救护大队报告，并请求紧急救援，同时做好相应的配合救援的准备工作。

（5）启动备用风机加强隧道内通风，实时监测隧道内瓦斯浓度，当瓦斯浓度降至安全值以内时，救援人员方可进洞进行救援。

（6）当抢救出伤员时，由医务人员及时诊断其伤势情况，当受伤人员中有窒息者时，应及时进行人工呼吸。烧伤人员必须在医生的指导下进行治理，切不可乱涂乱洗，以免加重伤势。根据实际条件，及时将伤员送往就近的医院进行抢救治疗。

（四）瓦斯突出事故应急处置

（1）发现瓦斯突出时，立即发出预警。通知值班室或现场负责人，值班员或现场负责人立即通知瓦斯检查员到达指定位置待命，现场负责人立即向项目部应急救援领导小组报告。

（2）值班人员或现场负责人立即下令停止所有施工作业，通知工人佩戴自救器迅速撤离现场，同时组织施工危险区域内的人员或机械撤到安全地带，值班人员负责清点人数，确保进出洞人员数量相符；若人员不符，立即向现场应急处置小组报告，在保障安全的前提下立即派搜救组携带氧气呼吸器进入洞内搜索，并由救护队员抢救遇险人员。

（3）洞内施工电源作断电处理，通风机正常向洞内输送新鲜空气，或根据应急指挥部要求加大送入风量，快速置换排出瓦斯。事故状态时仍按正常情况进行通风，检查确认施工危险区域具备条件后，启动备用风机加大通风量快速排除瓦斯，尽可能在短时间内降低瓦斯浓度，为抢险救灾工作创造条件。事故处置期间禁止停风。

（4）在发生瓦斯突出事故后，在上报指挥部的同时，项目部应急领导小组成员应立即奔赴现场，在应急救援指挥长的领导下，确定下一步施救行动，防止事故蔓延扩大。

（5）立即设置事故警戒线（加大防火区域），隔离、警戒现场，防止无关人员接近，组织引导现场周围的人员、物资进行撤离、疏散。派专人用瓦斯报警仪对警戒区域及其前后30 m范围的瓦斯浓度进行监控量测，按时做记录并及时向现场应急小组报告。

（6）如有堵塞情况发生，应迅速清理堵塞物，恢复通风、抢救人员，并在扒开被堵区域之前，必须保证用压风向被堵区中供，遇险人员应利用压风进行自救。

（7）由搜救组或外部专业人员寻找迅速查明突出位置和灾情细节，瓦斯突出点位置，绘出示意图，现场应急处置小组根据瓦斯突出点位置进行分析后，确定封堵处置措施。搜救组或外部专业人员在事故处置过程中还负责对通风管道进行检查维护，确保通风正常进行。

（8）在现场条件允许的情况下，组织施工作业人员对瓦斯突出点进行处置，直至恢复正常状态，CH_4浓度小于0.3%，CO_2浓度小于1%，方可组织正常施工作业。

（9）在处理事故中，应认真检查有无火源，发现火源立即组织灭火，灭火工程中应注意瓦斯、煤尘变化；处置所用工具，必须能防止火花产生，防止二次事故发生。

第十四章　案例与实务

案例一　DJS 隧道工程"12·22"特别重大瓦斯爆炸事故

一、事故概况

（1）事故发生时间：2005 年 12 月 22 日 14 时 40 分。

（2）事故发生地点：四川 DJS 隧道右线隧道。

（3）事故类别：瓦斯爆炸。

（4）事故等级：特别重大事故。

（5）事故伤亡情况：44 人死亡，11 人受伤。

图 14.1-1 为事故现场。

图 14.1-1　事故现场

二、工程概况和事故相关单位概况

1. 工程概况

DWJ 隧道隧道为平行双洞隧道，左线全长 4090 m，右线 4060 m，隧道造价 1.5 亿元。

2. 事故相关单位概况

（1）建设单位：甲公路有限责任公司。

（2）设计单位：乙勘察设计研究院。

（3）监理单位：丙工程咨询有限公司。

三、事故发生经过

2005 年 12 月 22 日，白班先后有 43 人进入右洞（其中：在掌子面附近喷射混凝土作业 5 人、打锚杆前准备作业 8 人、架设拱架作业 4 人、二次衬砌流注混凝土作业 11 人，在 2 号横洞出渣作业 1 人，接风筒作业 1 人，瓦斯检查员 2 人，运输工 6 人，技术员和管理人员 5 人），有 9 人于 14 时 30 分前先后出洞，右洞洞内剩余人员 34 人。

当班因接风筒于 10 时起停风 1 小时，11 时接好风筒，恢复供风，当时风筒出风口距掌子面约 30 m，送风距离超过 1400 m。14 时 40 分，发生瓦斯爆炸，爆炸冲击波将停放在距右洞口外约 20 m 远、重达 70 t 的模板台车冲出 40 多 m，洞口通风机错位，配电柜损坏，大幅宣传牌被掀飞，在洞外组装模板台车人员、门岗等有 10 人死亡、11 人受伤。截至 2005 年 12 月 24 日 10 时 30 分抢救工作结束，共造成 44 人死亡，11 人受伤，大量施工设备损坏。

四、事故造成的人员伤亡和直接经济损失情况

事故造成 44 人死亡，11 人受伤，直接经济损失 2035 万元。

五、事故原因

1. 原因分析

根据大量的现场调查后发现，施工单位在事故发生前多次存在违规操作行为，调查组在现场查明，发生爆炸事故的右线隧道对旋风机，风机出风口距掌子面 30 m 左右，与《公路隧道施工技术规范》（JTG/T 3660）规定的不大于 15 m 不相符，且风机的 2 台电机事故前一班只有 1 台风机在中档运行，喷射混凝土时只有 1 台电机在低档运行，无法完全稀释掌子面有害气体，易造成瓦斯聚集。尤其是右线隧道在打右矮边墙时，还需要移动模板台车，修补、延长风管，均要停风。更有甚者，施工队带班人员杨某为节约电费还擅自停过风机，2005 年 11 月份已停风 3 次。此外，该工程瓦斯检测员使用的是便携式瓦斯报警仪，在检测高处的瓦斯时一般将仪器绑在 1 根长 2～3 m 的竹竿上举起来检测，达不到规定的检测高度，并且还存在减少检测次数等违规情况。另外，右线隧道仅有的 1 台瓦斯传感器，安装高度也不符合规定要求，2005 年 10 月 19 日至 12 月 5 日，右洞隧道掌子面拱顶瓦斯浓度经常超过 0.5%，最大值还曾达到 4.12%，但这台瓦斯传感器自安装以来却从未报过警。这次事故应该为一些为了赶工期而违规操作的施工单位敲响安全警钟。

瓦斯浓度过高没有引起施工部门重视而强行施工是引起这起事故的主要原因。记者在事故现场采访了几位提前从隧道出来的一线工人。一位来自贵州遵义的工人向记

者反映说，22 日凌晨 5 点左右，他就闻到刺鼻的、有点像木材腐烂一样的味道，而且感觉头痛，随后他就向负责人报告说可能瓦斯浓度太高，要求停止施工出隧道透气，负责人没有同意停工但是准许他出来透气。就这样他才幸免于难。

有一线工人向记者反映说，就在 2005 年 12 月 18 日左右隧道就发生了一次规模比较大的塌方，足足有几十米高。他们和负责人一起向施工方反映了这些情况，但是施工方还是要他们不能停工，要继续施工。

遇难者家属还向记者反映，事故发生当天凌晨 3 点，她的丈夫和一班工友认为施工太危险，但又不得不听施工方的话，就在隧道里做了 4 个小时，直到早上 7 点才从隧道出来回家休息，随后又被施工单位领导强行指派到隧道里施工，结果下午就发生了瓦斯爆炸事故。

2. 直接原因

由于掌子面处塌方，瓦斯异常涌出，致使模板台车四周瓦斯浓度达到爆炸界限，模板台车配电箱四周悬挂的三芯插头短路产生火花引起瓦斯爆炸。

3. 主要原因

（1）施工企业丁公司，违规将劳务分包给无资质的作业队。施工中安全治理混乱；透风治理不善，右洞掌子面拱顶瓦斯浓度经常超限；部分瓦斯检查员无证上岗，检查质量、次数不符合规定等。

（2）监理单位丙工程咨询有限公司未正确履行职责，关键岗位人员无证上岗。

（3）项目法人甲公路有限责任公司对施工单位违规分包、现场治理混乱等题目未能加以纠正，对施工中出现的瓦斯隐患未采取有效措施。

（4）设计单位乙勘察设计研究院，对涉及施工安全的瓦斯异常涌出熟悉不足，防范措施不到位。

案例二 LD 隧道爆炸事故

一、事故概况

（1）事故发生时间：2015 年 2 月 24 日 13 时 20 分。

（2）事故发生地点：成都 LD 隧道左洞进口端。

（3）事故类别：瓦斯爆炸。

（4）事故等级：较大事故。

（5）事故伤亡情况：7 人死亡，19 人受伤。

图 14.2-1 为事故现场。

图 14.2-1　事故现场

二、工程概况和事故相关单位概况

1. 工程概况

L 隧道长 2895 m，开挖断面面积 112.5 m²，最大埋深 151.58 m，采用分离式双洞结构。全隧共设置车行横通道 3 处，人行横通道 8 处。其起讫桩号为起止桩号为：ZK2+060～ZK4+955（K2+060～K4+930），其围岩级别分为 Ⅳ 级和 Ⅴ 级，其 Ⅴ 级围岩长 694 m，Ⅴ 级围岩长 5060 m。因其位于川中油气构造上，为低瓦斯隧道，全隧采用复合式衬砌结构形式，按新奥法施工。

2. 事故相关单位概况

（1）建设单位：甲建设发展有限公司。
（2）施工单位：乙工程有限公司。
（3）监理单位：丙工程监理所。

三、事故发生经过

2 月 24 日 13 时 10 分左右，孙某、常某、吴某、任某 4 人翻越洞口隔离栅栏进入隧道右洞，孙某等 4 人进入隧道约 20 min，隧道内发生瓦斯爆炸。经事后对事故现场冲击波造成的痕迹和现场勘验情况分析，起爆点位于隧道右洞约 582～588 m 处，常某在检修车辆时产生火花引爆积聚的瓦斯，产生爆轰，爆轰火焰经隧道顶部聚积的瓦斯层迅速往右洞和左洞（经 600 m 处的联络通道）的掌子面蔓延，分别在右洞和左洞的初支和二衬之间引发瓦斯爆炸，造成行走到距洞口约 670 m 的孙某和位于距洞口约 250 m 附近车内的吴某、任某死亡。爆炸产生的冲击波沿洞口 30° 夹角向外冲击，将半径 200 m 扇形范围内的房屋、设施设备等炸毁，造成正在材料室休息的薛某、隧道外公路上的行人林某当场死亡，吴某、邓某以及在工棚和长龙砖厂内休息、娱乐的共 20 人受伤。事故发生后，魏某、高某等人从坍塌的板房下爬出，立即拨打"119"和"120"急救电话，市、区医疗机构及时对事故伤员进行了救治。2 月 25 日 21 时 35 分左右，伤员吴某经抢救无效死亡。

四、事故造成的人员伤亡和直接经济损失情况

事故造成 7 人死亡，19 人受伤，直接经济损失 1620 余万元。

五、事故原因

1. 直接原因

LD 隧道春节放假期间停工、停风，隧道内瓦斯大量积聚，并达到爆炸极限；2 月 24 日，施工单位 4 名运渣车驾驶员违反安全操作规程，翻越栅栏进入未通风的隧道内检修车辆，产生火花引爆了隧道内瓦斯，导致事故发生。

2. 间接原因

（1）甲公司安全生产主体责任不落实。一是项目安全管理人员安全意识淡薄，项目部负责人对瓦斯危害程度认识不足，落实《公路隧道施工技术规范》（JTG/T 3660）有关规定不到位，春节放假期间停工、停风，导致隧道内瓦斯大量积聚；二是安全管理不到位，春节停工前工作安排不合理，领导带班制度不落实；三是教育培训不到位，未对值守人员进行安全教育和书面的技术交底；四是违规将 LD 隧道施工交由丁隧道公司实施。

（2）丁隧道公司安全生产主体责任不落实。在工程施工中任用无安全生产考核合格证人员担任施工现场负责人；春节停工期间，未制定并落实严禁人员进入停工、停风高瓦斯隧道作业的有效措施，未在隧道洞口外设置针对高瓦斯隧道的有效警示标志；对作业人员教育培训不到位，未对值守人员进行安全教育和书面的技术交底。

（3）丙监理所监理责任落实不到位。施工现场监管不力，对施工单位未在隧道洞口外设置针对高瓦斯隧道的有效警示标志、未制定并落实严禁人员进入停工停风高瓦斯隧道作业的有效措施、教育培训不到位和施工现场负责人无安全生产考核合格证等问题失察。

（4）戊项管公司安全管理责任落实不到位。督促施工单位加强现场安全管理，及时排查整治各类安全事故隐患，制定并落实高瓦斯隧道安全作业有效措施不力，对丁隧道公司任用无安全生产考核合格证人员担任施工现场负责人的问题失察。

（5）区交通局安全监管责任落实不到位。对 LD 隧道项目安全监管不到位，春节前对 LD 隧道项目现场安全检查不仔细、不深入，未督促施工单位在隧道洞口外设置针对高瓦斯隧道的有效警示标志，制定并落实严禁人员进入停工、停风高瓦斯隧道作业的有效措施。

案例三 QSY 隧道建设工程"5·2"爆炸事故

一、事故概况

（1）事故发生时间：2017 年 5 月 2 日 14 时 48 分。

（2）事故发生地点：贵州 QSY 隧道进口平行导洞。

（3）事故类别：爆炸。

（4）事故等级：重大事故。

（5）事故伤亡情况：12 人死亡，12 人受伤。

如图 14.3-1 为事故现场。

图 14.3-1　事故现场

二、工程概况和事故相关单位概况

1. 工程概况

QSY 隧道起止里程为 D3K406+027 ~ D3K408+575，全长 2548 m。隧道最大埋深约 300 m，大部分埋深在 100 ~ 200 m。隧道纵坡设计为人字坡，坡度分界点桩号为 D3K407+250，进口坡度为 20‰上坡，出口段坡度为 10.5‰下坡。隧道进口在 D3K406+042 ~ D3K406+710 段穿越泥岩、泥质粉砂岩、页岩夹煤层地层，据钻探揭示隧道需通过煤层 7 层、单层煤厚度 0.2 ~ 2.0 m 不等（实际揭露 7 号煤层厚度为 6 ~ 7 m）为高瓦斯地段。

2. 事故相关单位概况

（1）建设单位：甲铁路有限责任公司。

（2）施工单位：乙工程有限公司。

（3）监理单位：丙监理有限责任公司。

（4）设计单位：丁工程集团有限公司。

三、事故发生经过和事故救援情况

1. 事故发生经过

直到 2017 年 5 月 2 日，QSY 隧道进口正洞掌子面里程为 D3K406+853（距洞口 826 m）、下台阶里程为 D3K406+821（距洞口 794 m）、仰拱里程为 D3K406+803.7（距洞口 776.7 m）、二衬里程为 D3K406+744（距洞口 717 m）。

2017年5月2日下午，QSY隧道进口，9名工人在掌子面立拱架（另有1名带班），下台阶处有一台挖掘机、一辆车在出渣，另有两辆车在等待出渣，二衬精头（3号横通道连接处附近）4名工人在挂防水板，4名工人在进洞口约200m处打电缆槽水沟。14时48分许，技术员曹某、连某及瓦斯检查员余某和另外4人正往隧道里走时，平导内发生瓦斯爆炸，将平导口停放的挖掘机冲出约15m远、洞口风机被推倒，冲击波中硬导洞3号横通道与主洞连接部位，冲击正在隧道内施工作业的工人和机械设备，同时产生大量一氧化碳，造成立拱架7人、挂防水板4人、正在出渣的驾驶员共12名工人死亡，另外12人受伤的重大事故。

2. 事故救援情况

事故发生后，5月2日15时19分企业向县政府报送了事故情况。接到事故报告后，省、市、县三级领导高度重视，立即启动省、市、县应急救援预案，组织有关单位开展抢险救援；省、市相关单位赶赴现场指导救援。先后投入矿山救护队3支共51人、消防队员51人、民兵预备役部队55人、中铁五局救援队30人参与抢险救援，事故单位组织了由瓦斯检查员、安全员、通风管理员及各类机械操作人员100人参与救援，投入救护车20辆、专业抢险救援车17辆、消防车17辆。救援人员进入隧道约500m处发现1名遇难人员，约700m处发现5名遇难人员，在掌子面拱架上发现两名遇难人员。至5月3日4时43分，最后一具遗体运出隧道，现场救援工作结束。受伤人员得到及时有效救治，当地政府及施工单位组织力量全力做好死伤者家属接待和安抚。

四、事故造成的人员伤亡和直接经济损失情况

事故造成12人死亡，12人受伤，直接经济损失1 475.103万元。

五、事故原因及性质

1. 原因分析

（1）爆炸点分析。

经现场勘查，平导第四错车道处（距洞口542m、距洞底133m）型钢拱架反向扭曲，底部无缝钢管（水管）进口为麻花状，有3段形成纸片状。以该处为中心，导洞内壁附着物向两端偏移，风面残留物亦分别朝洞口和洞内方向，因此可以判定爆炸点为平导第四错车道处（PDK406+582～PDK406+610）。

（2）爆炸物分析。

通过现场勘查，导洞内未发现炸药爆炸附有的爆破漏斗等痕迹，排除了爆炸可能。

平导穿过多层煤层，由于该平导内应力变化导致底板隆起，并引起两侧洞身和拱顶局部冒落，使得原来被封闭的煤层暴露，煤层中的瓦斯释放进入平导，经采取通风释降，瓦斯浓度始终处于平稳较低的范围，但事故发生前距爆炸点往洞口方向290m

处拱顶安装的甲烷传感器数据显示，在爆炸前短时间内，瓦斯浓度突然异常提高近两倍，可确定平导洞内短时间内发生了瓦斯大量异常涌出，瞬间达到爆炸极限。爆炸物为瓦斯。

（3）瓦斯防治情况分析。

① 地质勘探及超前预报情况。

经查，设计单位地质勘探主要采取地表钻孔取芯、地质雷达对做睡地层岩性、走向和倾角进行判识。根据设计地质勘探结果，能道在 D3K406+045 ~ D3K406+710 段通过二叠系上统龙潭组泥岩、页岩夹煤层，隧道需通过煤层 7 层单层煤厚度 0.2 ~ 2 m。深孔取样分析测试，N_2 含量 1.7 mL/g，CO_2 含量 0.48 mL/g，CH_4 含量 9.30 mL/g，H_2 含量 0.02 ml/g，瓦斯压力 1.37 MPa，煤层坚固系数为 0.5、瓦斯放散初速度为 13.741，隧道通过含煤段落为高瓦斯。

根据《铁路隧道超前地质预报技术规程》（Q/CR 9217）、《铁路瓦斯隧道技术规范》（TB 10120），施工单位制订了 QSY 隧道超前地质预报实施方案，将超前地质预报作为一项施工工序。具体为：以地质调查法为基础，通过腿道掌子面地质素描，对掌子面围岩的岩性、走向、倾向、低角进行具体描述；采用地震反射波法（TSP）探测方法对前方 1006 范围地质进行了长距离探测；采用地质雷达法对前方 30 m 范围内的地质情况进行了中距的探测；采用中距离超前水平钻孔对前方，30 ~ 50 m 的地质状况运行更加准确地判断：同时，在每次开挖之前，施作加深炮孔进行短距离预测孔深 5 m 外括角为 20° ~ 30°，对掌子面前方及洞身周围地质进行准确探测。如发现异常，及时联系设计单位和建设单位组织进行现场踏勘，确定处理方案后现场再按照方案进行施工。

② 预防瓦斯突出措施

针对经专业技术服务单位探测有煤与瓦斯突出风险的 7 号煤层，施工单位组织编制了 QSY 隧道进口平导 C7 煤层防突专项施工方案、QSY 隧道进口正洞 C7 煤层从平导顺层钻孔专项施工方案，经评审后按照方案对 7 号煤层进行防突施工。

其中，平导掌子面地案 42 个瓦斯排放孔，对 7 号煤层瓦斯进行自然排放。钻空子地深度为 46 m，这穿越 7 号云层。平导消突完成、施工通过 7 号森层后，从平导内会正洞施作 61 个瓦斯排放孔，孔间距 2 m，钻孔范围 PDN406+600 ~ PDK406+720，钻孔深入正洞 C7 煤层，并超出正洞开挖轮廓不少于 10 m。施工过程中为防止钻孔后出现塌孔，采用孔内安设直径 5 cm 的打孔 PVC 管。

消突完成后，现场组织专业技术服务单位对消突效果进行了验证，检测孔瓦斯解吸指标 K_1 值最大值为 0.36、Δh_2 值最大值为 120 Pa，低于《防止煤与瓦斯突出规定》中 K_1 值临界指标 0.5、Δh_2 值临界指标 200 Pa 的规定，验证了现场按照施工方案实施防突措施有效，保障了揭煤施工的安全。

（4）瓦斯来源分析。

① 隧道地质情况。

QSY 隧道区域属云贵高原溶蚀、剥蚀低山地貌。进出口两端山头高耸，中部为长条形宽缓连地，山体高程 1525 ~ 1840 m，相对高差 100 ~ 400 m，隧道穿越地层岩性复杂，上覆第四系全新统坡残积黏土，下伏基岩为丰叠系下新统永宁组一段灰岩，夜郎组三段泥岩、砂质泥岩，二段灰岩、一段泥岩、粉砂质泥岩、泥质粉砂岩，二叠系上统长兴大隆组燧石灰岩、硅质岩夹页岩、龙潭组泥岩、泥质粉砂岩、页岩夹煤层。D3K406+045～D3K406+710 段 665 m 通过煤层 7 层，其中 7 号煤层单层煤厚度最大为 7 m，为高瓦斯段落。

隧道穿越区属于单斜结构，无褶皱、断裂构造，岩层扭曲严重，产状变化大，进口段岩层产状为 N10°E/13°SE，以后产状为 N30°～80°/E20°～55°SE。进口段主要的节理产状为：N40°E/90°和 N60°W/90°，节理间距 0.5～2.0 m，微张至张开型，节理面多较平整，多充填黏土。从隧道上覆山体结构和埋深情况看，山体存在一个明显的结构面。

② 平导应力变化及瓦斯来源。

山体存在一个明显的结构面，造成上覆山体在自重应力的作用下，沿着滑移面朝山体深部移动，从而出现滑移性地应力高度聚集集中的力学现象。

同时，平导与正洞实际开挖轮廓间距仅有 23 m，平导施工完成进而施工相邻正洞，隧道周边应力重新分布，二次扰动导致平导底板应力进一步集中、增大，增加了扰动区域内 7 号煤层中瓦斯的吸附解析速度和解析量，大量瓦斯由吸附态转为游离态，赋存于煤系地层的孔除裂隙中，增大了地层中的瓦斯压力。

此外，挖掘空间之外存在着卸压圈，构造挤压应力增强会造成卸压圈范围扩大，卸压圈内的裂隙向纵深扩展，沿途可能导致煤层中瓦斯未解析的区域瓦斯提前解析、释放。

由于平导没有钢筋混凝土二衬，底板调平层设计为 20 cm 厚 C20 素混凝土，下面未设计钢架进行封闭成环，在围岩结构系统中属于弱结构体，在复杂的地质情况和应力变化的作用下更易形成底鼓、开裂现象。而 7 号煤层有煤与瓦斯突出危险性，开挖的二次扰动增大了应力，使围岩处于失稳破坏的临界应力状态，在外界扰动因素响应下造成瓦斯从平导底板导通裂隙内瞬时、大量涌出。

（5）3 号横通道封闭及通风方式分析。

调查中发现，QSY 隧道进口通风方式与设计存在不一致，由原设计的巷道式通风变更为压入式通风，且按照设计要求，平导 3 号横通道应在隧道竣工后进行封闭实际上 3 号横通道已经封闭。

经查，3 号横通道原设计封堵要求为：在竣工后，为防止平导高瓦斯向正洞逸散，在与正洞连接处采用 5 m 厚 C25 气密性混凝土墙体进行封堵。

实际情况是：2017 年 2 月 18 日，正洞施工至 3 号横通道交叉口位置时，施工单位考虑平导内顺层施作的 61 个瓦斯自然排放孔仍然有瓦斯排出，而平导标高比主洞标高低了 4.5 m，瓦斯容易通过 3 号横通道进入正洞并在正洞掌子面拱部积聚，为防止平导内的瓦斯进入正洞，参照"QSY 隧道平导 C7 煤层试验段专题会议纪要"，施工单位采用钢架网喷 28 cm 厚 C25 气密性混凝土将正洞与平导进行了临时封闭隔断，主洞和平导均采用独立的压入式通风。

事故发生后，有关院校对 3 号横通道的封闭和隧道通风方式进行了论证，提交的《QSY 隧道进口施工通风方式的合理性分析研究报告》结论如下：

① 就本隧道施工组织来说，施工现场依据开挖和揭煤的具体情况，对平导和正洞分别采用独立的压入式通风方式比巷道式通风更合理。

② 现场采用的通风设备提供的风流和风量，能够满足独立压入式通风方式隧道在非突出状态下的正常排放安全要求。所选风机经过计算足以满足正常情况下瓦斯涌出的稀释要求，并已保留必要的安全系数，但是在瓦斯异常突出或涌出的情况下，局部瓦斯浓度急剧上升，短时间无法稀释，根据爆炸三角形，只要瓦斯浓度在 5%～16%，氧气浓度大于 12% 时，即具有爆炸危险，无论采用巷道式通风还是压入式均无法避免巷道瓦斯浓度超过爆炸下限，无法绝对避免引起瓦斯爆炸。

③ 针对 3 号横通道附近正洞揭煤的实际情况，采用巷道式通风容易在正洞进口段形成凝风区，不利于正洞的瓦斯排放和作业人员施工安全，因此封闭隔断 3 号横通道是合理的。

（6）火源分析

① 在事故发生前，已切断和拆除了平导内所有高压电源供电线路，只保留瓦斯自动监控装置所需的弱电供电线路（自动检测装置为煤安防爆型，供电电压为 12 V），传感器和供电线路在日常检查中未发现损坏且运行正常，因此电源产生火花或电气设备失爆而引起瓦斯爆炸的可能性极小。

② 在事故发生前，该平台内无人工作，排除了人为原因引起凡斯爆炸。

③ 从现场勘查分析，平导的底鼓过程是缓慢的，不可能因底鼓产生摩擦出现火花而引起瓦斯爆炸（根据设计单位 5 月 5 日发布的"QSY 隧道平导底板隆起、变形情况说明"，2017 年 3 月下旬，设计单位现场配合施工组隧道专业刘工、分地质专业陈工在进行其他变更设计现场核对过程中就已发现底鼓现象）。

④ 事故发生后，在隧道内进行了多次同条件下的模拟实验。结果显示，矸石和混凝土块砸落在混凝土底板上产生火花的概率极低，但是碎石和混凝土块砸落在金属件上极易产生火花。而平导内有裸露的钢管、钢锚杆和钢拱架。因此，综上所述，引起瓦斯爆炸的火源最有可能是在上述分析爆炸点处由于瓦斯大量异常涌出，产生高压气流致使喷溅的岩层矸石或混凝土块砸在金属件上产生的火花。

综合以上研究分析，事故的直接原因是平导内应力变化导致底板隆起开裂，爆炸前瓦斯冲破底板大量异常涌出，瞬间产生高压瓦斯气流，局部达到爆炸浓度，瓦斯气流致使喷溅的岩石或混凝土块布在金属件上产生火花引起瓦斯爆炸，是此次事故发生的直接原因。

2. 间接原因

（1）施工单位对瓦斯危害认识不足，瓦斯防控措施不到位。经调查，乙工程有限公司负责 QSY 隧道进口施工的相关人员均无高瓦斯隧道施工经历。在平导及隧道主洞穿越煤层时，该公司聘请了专业单位对过煤层施工进行指导及技术服务，平稳完成了穿越煤层施工。但过完煤层后，施工单位认为已不可能出现瓦斯危害。2016 年 12 月，平导底板出现底鼓开裂现象，至 2017 年 3 月，底鼓隆起严重（高度大约在 30 cm 外 100 cm），底板开裂加剧，平导边墙的收敛变形加大。乙工程有限公司的项目部主要负责人和技术负责人接到报告后，没有意识到该段下伏的 7 号煤层为高瓦斯煤层，仍有瓦端大量涌出的风险，只要求施工现场负责人对平导和主洞变形情况进行监测，没有采取其他措施，也没有向上级报告。

（2）上级单位对施工单位指导不到位。在乙工程有限公司负责 QSY 隧道进口施工的相关人员均无高瓦斯隧道施工经历、对瓦斯危害认识不足的情况下，乙工程有限公司的项目部没有针对性地加强技术指导，提高施工单位对瓦斯风险的辨识能力，督促施工单位采取有效的措施应对。

（3）监理单位工作不到位。丙监理有限责任公司对 QSY 隧道进口而导底板隆起变形等问题，未及时发现并督促施工单位采取有效措施处理。

3. 事故性质

平导内底板隆起开裂，施工单位未能意识到仍存在瓦斯大量涌出的风险并采取有效措施加以防范和处置，导致大量瓦斯冲破底板并引发爆炸。因此，这是一起重大生产安全责任事故。

案例四　FS 地铁"2·7"透水坍塌重大事故

一、事故概况

（1）事故发生时间：2018 年 2 月 7 日 20 时 40 分许。
（2）事故发生地点：FS 地铁 2 号线一期工程土建一标段（简称"TJ1 标"）。
（3）事故类型：透水坍塌。
（4）事故等级：重大事故。
（5）事故伤亡情况：11 人死亡、1 人失踪、8 人受伤。
图 14.4-1 为事故现场。

图 14.4-1　事故现场

二、工程概况和事故相关工程概况

1. 工程概况

FS 地铁 2 号线是 FS 市东西走向的骨干轨道线路，计划分两期建设。一期工程规划线路长度 32.3 km，其中地下线 22.9 km，地面和高架线路 8.3 km。

2. 事故相关单位概况

（1）建设单位：甲投资发展有限公司。
（2）施工单位：乙工程局。

三、事故发生经过和事故救援情况

1. 事故发生经过

2018 年 2 月 7 日，FS 地铁 2 号线绿～湖盾构区间工地突发透水，作业工人尝试堵漏未果，当日 20 时 40 分左右，现场透水面积扩大，导致隧道管片变形及破损，引发地面 30 多米路段坍塌。此次塌陷事故发生在路段周围多是厂房和物流仓库，建筑密度低，比较空旷。

2. 事故救援情况

事故发生后，省、市有关部门全力组织力量投入救援处置。经紧急抢救，共救出 9 名施工人员，他们被及时送往当地医院抢救。截至 2018 年 2 月 8 日，救援人员仍在进行井下泥沙清理，尽最大努力搜救被困人员。为防止次生事故，政府安排专门力量，对事故现场地表及附近建筑物沉降进行监测，情况正常。8 日晚 7 时 5 分，救援人员先后从 FS 地铁 2 号线工地塌陷处再救出 2 名被困人员，但经现场诊断均已无生命体征。

四、事故造成的人员伤亡和直接经济损失情况

造成 11 人死亡、1 人失踪、8 人受伤，直接经济损失 5 323.8 万元。

五、事故原因及性质

1. 原因分析

（1）事故发生段存在深厚富水粉砂层且临近强透水的中粗砂层，地下水具有承压性，盾构机穿越该地段时发生透水涌砂涌泥坍塌的风险高；
（2）盾尾密封装置在使用过程密封性能下降，盾尾密封被外部水土压力击穿，产生透水涌砂通道；
（3）涌泥涌砂严重情况下在隧道内继续进行抢险作业，撤离不及时；

（4）隧道结构破坏后，大量泥沙迅猛涌入隧道，在狭窄空间范围内形成强烈泥沙流和气浪向洞口方向冲击，导致部分人员逃生失败，造成了人员伤亡的严重后果。

2. 事故性质

FS 地铁"2·7"透水坍塌重大事故是一起责任事故。

案例五　AS 隧道"11·26"突泥涌水事故

一、事故概况

（1）事故发生时间：2019 年 11 月 26 日 17 时 21 分。
（2）事故发生地点：云南某在建高速第二合同段 AS 隧道掌子面。
（3）事故类型：涌水。
（4）事故等级：重大事故。
（5）事故伤亡情况：12 人死亡、10 人受伤。
图 14.5-1 为事故现场。

图 14.5-1　事故现场

二、工程概况和事故相关工程概况

1. 工程概况

AS 特长隧道为分离式隧道，左洞全长 5338 m、右洞全长 5263 m，最大埋深 453 m，于 2017 年 12 月 28 日开工。

2. 事故相关单位概况

承建单位：甲公路工程集团有限公司。

三、事故发生经过和事故救援情况

1. 事故发生经过

2019 年 11 月 26 日 17 时 21 分许，由甲公路工程集团有限公司承建的第二合同段

AS 隧道掌子面发生突泥涌水，导致在仰拱作业的 5 人被困。工友当即组织进行现场救援。2019 年 11 月 26 日 18 时 10 分许，发生二次突泥涌水。现场有 8 人成功撤离，13 人被困。

2. 事故救援情况

2019 年 11 月 26 日 21 时 18 分，国家隧道应急救援中铁二局昆明队接到国家安全生产应急救援中心指令，集结指战员 23 人，携生命探测仪、探地雷达、生命通道钻机、冲锋舟、破拆支护开挖套具等救援装备紧急赶赴现场救援。

四、事故造成的人员伤亡和直接经济损失情况

此次突泥涌水造成的 13 名被困失联人员中，有 12 人遇难、1 人受伤，直接经济损失 2 525.01 万元

五、事故原因及性质

1. 原因分析

调查发现，该项目在勘查、设计、施工、管理等环节虽然存在一些问题，但该隧道水文地质条件复杂，按现行公路建设勘查技术规范难以发现致灾因素，加之致灾因素的隐蔽性和成灾过程的突发性、间歇性等特点，施工过程中难以预判。

施工企业在第一次涌水突泥后，应对措施不力，现场指挥和管控措施不到位，事发后现场管理混乱，工人救人心切，自发盲目施救导致事态扩大。

2. 事故性质

AS 隧道"11·26"涌水突泥事故是一起隧道工程建设过程中涌水突泥地质灾害导致的重大生产安全事故。

案例六　LY 大道一期工程"9·10"较大隧道坍塌事故

一、事故概况

（1）事故发生时间：2020 年 9 月 10 日 17 时 40 分。

（2）事故发生地点：广西 LY 大道道路工程一期项目上岗隧道左洞 ZK0+651 ~ K0+675 段。

（3）事故类型：隧道工程建设中因不良地质致灾引发的较大隧道坍塌事故。

（4）事故等级：重大事故。

（5）事故伤亡情况：造成 9 人死亡，直接经济损失 1 414.720 1 万元。

二、工程概况和事故相关工程概况

1. 工程概况

LY 大道为新建市政道路，工程设计起点与同乐北路呈 T 形交叉，由东向西，穿越上岗隧道后接至新建国道 G212，路线全长 2.302 km，规划红线宽 32 m，横断面按两块板形式布置，双向四车道，按行车速度 40 km/h 的城市主干路标准设计，建设内容包括道路工程、桥涵工程、隧道工程及附属工程设施、排水工程、给水工程、照明工程、交通工程、绿化工程、通信预埋套管工程、电力套管工程。

截至事故发生时，LY 大道道路工程（含隧道工程）一期项目已完成路基工程 99%，桥梁工程 100%，隧道工程 77%。

2. 事故相关单位概况

（1）建设单位：甲投资有限公司。
（2）勘查、设计单位：乙市政工程设计研究院。
（3）施工单位：丙路桥工程集团有限公司。
（4）监理单位：丁工程管理咨询有限公司。

经查，LY 大道道路工程（含隧道工程）一期项目手续完备，建设、施工、监理、勘查、设计单位资质证照齐全。

三、事故发生经过和事故救援情况

1. 事故发生经过

2020 年 9 月 10 日 14 时，上岗隧道 9 名施工人员（其中 1 名为现场值班人员）进入左洞掌子面 ZK0+651～ZK0+653 段进行初期支护配套作业。现场值班人员在开挖台车后方位置指导作业，台车下部右侧 1 名施工人员及台车上部右侧一架位置 1 名施工人员、二架位置 6 名施工人员进行掌子面 ZK0+651～ZK0+653 段钢拱架右侧安装支护作业。

17 时 40 分许，台车上部二架 6 名作业人员发现掌子面 ZK0+651～ZK0+653 段拱顶出现掉块现象，立即往开挖台车右侧扶梯下撤，同时在现场值班施工管理人员后方左侧拱顶初支混凝土块掉落，现场值班施工管理人员立即通知台车上作业的施工人员撤离，随即往洞口方向奔跑。现场值班施工管理人员撤离至桩号 ZK0+668，台车上部右侧 7 名施工人员撤离至台车扶梯中部，台车下部右侧 1 名施工人员撤离至桩号 ZK0+658 时；在桩号 ZK0+651～ZK0+675 右侧拱顶及拱腰发生坍塌，塌方尺寸纵向约 24 m，环向约 19 m，从初支混凝土掉块到完全坍塌整个过程时间持续 3 s，造成正在洞内施工的 9 名施工人员（其中 1 名为现场值班人员）被压埋。

2. 事故救援情况

事故发生后，丙路桥工程集团 LY 大道道路工程（含隧道工程）一期项目经理部第一时间启动应急救援预案并逐级上报。主要领导第一时间赶往现场指挥救援，并成立现场应急指挥部，积极配合现场指挥部开展救援和善后工作。

指挥部先后召开多次现场专家会，阶段性研判并动态调整救援方案。最终确定分三步开展救援工作，第一步是对已完成初支的影响段 16 m 进行加固，设置间距为 50 cm 的型钢拱架进行支护；第二步是对坍体及坍腔进行有效回填加固处理，回填材料为水泥砂浆和 C15 混凝土；第三步是按照设计图对加固体采取强支护，采用 CD 法开挖四分之一断面以搜救人员为主，开展救援抢险。

2020 年 10 月 29 日，经过全力救援，在开挖四分之一断面右侧上导坑累计进尺 11.3 m，桩号 ZK0+668.2 时，发现第一名被困人员，并按照善后处置工作方案，安全有序组织进行现场勘查、挖掘。2020 年 11 月 9 日，在开挖四分之一断面右侧上导坑累计进尺 21.5 m，桩号 ZK0+658 时，发现第二名被困人员。2020 年 11 月 16 日，在开挖四分之一断面右侧上导坑累计进尺 24.5 m，桩号 ZK0+655 时，陆续发现剩余 7 名被困人员。至此，LY 大道（含隧道工程）一期项目上岗隧道塌方 9 名压埋人员全部搜救完毕，经法医鉴定，均已无生命特征。

从本起事故应急救援处置情况看，本起事故的信息报送及时、传递顺畅，各级政府、各有关部门以及社会力量积极响应，救援迅速，未发生次生、衍生事故，没有因处置不力而造成不良社会影响。

四、事故造成的人员伤亡和直接经济损失情况

此次事故共造成 9 人死亡，造成直接经济损失 1 414.720 1 万元。

五、事故原因及性质

1. 原因分析

LY 大道道路工程一期上岗隧道左洞 ZK0+651～+675 段坍塌是隧道围岩局部微地质构造组合突变与裂隙面强烈溶蚀作用叠加产生的不良效应，具有隐伏性和不可预见性，在开挖条件下，被切断岩层受贯通斜层理与节理组合控制且溶蚀裂隙面弱化分离作用强烈，造成临空岩层多方向同时失去束缚，突然脱离母岩产生重力式顺层下滑，造成该段隧道洞身周边围岩、初支遭受严重破坏。该事故是按现行公路勘查、设计、施工技术规范规程和现有地质勘查技术和手段难以完全查明的特殊不良地质致灾引发的暗挖隧道坍塌事故。

2. 主要原因

（1）坍塌段岩层走向与洞轴线基本平行，岩层倾角 42°，一旦切除支撑约束，即具备顺层滑动的基本条件。

（2）岩溶地区垂直循环带的单斜地层经地质历史的溶蚀作用易形成贯通性、延展性好的溶蚀裂隙面，该溶蚀裂隙面由闭合状态经溶蚀作用逐步发展为无层间结合力的溶蚀裂隙面，构成本次坍塌体的顶部界面（图 14.6-1）。

图 14.6-1　坍塌体的顶部界面

（3）掌子面右侧岩层在 25～30 m 处发育有 X 节理（如 144°∠29°与 198°∠70°两组），经溶蚀切割，连接脆弱，易折断拉裂形成本次坍塌体的右侧界面。

（4）呈南北走向倾西的平行节理（如 260°∠42°、265°∠68°及 270°∠39°等），构成本次坍塌体的前后界面。

（5）洞身右侧发育有一定规模的溶洞，在溶洞形成过程中，加剧了厚层灰岩的层间溶蚀作用，降低层间抗剪强度，构成本次坍塌的下部界面。

（6）本段洞身开挖后，拱部开挖轮廓线相交于溶蚀裂隙面，溶蚀裂隙面下方的巨厚岩层整体切断，构成左侧临空界面。

届时，坍塌体 6 个不利界面偶然形成，右侧岩层失去了支撑，产生了顺层偏压的态势，随着隧道向前开挖延伸造成洞轴方向悬空面长度不断增加，下滑重力累增，最终造成右侧岩层顺层失稳下滑坍塌。因此，本次坍塌是一个隐蔽性的不利结构面组合在开挖条件下发生的突发性、不可预见性的坍塌事故（图 14.6-2）。

图 14.6-2　隧道坍塌现场

3. 事故性质

经调查认定，该起事故是一起隧道工程建设中因不良地质致灾引发的较大隧道坍塌事故。

案例七　SJS 隧道"7·15"重大透水事故

一、事故概况

（1）事故发生时间：2021 年 7 月 15 日凌晨 3:30 左右。

（2）事故发生地点：珠海市兴业快线（南段）项目 SJS 隧道施工段 1.16 km 位置。

（3）事故类型：透水。

（4）事故等级：重大事故。

（5）事故伤亡情况：14 人死亡。

图 14.7-1 为事故现场。

图 14.7-1　事故现场

二、工程概况和事故相关工程概况

1. 工程概况

SJS 隧道段 1.78 km，路基段 0.525 km，桥梁段约 0.5 km。隧道段采用矿山法施工，双洞六车道，匝道为双车道。SJS 隧道左洞施工长度约 1160 m，右洞施工长度约 1 155.8 m；施工掌子面位于吉大水库下方，本段隧道覆土净埋深约 20 m，隧道高度 7.5 m、宽度 15.1 m，右线截面 110 m²。

2. 事故相关单位概况

（1）发包单位：甲市政建设有限公司。

（2）施工单位：乙集团有限公司。

（3）监理单位：丙建设项目管理有限公司。

（4）设计单位：丁市政工程设计研究总院。

（5）劳务分包单位：戊建设工程有限公司。

三、事故发生经过和事故救援情况

1. 事故发生经过

2021 年 7 月 15 日凌晨 3 时 30 分左右，当施工人员在右洞施工中，正准备组织初期支护施工时，值班人员听到异响后发现掌子面落渣，迅速组织施工人员疏散撤出隧道。随后，大量水涌入右线隧道，并通过横通道涌入左线隧道，反向进水后导致左线隧道内 14 人被困于掌子面，距洞口 1160 m 处。

15 日上午 5 时许，全面开始抽排水作业，现场作业面正在救援的移动排水泵车 5 台，每小时抽水量达 1.54 万 m³，另有 20 台泵车在周边待命。

15 日中午 12 时 30 分，已经围堰合龙，采取强抽与涵管放水相结合降低水库水位。

15 日下午 5 时许，抽排物中开始出现泥浆，预计后续泥浆量将不断增大，影响抽排效率。

16 日上午 9 时，国家隧道救援队 17 人，携带排水泵、生命探测仪等 22 台套装备参加救援；珠海周边城市共 28 支救援队伍、620 人、138 台大型救援设备也到达现场投入救援工作。

16 日 12 时，救援作业面已向隧道内推进 395.3 m，距离受困点 764.5 m，隧道内水位持续下降。被困人员仍然无法联系，14 名受困人员的家属陆续抵达珠海，指挥部已安排专人做好对接工作。

16 日，广东省政府调查组在珠海市召开会议，明确了事故调查职责、任务和有关要求。

17 日上午 9 时，救援作业面已向隧道内推进 491.97 m，距离受困点 668.03 m，隧道内整体水位下降了约 8 m。但经过 50 多个小时的持续救援，仍然无法联系到被困人员。

19 日 15 时 20 分和 15 时 38 分，救援人员在事故现场距隧道左洞洞口约 1060 m 和 1070 m 处发现 2 名被困人员，经医疗鉴定已无生命体征。

22 日 12 时 17 分，救援人员在事故现场发现并确认最后 1 名遇难者。

2. 事故救援情况

（1）查找隧道上方透水点并对透水点进行围堰封堵。截至 2021 年 7 月 15 日中午 12 时 30 分已经围堰合龙，采取强抽与涵管放水相结合降低水库水位。

（2）组织移动排水泵车对隧道内积水进行抽排。自 2021 年 7 月 15 日上午 5 时许全面开始抽排水作业，现场作业面正在救援的移动排水泵车 5 台，每小时抽水量达 1.54 万 m³，另有 20 台泵车在周边待命。

（3）经过连日来不间断搜救，共搜寻到 3 名被困人员，均已经遇难。截至 20 日上午 8 时，救援作业面已向隧道内推进 856.1 m，距离受困点 303.9 m，隧道内整体水位下降了 16.5 m。

四、事故造成的人员伤亡和直接经济损失情况

事故造成 14 人死亡，直接经济损失达到 3 678.677 万元。

五、事故原因及性质

1. 直接原因

隧道下穿吉大水库时遭遇富水花岗岩风化深槽，在未探明事发区域地质情况、未超前地质钻探、未超前注浆加固的情况下，不当采用矿山法台阶方式掘进开挖、小导管超前支护措施加固和过大的开挖进尺，导致右线隧道掌子面拱顶坍塌透水。泥水通过车行横通道涌入左线隧道，导致左线隧道作业人员溺亡。

2. 间接原因

业主、设计、施工、监理、分包等单位都存在安全管理不到位的问题，施工单位存在的主要问题有：一是施工风险管控措施落实不力。对隧道施工实施动态风险控制不力、跟踪处理不及时，未深刻吸取 2021 年 6 月 19 日—23 日右线隧道发生拱顶坍塌险情教训，对已出现强风化岩土变化、隧道内渗水从水滴状增大至线状、隧道下穿水库施工时上方水库未排干水的现实风险辨识及管控不力，冒险作业。二是未严格按照《隧道暗挖工程专项施工方案》要求施工。过程中未开展涌水量动态监测、未配置地质工程师、在富水段开挖前未掌握超前地质钻探探测情况。三是未严格按照设计和安全规范要求施工。在 6 月 21 日和 7 月 12 日的超前地质预报显示前方围岩以强风化为主的情况下，未及时按照设计图纸要求变更施工方法，不当采用台阶方式爆破掘进施工，未及时消除超前支护、循环开挖进尺、二次衬砌距掌子面距离等不符合安全规范的事故隐患。四是对爆破单位和劳务分包单位的统一协调、管理不到位。未及时排查消除爆破单位违规制定爆破方案、违规实施爆破作业及劳务分包单位未按技术标准施工的事故隐患。五是专项应急救援演练缺失，应急救援设施配备不足。未组织透水事故专项应急救援演练，未按规范要求配备联动报警系统，导致右线透水后无法及时通知相关人员撤离。

3. 事故性质

隧道下穿吉大水库时遭遇富水花岗岩风化深槽，因工程措施不当导致右线隧道掌子面拱顶坍塌透水，涌入左线隧道致作业人员溺亡。认定该事故是一起重大生产安全责任事故。

案例八　TJ 地铁 4 号线 DZ 南路站"10·12"较大坍塌事故

一、事故概况

（1）事故发生时间：2011 年 10 月 12 日 15 时 35 分。

（2）事故发生地点：TJ 地铁 4 号线南段 DZ 南路站南侧附属结构 A2 出入口及 2 号风亭工程。

（3）事故类别：坍塌。

（4）事故等级：较大事故。

（5）事故伤亡情况：4 人死亡，1 人轻伤。

图 14.8-1 为事故现场。

图 14.8-1　事故现场

二、工程概况和事故相关单位概况

1. 工程概况

TJ 地铁 4 号线全长 19.4 km，均为地下线；设车站 14 座，设车辆段 1 座，新建主变电所 1 座。DZ 南路站建筑面积约为 17 513.3 m²，最大单跨跨度 9.75 m，最大基坑深度 17.56 m。事故发生地点 DZ 南路站 A2 出入口及合建 2 号风道开挖面积约 1189 m²，为单层箱型框架结构，A2 口标准段及合建 2 号风道顶板和底板厚 800 mm，A2 口爬坡段顶板和底板厚 700 mm，侧墙厚 600 mm；A2 出入口冠梁顶至底板底部距离约 10 m，覆土深度约 4.9 m；2 号风道顶板覆土深度约 3.7 m。

截至事故发生之日，DZ 南路站主体结构已完成，附属结构 1 号风道与车站合建及 D 出入口已完成，A2 出入口后浇带部分顶板、2 号风道内人防门和风井口部分及 C1、C2 出入口顶管始发井顶板尚未完成。

2. 事故相关单位概况

（1）建设单位：甲地下铁道集团有限公司。

（2）施工单位：乙隧道股份有限公司。

（3）监理单位：丙咨询联合体。

（4）总承包单位：丁市政公司、丁市政五分公司。

（5）专业分包单位：丙建设集团有限公司。

三、事故发生经过和事故救援情况

1. 事故发生经过

2021 年 7 月，在附属结构基坑第一道支撑施工时，为了防止边/仰坡土体滑落，乙隧道股份有限公司在之前已凿除的 7 m 冠梁处浇筑了素混凝土护坡，并在整体冠梁上方砌筑了红砖挡水墙（高 1 m，厚 0.24 m），然后进行基坑开挖工作。

2021 年 8 月 25 日，DZ 南路站南侧附属结构基坑开挖到底后，为了使附属结构顶、底板与车站主体结构连接，乙隧道股份有限公司安排丙建设集团有限公司开始跳仓凿除附属结构与车站主体结构之间的原车站主体基坑围护结构地连墙，一共凿开 5 个孔洞（自西向东宽度分别为 7.7 m、6.6 m、5.06 m、9.1 m、8.1 m，高度均为 6.45 m），预留包括两侧在内的 6 个临时支撑地连墙（自西向东宽度分别为 4.4 m、7.81 m、4.91 m、3.22 m、4.1 m、2.6 m，高度均为 6.45 m），作为上部冠梁及地连墙的支撑。

2021 年 10 月初，施工单位在 3 号临时支撑地连墙西侧约 3 m 位置、3 号与 4 号临时支撑地连墙之间及 4 号与 5 号临时支撑地连墙之间设立 3 个混凝土临时支墩。10 月 7 日之后，丙建设集团有限公司陆续凿除东侧 3 个孔洞上部地连墙及冠梁。至事发前 10 月 11 日，4 号临时支撑地连墙已切割并清理完成，5 号和 6 号临时支撑地连墙正在拆除。

2021 年 9 月底，施工单位开始凿除西段 1 号和 2 号临时支撑地连墙，其中：1 号临时支撑地连墙在 9 月 29 日至 10 月 10 日之间凿除；2 号临时支撑地连墙于 9 月 29 日开始凿除，至事故发生时已凿除至底板上 1.5 m 处。

10 月 11 日，丙建设集团有限公司对 3 号临时支撑地连墙上部冠梁及地连墙开始凿除，12 日上午完成并割断连接钢筋。

2021 年 10 月 12 日 15 时 35 分左右，西端一幅地连墙从锁口管连接部位向下滑落，剩余冠梁及地连墙随即下落，位于冠梁上部的砖砌挡水墙掉落在附属结构顶板、通道和新风井内，砸中通道和新风井内正在进行清理作业的施工队作业人员。

2. 事故救援情况

2021 年 10 月 12 日 15 时 35 分左右，TJ 地铁 4 号线 DZ 南路站南侧附属结构冠梁发生坍塌。

因乙隧道股份有限公司索某提供虚假信息以及于某蓄意误导相关政府部门核查人员前往其他地点核实，导致市应急局、市公安局、市住房城乡建设委和区人民政府均未在第一时间掌握事故造成人员伤亡的真实情况。在反复核实确定事故伤亡情况后，各级政府及相关部门信息报送渠道通畅，信息流转及时，应急指挥响应迅速，协调有序，应急处置措施得当。

四、事故造成的人员伤亡和直接经济损失情况

事故造成 4 人死亡，1 人轻伤，直接经济损失约 668 万元。

五、事故原因及性质

1. 直接原因

西侧 27 m 地连墙及 20 m 冠梁下部的临时支撑墙被全部凿除、钢筋被切断，造成冠梁及部分地连墙失去支撑而失稳下滑侧移，导致冠梁上部的砖砌挡水墙及部分土方掉落在附属结构顶板、通道和新风井内，砸中通道及新风井内正在进行清理作业的工人，是导致本次事故的直接原因。

2. 间接原因

（1）项目的实际管理单位对项目管理混乱。一是未按照《TJ 地铁 4 号线南段工程土建施工第 6 合同段工程附属工程冠梁及地连墙凿除方案》施工；二是未对分包单位安全生产工作进行统一协调、管理；三是对入场施工队伍负责人的技术交底和安全教育培训弄虚作假。

（2）总承包单位未依法履行对施工现场的管理职责；项目经理未对项目进行实际管理，未履行项目安全生产管理职责。

（3）丙咨询联合体未按照《TJ 地铁 4 号线南段工程 DZ 南路站附属结构基坑工程监理细则》要求，检查总承包单位对入场的施工人员技术交底和安全教育培训情况；在发现施工人员未按照《TJ 地铁 4 号线南段工程土建施工第 6 合同段工程附属工程冠梁及地连墙凿除方案》实施作业的行为后未予以制止；在明知丁市政公司违法分包的情况下，没有制止施工单位的违法行为。

（4）丁市政公司将第 6 合同段工程违法分包给乙隧道股份有限公司；督促检查不力，未发现所属施工企业对分包单位未开展技术交底及安全培训教育。

（5）市住房和城乡建设委履行建筑行业和建筑市场管理职责不到位，未及时发现市住房和城乡建设综合行政执法总队执法人员 2021 年对地铁 4 号线 DZ 南路站进行春季开复工项目检查和日常执法检查中存在的"工作不认真、不细致""发现违法行为未及时处理"等问题；在开展监督检查过程中未依法查处丁市政公司将第 6 合同段工程违法分包给乙隧道股份有限公司的行为。

3. 事故性质

事故调查组认定，TJ 地铁 4 号线 DZ 南路站"10·12"较大坍塌事故是一起生产安全责任事故。

案例九　YTS 隧道建设工程"11·16"坍塌事故

一、事故概况

1. 事故发生时间：2021 年 11 月 16 日 10 时 30 分左右。
2. 事故发生地点：杭州 YTS 隧道 DIIK30+826 处。

3. 事故类型：坍塌。

4. 事故等级：较大生产安全责任事故。

5. 事故伤亡情况：3 人死亡。

图 14.9-1 为 YTS 隧道图片。

图 14.9-1　TYS 隧道

二、工程概况和事故相关工程概况

1. 工程概况

YTS 隧道为设计行车时速 350 km 的单洞双线铁路隧道，隧道起讫里程 DⅡ K30+041.300～DⅡK32+628.000，全长 2 586.7 m，最大埋深约 215 m。隧道进口和出口设置斜切式侧向开孔缓冲结构洞门。隧道缓冲结构洞门和明洞段采用整体式明洞衬砌结构，采用明挖法施工。暗洞段采用复合式衬砌，即初期支护采用锚网喷混凝土和钢拱架及格栅拱架，在地质条件较差段辅以不同型式的超前支护，二次衬砌为模筑混凝土或钢筋混凝土，开挖采用新奥法施工。事发时 YTS 隧道已开挖至 743.7 m。

2. 事故相关单位概况

（1）项目法人单位：甲铁路有限公司。

（2）项目代建单位：乙工程建设指挥部。

（3）施工单位：丙集团有限公司。

（4）EPC 项目总包及勘查、设计单位：丁勘查设计院集团有限公司。

（5）劳务分包单位：戊劳务有限公司。

（6）监理单位：己工程建设监理有限公司。

三、事故发生经过和事故救援情况

1. 事故发生经过

2021 年 11 月 15 日下午，YTS 隧道施工现场开始全断面开挖法循环施工。

16 时 40 分，开挖台车就位，现场劳务班组负责人通知测量员进行测量放样，16 时 50 分测量结束，采集完成断面初始数据。

17 时，开挖班班长带领 19 名开挖工进洞，对掌子面进行敲帮问顶，然后钻孔，20 时 10 分完成炮眼打设。

20 时 20 分，爆破公司进入隧道装药，完成后疏散洞内施工人员。21 时 32 分完成疏散、爆破。

21 时 32 分至 21 时 50 分，洞内通风排尘。

21 时 50 分至 22 时 30 分，挖掘机司机开挖机进行找顶和排险工作。

11 月 16 日 0 时至 4 时 15，使用装载机和出渣车进行出渣。

4 时 30 分，值班人员通知技术员报检，技术员对现场开挖面 DIIK030+822～826 进行验收，自检合格后报请监理工程师，监理验收合格。

5 时 05 分，搅拌站发料，共计 C25 喷射混凝土 16 m³，值班人员通知喷射手架设喷浆机。

5 时 30 分至 8 时，进行喷浆，结束后挖机清理掌子面。劳务班组负责人通知测量员进行测量放样，采集断面数据，完成此班工作。

11 月 16 日 9 时，开挖班班长带领班组共 20 人进入隧道，对掌子面及洞身危石进行人工清理作业。

现场安全员在隧道二衬段巡查，技术员、监理工程师在隧道洞口报验，9 时 30 分许施工准备就绪，20 名作业人员持 18 台风钻机分列于作业台架的第一至三层，在 DIIK30+826 掌子面开始钻孔爆破施工作业。

作业时开挖班班长等 3 名作业人员站在台架最顶端的作业层，距离隧道顶部约 2 m。10 时 30 分左右，DIIK30+821.3 处拱顶掉落一块重约 10 t 的石块，坠落在钻爆作业台架顶部，石块压住正在台架顶部作业的开挖班班长等 3 名作业人员，导致该 3 名作业人员死亡。

2. 事故救援情况

10 时 35 分，项目经理部接到报告后立即启动应急救援预案，迅速组织开展施救工作；10 时 40 分，市公安、应急、消防等部门赶至现场，第一时间封锁现场，抢险救援设备及"120"急救赶至现场参与救援；13 时，市相关部门赶至现场，组织指导事故救援工作。救援人员使用机械破碎方法，将石块打碎，于当日 17 时 50 分救出被压的作业人员，并第一时间送往医院救治。

四、事故造成的人员伤亡和直接经济损失情况

事故造成 3 名作业人员死亡，直接经济损失 437.4 万元。

五、事故原因及性质

1. 原因分析

隧道拱顶围岩局部存在不规则、不连续、延展性差的隐伏密闭节理，洞身开挖过程中多钻机施工引发的振动使隐伏密闭节理进一步增大，这些节理与临空面形成潜在的块体，块体在重力作用下产生脱离母岩的拉应力；在重力和掌子面围岩钻孔扰动等因素作用下，块体突然脱离母岩掉落。

2. 事故性质

该事故是因地质突发变化引发的一起较大生产安全责任事故。

案例十　HJL 高速公路 HJ1 号隧道进口 左幅"7·29"较大涌水突泥事故

一、事故概况

（1）事故发生时间：2022 年 7 月 29 日 21 时 10 分。
（2）事故发生地点：云南 HJ 隧道左洞 ZK3+814 处。
（3）事故类别：突泥涌水。
（4）事故等级：较大事故。
（5）事故伤亡情况：4 人死亡，4 人受伤。
图 14.10-1 为事故现场。

图 14.10-1　事故现场

二、工程概况和事故相关单位概况

1. 工程概况

HJL 高速公路 HJ1 号隧道为分离式特长隧道，其中，左线长 11 060 m，右线长

11 130 m；隧道进口端设 H 端斜井，出口端设 J 端斜井。隧道左洞起止桩号 ZK1+730～ZK7+200，洞身全长 5470 m，最大埋深 1067 m；右洞起止桩号 K1+684～K7+200，洞身全长 5516 m，最大埋深 1064 m；隧道左洞和右洞平面设计线间距为 35 m。隧道进口于 2020 年 3 月 20 日开工建设，整个隧道为 HJL 高速公路主要控制性工程之一。HJ1 号隧道进口左幅于 2022 年 5 月 15 日复工建设。截至 2022 年 7 月 29 日，隧道进口左幅已开挖 2079 m，进口右幅已开挖 2041 m。

2. 事故相关单位概况

（1）施工单位：甲建设投资控股集团有限公司。
（2）建设单位：乙高速公路投资开发有限公司
（3）勘查、设计单位：丙交通规划设计研究院有限公司
（4）监理单位：丁工程建设有限公司

三、事故发生经过和事故救援情况

1. 事故经过

7 月 29 日 18 时起，HJL 高速公路土建第一工区晚班施工人员相继进入隧道开展涌水突泥处治作业。事故发生前，HJ1 号隧道进口左洞掌子面附近共有管理人员和施工人员 12 人，其中：白班和晚班施工负责人 2 人、晚班安全管理人员（吹哨人）1 人、二衬支护工人 4 人、挖掘机司机 1 人、装载机司机 1 人、抽水工人 1 人、施工顾问 1 人及其工作人员 1 人。4 名二衬支护工人在进行二衬架模、浇灌混凝土及挂防水布等作业，挖掘机司机和装载机司机在进行清淤出渣，抽水工人在进行抽排水，2 名施工负责人和施工顾问、安全管理人员、工作人员共 5 人在掌子面附近巡查检查和观测掌子面围岩、渗水等情况。事故发生前，仰拱距掌子面约 37 m、二衬距掌子面约 83 m。

21 时 10 分左右，HJ1 号隧道进口左幅 ZK3+814 处附近（距掌子面 8 m）突发突泥涌水，突泥量约 14 000 m³，大量泥土瞬间涌至 ZK3+670 附近，造成在掌子面附近的白班负责人、晚班安全管理人员和工作人员共 3 人被掩埋，夜班负责人 1 人遇险失踪；施工顾问 1 人重伤，挖掘机司机和 2 名二衬工人共 3 人轻伤，后被抢险救援人员救出洞外；装载机司机、抽水工人和另外 2 名二衬工人共 4 人经过自救互救，退到隧道内安全区域，后经抢险救援人员帮助撤至洞外。事故还造成重约 45 t 的液压栈桥被冲出 112 m，重约 7.5 t 的防水板台车被冲出 71 m，重约 80 t 的二衬台车被冲出 76 m。

2. 应急救援处置情况

7 月 29 日 21 时 35 分，县消防救援大队接到县公安局"110"转警后，立即出动 3 车 16 名指战员并携带 1 只搜救犬前往现场抢险救援。县委、县人民政府接报后，立即组织救援力量赶往现场进行救援处置，并成立由县委主要领导任组长的事故应急处置工作指挥部，全面开展应急救援和善后处置工作。

接到事故报告后，州委、州人民政府立即启动应急救援预案，州委、州人民政府有关领导第一时间率领公安、交通运输、卫生健康、应急管理、消防救援等部门领导

及人员赶赴事故现场，开展抢险救援和善后处置工作。省交通运输厅及时派出专家组赶到事故现场，指导抢险救援。省应急管理厅在派出工作组的同时，同步调派国家隧道应急救援中铁二局昆明队两批次共计 10 车 42 名救援队员赶到事故现场，参与抢险救援。国家安全生产应急救援中心及时调度、指导抢险救援工作。

针对现场复杂环境条件及抢险救援工作中出现的不确定因素，应急处置指挥部按照"积极稳妥、科学有效，不发生次生灾害"的要求，经专家组反复研究论证，确定了人员搜救工作与涌水突泥治理一体化推进的救援工作方案，分为三个阶段"人工+机械"组合推进。第一阶段在 ZK3+545 至 ZK3+665 处，环境较为安全，正面清淤搜救，积极稳妥推进抢险救援工作；第二阶段在 ZK3+665 至 ZK3+767 处，为二衬保护段，以涌水突泥治理为重点，严格按照排水、加固、封堵、清淤工序实施抢险救援施工；第三阶段在 ZK3+777 至 ZK3+796 处，为未施作仰拱段，按照"边清淤、边量测、边加固、边搜寻"的原则，随时动态监控，保证安全措施，全面开展救援施工和失踪人员搜救工作。

在抢险救援工作中，事故应急处置指挥部累计投入 600 余人、运输车辆 80 余辆、施工机械 20 余台、应急通信基站 1 套、搜救犬 1 只，参与现场抢险救援。截至 8 月 5 日 16 时，现场抢险救援结束，所有遇难和失踪人员遗体全部找到，受伤人员得到及时救治，遇难人员善后工作妥善开展。

四、事故造成的人员伤亡和直接经济损失情况

4 人死亡，4 人受伤，直接经济损失约 2 508.98 万元。

五、事故原因及性质

1. 涌水突泥原因分析

通过航天规划设计集团有限公司对 HJ1 号隧道前期勘查、设计、施工等资料收集和分析，使用三维网络分布式电磁勘探系统（EM3D）对发生涌水突泥的 ZK3+500 至 ZK4+500 段隧道进行物探探测，结合 HJ1 号隧道工程、水文地质、突泥物质等调查情况，认定本次涌水突泥有以下原因：

（1）F169 区域性活动断裂构造致使节理裂隙发育，一方面切割破坏了围岩的完整性，另一方面提供了导水、储水的空间及通道。HJ1 号隧道进口 ZK3+814 位于背斜轴部附近，拉张裂隙及软弱夹层发育。

（2）HJ1 号隧道进口 ZK3+814 附近隧道围岩为三叠系下统砂岩，岩质较软，力学强度较低，受区域性活动构造断裂影响，岩体极破碎，为突泥提供了物质来源。

（3）三叠系中统北衙组上、下段为强富水层，富含岩溶溶洞水，岩溶现象极发育，可充分接受大气降水及地表水补给，为突泥涌水提供水源。

（4）地下水和地表水具有密切的水力联系，岩土体达到高度饱水状态，增加围岩自重，同时浸泡软化岩土体。

（5）砂岩中存在炭质页岩等软弱夹层，起隔水作用，涌水前连续数天暴雨，使地下水形成极高的储藏势能。

（6）隧道施工开挖扰动围岩并且产生新的临空面，进一步降低了围岩的稳定性。

（7）隧道提供了涌水突泥地质灾害的唯一有限通道。

2. 直接原因

（1）在各种因素的综合作用和共同影响下，HJ1号隧道进口ZK3+814处在暴雨后岩溶水位急剧升高，使地下水达到充盈状态，不断浸泡软化围岩的同时，形成了极高的储藏势能，砂岩为裂隙性中等透水地层，因软弱夹层受构造挤压泥化起隔水作用，当揭穿隔水层遇到极破碎岩体时，隧道围岩顶板及初支强度不足以抵抗高强度的势能释放，地下水裹挟着泥沙、碎石等固体物质沿薄弱部位瞬间突出，形成不易查明的隧道涌水突泥地质灾害。

（2）本次涌水突泥具有隐蔽性、突发性，涌水突泥发生后，正在隧道内进行巡查观测、清淤出渣、二衬作业的管理人员和施工人员未能及时发现险情，未能及时进行撤离，造成人员伤亡。

3. 间接原因

（1）戊科工集团有限公司HJL高速公路土建第一工区项目部的涌水突泥处治专项方案未报监理单位和总承包部审批同意，未落实涌水突泥处治专项方案未确定、围岩未稳定前不得施工的要求；对监控量测监测断面周边位移和拱顶下沉速率呈上升趋势等情况重视不够，安全风险管控力度不足，隧道施工组织和管理不到位；进出隧道人员登记不严、数量不清，风险控制监控系统运行维护不到位；安全教育内容针对性不强，无事发当日二衬班组班前培训记录；应急管理不到位，未安排年度涌水突泥事故应急演练；安全管理体系文件和重大安全风险管理方案未经监理单位审核签字；未单独配备地质专业工程师。

（2）甲建设投资控股集团有限公司HJL高速公路总承包项目经理部。未严格督促施工专业分包单位落实涌水突泥处治专项方案审批后组织施工的要求，安全风险管控力度不足，未有效管控隧道施工组织工作，监督检查安全生产工作力度不足，未合理安排年度涌水突泥事故应急演练。

（3）丁工程建设有限公司HJL高速公路JC1驻地监理办公室。未及时补充具有公路工程专业资质的监理工程师履行隧道专业监理工程师职责，未严格监督施工专业分包单位报审涌水突泥处治专项方案，未严格落实现场巡查和检查等监理工作，对施工单位施工组织监督力度不足。

（4）丙交通规划设计研究院有限公司HJL高速公路设计代表处。对隧道超前地质预报推断围岩等级变化工作重视不够，未及时提供隧道施工图设计与实际地质状况差异较大的相关材料，对隧道施工指导服务工作力度不足。

（5）己建筑工程劳务有限公司。安全管理责任落实不到位，安全教育培训力度不足；进出隧道人员登记不严、数量不清。

（6）乙高速公路投资开发有限公司。对隧道参建单位的督促指导工作力度不足，对隧道施工组织的监督检查力度不够，未有效管控隧道施工安全风险。

4. 事故性质

HJL 高速公路 HJ1 号隧道进口左幅"7·29"较大涌水突泥事故是一起公路隧道工程建设过程中涌水突泥地质灾害导致的较大生产安全事故。

案例十一　JZW 第二海底隧道"3·14"火灾事故

一、事故概况

（1）事故发生时间：2023 年 3 月 14 日下午 13 时 50 分。

（2）事故发生地点：青岛 JZW 第二海底隧道工程 TJ-04 标 NK8+778-790 段二衬施工作业区。

（3）事故类别：火灾。

（4）事故等级：一般火灾事故。

（5）事故伤亡情况：未造成人员伤亡。

二、工程概况和事故相关单位概况

1. 工程概况

JZW 第二海底隧道位于 JZW 大桥和 JZW 海底隧道之间，主线全长 17 476 m，其中主线隧道长 14 376 m（海域段 9983 m+陆域段 4393 m）海域隧道采用两条主隧道（南北隧道）+中间服务隧道的布布置形式。起火部位位于 JZW 第二海底隧道工程 TJ-04标段，包含：主线隧道北线（长 6918 m，NK7+740～NK14+658）；服务隧道（长 5172 m，FWK8+795～FWK13+967）；横通道［10#～23#人行横通道（北段）、8#～17#车行横通道（北段）］；附属洞室［9-1#变电洞室（北段）］等图纸范围内的土建工程。TJ-04 标段于 2022 年 9 月 15 日开工建设，服务隧道已开挖与支护完成 405 m（累计完成率 7.83%），主线隧道北线已开挖与支护完成 710 m（累计完成率 10.26%），计划于 2026 年 10 月 30 日完工。

2. 事故相关单位概况

（1）建设单位：甲海底隧道有限公司。

（2）施工单位：乙局集团有限公司。

（3）劳务单位：丙建筑工程有限公司。

（4）监理单位：丁建设监理有限公司。

三、事故发生经过和事故救援情况

1. 事故发生经过

2023 年 3 月 14 日 8 时左右,乙局集团有限公司二隧工程 TJ-04 标段项目部劳务分包队伍二衬施工班组 2 名作业人员洪某、宋某进入 NK8+778-790 段作业区,进行衬砌台车端头模板加固工作。

13 时 50 分左右,在台车右侧第三作业平台作业的洪某发现二衬模板右下边角处有明火,立即呼叫劳务队伍二衬段带班王某,王某在发现火情后立即报给中铁二局现场管理人员刘某,同时组织洪某、宋某使用台车处灭火器进行灭火,在用完 8 个 4 kg 手提式干粉灭火器和 1 个 20 kg 推车式灭火器后,现场明火仍未完全扑灭,3 人找到附近的消防高压水管继续灭火。13 时 51 分,刘某上报火情,通知现场管理人员立即组织现场其他工作区域作业人员向服务隧道安全区域撤离;14 时 8 分,乙局集团有限公司项目部经理谢某、安全总监方某接报并查明火情后启动应急预案并组织救援;14 时 12 分,拨打"119"消防报警电话报警;14 时 20 分左右,明火被扑灭,将消防水管固定在衬砌台车顶部模板处,对失火区域进行持续喷水降温、消除暗火后,王某、洪某、宋某等 3 人向隧道安全区撤离。接报后,各方迅速组织现场救援,16 时 8 分,153 名被困人员全部撤出,救援结束

2. 事故救援情况

(1)事故信息接报及响应情况。

14 时 12 分,区消防救援大队"119"指挥中心接到报警,根据现场情况启动三级火警响应(黄色),先后调集 6 个消防救援站共计 15 部消防车、2 部消防机器人、72 名指战员赶赴现场处置。同时分别向市消防救援支队指挥中心和区管委总值班室报告情况,通知"120"指挥中心,并按要求启动火灾事故应急预案。

(2)事故应急处置情况。

14 时 23 分,区海河路消防救援站的救援人员到达现场,立即制定消防救援方案并负责现场抢险救援指挥工作,乙局集团有限公司及赶至现场的区应急局、区住建局等单位人员以及附近消防救援力量协助配合;14 时 45 分左右,现场各作业面作业人员根据现场指挥完成集合、人员清点,做好撤离准备;15 时 12 分左右,洞内浓烟逐渐减少,作业人员在救援人员组织下有序撤离;15 时 26 分,消防救援人员到达失火地点,发现衬砌台车右侧有零星火源,使用固定在衬砌台车模板端头处的消防水管对失火点再次进行暗火清理;15 时 35 分,现场明、暗火全部扑灭;16 时 8 分,被困人员全部撤出,救援结束。

(3)事故应急处置评估。

事故发生后,现场人员迅速组织扑救,短时间内扑灭火情,施工单位及时掌握并上报火情,按预案展开自救,人员有序撤离至安全地带。接报后,救援力量立即响应,有关部门积极配合,第一时间启动应急预案、科学制订救援方案、有序组织现场灭火

和人员撤离，消除火情后，分批将人员运送至地面，无人员伤亡。处置过程报告及时、指挥得当、配合紧密、规范高效，最大限度保障了生命安全、降低了经济损失。

四、事故造成的人员伤亡和直接经济损失情况

该起火灾过火面积约 80 m²，未造成人员伤亡，直接经济损失 2026 元。

五、事故原因及性质

1. 直接原因

衬砌台车专用三级配电箱连接衬砌台车行灯变压器的电源线沿地面敷设，该电源线在衬砌台车右侧端头模板处存在接头，接头处过热打火引燃周围地面散落的固态发泡胶起火，后蔓延至右侧端头模木方、防水板、无纺布等材料起火所致。经对电源线接头处熔痕鉴定，认定为电热熔痕；经对发泡胶燃烧性能检测，认定为易燃材料。

2. 间接原因

（1）丙建筑工程有限公司未严格落实安全生产主体责任，违反《施工现场临时用电技术规范》，涉事台车临时用电电缆多次违规拖地敷设；对使用易燃的发泡胶进行模板缝隙封堵的风险点辨识不足，没有落实针对性安全防范措施。

（2）乙局集团有限公司 TJ-04 标段项目部对劳务单位安全监督管理不力，现场检查不到位，未及时发现涉事台车临时用电电缆多次违规拖地敷设、发泡胶易燃并散落在地面等隐患。

（3）丁建设监理有限公司对施工现场安全监理不到位，未及时发现涉事台车临时用电电缆多次违规拖地敷设、发泡胶易燃并散落在地面等隐患。

（4）甲海底隧道有限公司对施工、监理单位的监管存在薄弱环节，未有效督导施工单位、监理单位落实安全生产责任。

参考文献

[1] 中华人民共和国交通运输部. 公路隧道施工技术规范：JTG/T 3660—2020 [S]. 北京：人民交通出版社，2020.

[2] 中华人民共和国交通运输部. 公路工程施工安全技术规范：JTG F90—2015 [S]. 北京：人民交通出版社股份有限公司，2015.

[3] 中华人民共和国交通运输部. 公路工程质量检验评定标准：JTG F80/1—2017 [S]. 北京：人民交通出版社股份有限公司，2017.

[4] 中华人民共和国建设部. 施工现场临时用电安全技术规范：JGJ 46—2005 [S]. 北京：人民交通出版社，2005.

[5] 洪开荣. 山区高速公路隧道施工关键技术[M]. 北京：人民交通出版社，2011.

[6] 王梦恕. 中国隧道及地下工程修建技术[M]. 北京：人民交通出版社，2010.

[7] 中铁隧道局集团有限公司. 隧道及地下工程工序质量标准化图集[M]. 北京：人民交通出版社，2017.

[8] 中国铁路总公司. 铁路隧道施工抢险救援指南：Q/CR 9219—2015[S]. 北京：中国铁道出版社，2015.

[9] 中华人民共和国交通运输部. 公路工程质量检验评定标准（机电工程）：JTG F80/2—2018 [S]. 北京：人民交通出版社股份有限公司，2018.

[10] 中华人民共和国交通运输部. 公路隧道交通工程与附属设施施工技术规范：JTG/T F72—2011 [S]. 北京：人民交通出版社，2011.

[11] 广东省交通运输厅. 广东省高速公路施工安全标准化指南（安全技术)[M]. 北京：人民交通出版社股份有限公司，2017.

[12] 中国交通建设监理协会. 公路水运工程施工安全重大隐患排查要点[M]. 北京：人民交通出版社股份有限公司，2015.

[13] 广东省交通运输厅. 公路施工安全教程（第一册 安全管理）[M]. 北京：人民交通出版社股份有限公司，2018.

[14] 本书编委会. 城市轨道交通瓦斯隧道施工技术与管理[M]. 北京：中国建筑工业出版社，2018.

[15] 广东省交通运输厅. 公路施工安全教程（第四册 隧道施工安全技术)[M]. 北京：人民交通出版社股份有限公司，2018.

[16] 中华人民共和国交通运输部. 公路瓦斯隧道设计与施工技术规范：JTG/T 3374—2020 [S]. 北京：人民交通出版社，2020.